U0785148

普通高等教育人文科学素养系列教材

本书编写组

主　编　曹光海　刘小玲　孔令芳

参　编　林艳艳　孙　静　刘晓杰　胡习习

郑　伟　刘　方　高　瑞

普通高等教育人文科学素养系列教材

大学生
心理健康教育

主编　曹光海　刘小玲　孔令芳

山东人民出版社·济南
国家一级出版社　全国百佳图书出版单位

图书在版编目（CIP）数据

大学生心理健康教育 / 曹光海，刘小玲，孔令芳主编. -- 济南：山东人民出版社，2024.7.（2025.2 重印）
-- ISBN 978-7-209-15158-0

Ⅰ. G444

中国国家版本馆CIP数据核字第2024UM6759号

大学生心理健康教育

DAXUESHENG XINLI JIANKANG JIAOYU

曹光海　刘小玲　孔令芳　主编

主管单位　山东出版传媒股份有限公司
出版发行　山东人民出版社
出 版 人　胡长青
社　　址　济南市市中区舜耕路517号
邮　　编　250003
电　　话　总编室（0531）82098914
　　　　　市场部（0531）82098027
网　　址　http://www.sd-book.com.cn
印　　装　山东新华印务有限公司
经　　销　新华书店

规　　格　16开（184mm × 260mm）
印　　张　16
字　　数　300千字
版　　次　2024年7月第1版
印　　次　2025年2月第2次
ISBN 978-7-209-15158-0
定　　价　45.00元

前　言

随着中国高等教育的快速发展，大学生的心理健康问题受到社会广泛关注。在高校开展心理健康教育，提高大学生心理健康水平，推动大学生心理健康教育课程建设，受到了政府和教育主管部门前所未有的重视。为贯彻落实中共中央、教育部和有关部门关于加强高等院校大学生心理健康教育的精神，根据教育部《普通高等学校学生心理健康教育工作基本建设标准（试行）》《普通高等学校学生心理健康教育课程教学基本要求》的相关要求与规定，我们组织专门从事大学生心理健康教育教学与研究工作的老师编写了《大学生心理健康教育》一书。

大学生心理健康教育课程是集知识传授、心理体验与行为训练为一体的公共课程。课程旨在使学生明确心理健康的标准及意义，增强自我心理保健意识和心理危机预防意识，掌握并应用心理健康知识，培养自我认知能力、人际沟通能力、自我调节能力，切实提高心理素质，促进学生全面发展。为体现课程性质、实现教学目标，我们参考了国内外心理健康教育理论与应用的最新研究成果，注重理论与实践相结合；以普及心理健康知识、为大学生提供心理健康指导为出发点，注重实用性、操作性、参与性和可读性，使教材更全面地涵盖大学生心理健康教育的基本内容和基本知识。全书共十一章，内容包括大学生心理健康导论、大学生常见心理问题及应对、大学生自我意识与培养、大学生人格发展与心理健康、大学期间生涯规划及能力发展、大学生学习心理、大学生情绪管理、大学生人际交往、大学生恋爱心理及性心理、大学生压力管理与挫折应对、大学生心理危机干预与幸福人生等，这些内容涵盖了大学生在校学习、生活期间面临的主要心理问题。

每章开始部分通过名人名言、时代寄语、案例等多种形式引出该章的知识，以帮助学生更好地理解所要讲述的主体内容。每章结束部分有心理书籍推荐和心理影片推荐，既包括心理健康理论知识、心理活动体验，也有心理调适技能的训练等，力求使学生学以致用，培养实际应用能力。本书既可作为普通高等院校大学生心理健康教育的教材和指导书，也是关注自身成长与心理健康的大学生朋友的有益读本。

本书是集体劳动的结晶，由主编曹光海、刘小玲、孔令芳拟定编写提纲，全体参编人员讨论通过后，分工撰写，最后由主编统稿定稿。各章执笔者为：刘小玲编写第一章、第十一章，孙静编写第二章，孔令芳编写第三章，郑伟编写第四章，曹光海编写第五章，胡习习编写第六章，高瑞编写第七章，林艳艳编写第八章，刘晓杰编写第九章，刘方编写第十章。

本书在编写过程中参考了许多专家和同行的书籍、论文等资料，得到很多专家的悉心指导，特别是山东人民出版社对本书的出版提供了极大的帮助，编者在此一并表示感谢。由于编者水平有限，书中难免有疏漏和错误之处，谨请同行专家和广大读者批评指正。

目　录

第一章

灼灼芳华　景行行止

——大学生心理健康导论

推进健康中国建设，把保障人民健康放在优先发展的战略位置，完善人民健康促进政策。重视心理健康和精神卫生。深入开展健康中国行动和爱国卫生运动，倡导文明健康生活方式。

——党的二十大报告

只有优异的成绩，却不懂得与人交往，是一个寂寞的人；只有过人的智商，却不懂得控制情绪，是一个危险的人；只有超人的推理，却不了解自己，是一个迷惘的人。

——樊富珉

学习目标

了解心理健康的相关知识，掌握大学生心理健康的标准，树立心理健康意识，能够自主地调整心理状态，培育热爱生活、珍视生命、自尊自信、理性平和、乐观向上的心理品质，树立身心健康的生活理念和态度，争做德智体美劳全面发展的时代新人。

课程导入

扁鹊见蔡桓公

扁鹊是战国时期的名医，一直周游列国，热心为百姓看病。有一天，扁鹊来到齐国，觐见蔡桓公。扁鹊说：“君王有病，就在肌肤之间，不治会加重的。”桓公不相信，还很不高兴。十天之后，扁鹊再去见他，说道：“大王的病已到了血脉，不治会加深的。”桓公仍然不信，而且更加不悦了。又过了十天，扁鹊又见到桓公时说：“病已到肠胃，不治会更重。”桓公十分生气。十天又过去了，这次，扁鹊一见到桓公，掉头就走。

桓公十分纳闷，就派人去问他为何回避。扁鹊说：“病在肌肤之间时，可用熨药治愈；在血脉，可用针刺、砭石的方法达到治疗效果；在肠胃里时，借助火剂汤的力量也能达到；可病到了骨髓，就无法治疗了；现在大王的病已在骨髓，我已经无能为力了。”果然，五天后桓公重病发作，忙派人去找扁鹊，但是扁鹊已经远走秦国了。不久，桓公就病死了。

这个故事说明了“治未病”的重要性。在现代社会，人们生活压力很大，“治未病”的意义和价值更加凸显，心理健康也是如此。当我们意识到自己的身体、心理等方面存在不良发展倾向时，应该积极及时地进行调适和治疗，才能收获人生的全面健康发展。

促进学生身心健康、全面发展，是党中央关心、人民群众关切、社会关注的重大课题，教育部提出“切实把心理健康工作摆在更加突出位置”，标志着加强学生心理健康工作已上升为国家战略。健康的心理是每个人健康成长的重要基础，可以提高个体的生活质量，增强个体的学习能力，有助于和谐幸福社会的建立。那么，什么是心理？如何科学、全面地理解健康？心理健康的概念和标准又是什么？本章带你一起寻找答案。

第一节　心理健康概述

心理是怎么一回事？我们是如何感知世界的？为什么我们有七情六欲、喜怒哀乐？为什么我们渴望爱情、害怕孤独？……最重要的是，我们怎么健康成长、获得幸福？近年来，心理学越来越受到人们的关注。

一、什么是心理

一个正常而健康的人，时时刻刻都在不断地产生着心理现象。例如我们能看到颜色、听到声音、尝到味道；能回想以前经历过的一些事情；能动脑筋，进行种种发明创造；能设想自己未来美好的情景。同时，我们还会在内心中产生复杂的体验，如喜悦、愉快、满意、幸福以及痛苦、忧愁、悔恨、内疚等。

心理现象又称为心理活动，简称心理。心理现象不同于物理、化学等现象，相对于外部世界而言，它产生于人的内部世界，不具形体性，他人无法直接观察。那么什么是心理呢？科学的心理观是什么呢？

（一）心理的本质

辩证唯物主义认为，物质是第一性的，意识是第二性的。从心理产生的物质基础看，心理是脑的机能，脑是心理产生的器官。从心理反映的内容来看，心理是对客观现实能动的反映。概括地说，心理是人脑对客观现实的主观反映。

1. 心理是脑的机能

脑是心理产生的器官，心理是脑的机能，没有脑的心理是不存在的，正常发育的大脑为心理的发展提供了物质保障。心理是物质发展到高级阶段的产物。心理现象是动物在适应环境的过程中，随着神经系统的出现而产生，又随着神经系统的不断发展和完善，从初级到高级不断发展和完善的。无机物和植物没有神经系统，也就没有心理，只有拥有神经系统的动物才会有心理现象。

最原始的单细胞动物，如变形虫，已经具有“趋利避害”的能力，出现了“感应性”，但这还不能称作心理现象。无脊椎动物发展到环节动物阶段，开始有了感觉的心理现象。脊椎动物的神经系统有了很大的发展，已经有了知觉。灵长类动物不仅有知觉，而且能够认识事物之间的外部联系，已经到了思维萌芽的阶段。这种区别的根本原因在于，不同动物的神经系统发育水平不同。人类具有高度发达的神经系统，有了思维，能透过现象认识到事物的本质和事物之间的内在联系，这也为证明心理是脑的机能提供了科学证据。心理现象的产生是和神经系统的出现相联系的，心理现象与脑的结构和机能是不可分的。

人们通过大量的事实和相关研究认识到，人的神经系统，特别是大脑是心理活动的器官，人一切心理活动的产生都依存于大脑。

2. 心理是对客观现实能动的反映

人的心理是人脑的机能，但是，人脑只是心理产生的物质基础，其自身并不能产生心理。客观现实使人的心理由可能变成存在。世界是物质的，心理是物质的产物，是物质发展到一定阶段才出现的，这是因为物质具有“反映”这一普遍属性。所谓反映，指物质间相互作用并留下痕迹的过程。物质是不断运动变化的，物质之间总是以各种形态相互影响和相互作用，从而产生各种不同的反映形式。

（1）客观现实是人的心理活动的源泉

客观现实指不依赖人的意识而独立存在的自然现象和社会现象。具体地说，客观现实有三个组成要素：一是天然的，如山川日月、风雨雷电等；二是人造的，如城乡建筑、生产工具等；三是社会存在，如人际交往、生产关系、教育条件等。人的心理活动，不论简单还是复杂，其反映的内容都是客观现实。当然，人脑中所形成的映像，虽然来自客观事物本身，但就像“镜中人”不等于“人”一样，也不完全等同于客观现实。

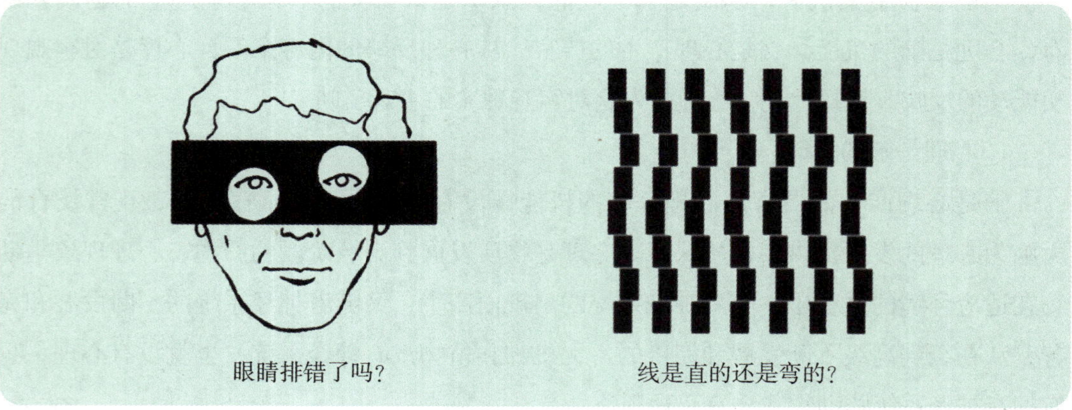

图 1-1　眼见真的为实吗?

（2）社会实践制约着人的心理发展

人的社会实践是心理产生和发展的基础，没有人类社会也就没有人的心理。随着社会实践活动的深化，人们的认识在不断深入，反映的内容也趋于丰富和发展。实践活动的社会性和多样性，赋予了人们不同的人格品质。正如恩格斯所言，“人的智力是按照人如何学会改造自然界而发展的”。如果一个人脱离了社会生活实践，就不会形成健全的心理。

大量事实说明，社会实践活动不仅对心理发展是至关重要的，对心理的物质本体——大脑的发展也是不可或缺的。马克思主义哲学观认为，人是一切社会关系的总和，社会生活是人心理活动内容中最重要的方面，是制约作为人所特有的心理内容的决定因素。人的心理来源于客观现实，而且主要来源于社会现实，人的心理具有社会性。

（3）人的心理是客观现实的主观映像

人的心理，就其内容来说是客观的，就其形式来说是主观的。人的心理是对客观现实的反映，但是，这种反映并不是机械的，而是充满主观色彩的。人的心理活动的主观性指人的心理活动总是在一定的、具体的人脑中进行的，人已有的知识经验、人格特征和理想信念影响着他对客观现实的反映。在反映的选择性、准确性、深刻性上，都烙有个体的痕迹。

说人的心理活动是主观性的，并不否认它的客观存在，也不是把这种主观性夸大到主观随意的程度。相反，我们在坚持客观性的同时，强调主观性的存在，既可以有效摆脱机械论的窠臼，也还原了心理活动的本来面目。

（4）人的心理是对客观现实能动的反映

人的心理对客观事物的反映不是消极被动的，而是在社会实践中对自然环境和社会环境积极的、能动的反映，这是一般动物与人的心理的根本区别所在。

首先，能动性表现在人的行为具有目的性上，在行动前有预定的行为目的，在执行中用目的来支配控制自己的行为。其次，能动性表现在认识和改造客观世界上。列宁说过："人的意识不仅反映客观世界，而且创造客观世界。"人们认识自然不仅仅是为了顺应自然，更多的是为了利用自然、改造自然，让自然服务于人类。最后，能动性还表现在人能根据自我意识认识和改造自己。在自我意识发展过程中，人们首先是把自己从客体中区分开来，然后认识自己的心理活动，逐步有了自知之明。在自我认识的基础上，人们能用理想中的自我来支配和调节自己的言行，不断发展和超越自我。

知识拓展

意识和无意识

人的心理现象按照是否被当事人所觉知，可以分为意识现象和无意识现象。意识就是被人们觉知的心理现象，反之则是无意识。我们在清醒的状态下能够意识到作用于感官的外在环境，意识到自己的态度和情绪，意识到自己行为的目标和对自我行为的控制，能够把"自我"与"非我"、"主体"与"客体"区别开来。意识使人能够认识事物、评价事物和认识自身、评价自身，并实现着对环境和自身的能动的改造。我们对这些心理的感知，通常是用词来标记的。

无意识活动在人的心理生活中很普遍。我们每个人都有做梦的经验，梦境的内容可能被我们意识到，但梦的产生和进程是我们意识不到的，也不能自觉调节和控制。人的自动化了的活动，在通常情况下我们是意识不到的。无法回忆起的记忆或无法理解的情绪通常属于无意识之列。

无意识偶尔也会闯入意识之中，诸如失言、笔误等会把自己无意识的愿望泄露出来。有意识的活动或经验可能在梦境、联想和神经紧张症中表现为无意识的东西。

在人的日常生活、学习和工作中，意识活动和无意识活动是紧密联系着的。无意识也是反映客观环境的一种形式，意识和无意识都是心理学的研究对象。

（二）个体的心理活动

心理现象是人类最普遍、最熟悉，也是宇宙间最复杂、最深奥的现象，它的变化发展有一定的规律。为研究方便起见，普通心理学一般把人的心理现象分为心理过程和个性心理。

1. 心理过程

我们能够感受到事物的颜色、形状、声音、气味、软硬，能够产生或爱或憎、或喜或忧的情感状态。同时，我们还能依照自己的认识调整已有的观点，采取行动措施。人在现实生活中所产生的这些形形色色的主观活动，就是心理过程。根据其性质和功能的不同，我们通常把心理过程分为认识过程、情感过程和意志过程。

认识过程又称认知过程，是个体对信息接受、编码、存贮、提取的心理过程，主要包括感觉、知觉、记忆、思维、想象等心理现象，它是人最基本的心理活动。

人对世界的认识始于感觉和知觉。感觉，是人脑对直接作用于感官的事物的个别属性的反映。例如，眼前的一个水果，我们可以看到它的大小、形状、颜色，能闻到它的香味，咬一口能尝到它的味道，用手触摸能知道它的表面是光滑微凉的。如果它能发出响声，我们也能听到它的声音。这“看到”“听到”“尝到”“闻到”“触摸到”，就是视觉、听觉、味觉、嗅觉、触觉等各种感觉。知觉，是人脑对作用于我们感觉器官事物的整体属性的反映，比感觉要更复杂一些，是在各种感觉的基础上产生的。如在对水果的颜色、大小、形状、味道、香味等属性都有所了解以后，我们就获得了对这个苹果整体的全面的认识，这就对苹果进行了知觉。感觉和知觉通常是同时发生的，因而合称为感知。感知过的事物、经验能贮存在头脑中，需要时还能提取出来，这叫记忆。比如我们过去看过的一本书，过了一段时间后再阅读它时，我们能够认出这是我们以前看过的书，也能在脑海中将主要内容回忆出来，这就是记忆现象。思维是对事物本质属性和内部关系间接、概括的反映。在实践活动中，我们会去解决所遇到的种种问题或难题，如求证一道几何题、写篇文章、设计某项工程方案等，这主要是通过思维来完成的。思维是认识过程的核心，是人类心理区别于一般动物心理的本质性标志。想象是人脑对已有的表象进行加工改造而创造出新形象的过程。例如，虽然我们没有到过大草原，但读到“天苍苍、野茫茫，风吹草低见牛羊”的诗句时，头脑中就会浮现出这样的画面：蓝蓝的天空，一望无际的大草原，茂密的牧草在微风下像波浪般起伏，成群的牛羊在牧草中时隐时现。

情感过程是个体对客观事物产生态度体验的心理过程。在认识环境和改造环境的过程中，人们会产生一定的态度体验。这些态度体验被称作情感。情感反映的是具有一定需要的主体与客体之间的关系，是人们对客观事物是否符合自己的需要所产生的一种态度体验。如取得好的成绩与进步会高兴，遭受到失败会痛苦，遇到危险会恐惧，出现过失会悔恨等。情感总是与人的需要联系在一起，并总是通过一定的行为表现出来。如高兴时眉开眼笑、手舞足蹈，愤怒时咬牙切齿、怒发冲冠，悲伤时神情黯然、泪流满面，恐惧时毛骨悚然、浑身发抖等。喜、怒、哀、惧，依恋感、友谊感、理智感、道德感、审美感等，都是情感的表现形式。

意志过程是个体自觉地确定目标，并根据目标调节自身行动，克服困难，实现既定目标的心理过程。人在与周围事物相互作用的过程中，不仅能够认识世界，对事物产生情绪和情感，还能根据对客观事物及其规律的认识自觉地改造世界。这也是人与动物的根本区别之处。人对一切客观事物认识的最终目的，就是为了改造它、利用它来为人类服务。这种有计划、有目的地认识和改造客观现实的行动，就是意志行动。支配这种行动进行到底、达到预定目的心理过程，叫作意志。意志实质上是一种调节、支配、控制人的行为的内在精神力量，它可以使人们在行动之前自觉而明确地确定目的，并使人们在达到目的的整个过程中自觉地克服重重困难，抵制外来的种种诱惑，不受外来的种种影响与干扰，使自己的行动始终不偏离预定的轨道，最终达成预定目的。

认知过程、情感过程和意志过程并不是彼此孤立的，而是相互联系、相互作用的，构成心理活动的有机统一体。情感的发生与变化、意志行动的确立与执行，都是以认识为基础的；情感和意志又反过来影响认知活动。同样，情感也会对意志行为产生动力作用，良好的情感可以激励意志行动，使意志努力得到更充分的发挥，而意志行动又有利于情感的丰富与升华。

2. 个性心理

人的心理活动在具体的个体身上会表现出各自不同的特点，正所谓“人心不一，各如其面”。正是这些不同的特点构成了个体心理上的个性差异。个性又称为人格，是一个人区别于他人，在社会生活实践中形成的相对稳定的各种心理特征的总和。它由两个方面构成：一方面是人的个性倾向性，另一方面是个性心理特征。个性倾向性是个体所具有的意识倾向和对客观事物稳定的态度。它是人从事各项活动的基本动力，规划人的行为方向，主要包括需要、动机、兴趣、理想、信念、价值观和世界观等。其中，需要是个性倾向性的基础，而世界观在心理倾向性中居于最高层次，决定着人的总的心理倾向。个性心理特征是一个人身上经常表现出来的本质的、稳定的心理状态，这种稳定的心理状态是心理倾向概括化和定型化的结果，包括能力、气质和性格，其中性格是人格的核心。可以这么说，性格反映了一个人生活的基本面貌。

需要是人在生理上和心理上的某种失衡状态，是对维持和发展其生命所必需的客观条件的反映，是引发一个人进行活动的基本动力。人有生理的需要，如饥择食、渴择饮等，也有社会的需要，如劳动、交往、成就等；有物质的需要，如衣、食、住等，也有精神需要，如认知、审美等。在需要的基础上形成了人的不同动机。动机是推动人的活动、并使活动朝向某一目标的内部动力。需要与动机决定着人对认识对象的趋向和选择。兴趣是人认识某种事物或从事某种活动的心理倾向，它是以认识和探索外界事物的需要为基础的，是推动人认识事物、探索真理的重要动机。能力是一个人顺利完成某种活动所必须具备的心理特征，表现出人与人之间存在差异的活动效率以及其潜在的可能性。例如，有人记得快、记得牢，有人记得慢、忘得快；同样是完成一项任务，有的人轻轻松松，有的人却困难重重：这是能力的差异。气质是人的心理活动与行为产生的动力特征。例如，有的人活泼好动、反应敏捷，有的人性情暴躁、易于激动，有的人温和、不易发脾气，有的人沉默寡言、反应迟缓，这就是气质的差异。性格是人对现实的稳定化的态度与习惯化了的行为方式的心理特征。例如，有的人认真踏实、谦虚谨慎，有的人办事草率、粗心大意，有的人主动自信，有人怯弱自卑，这是性格的差异。

人的心理过程和个性心理密切联系、相互作用，构成心理活动的整体。没有心理过程，个性心理就无法形成。如果没有对客观现实的认识，没有经历各种情感体验，没有在实践过程中的意志行动，个性心理就会成为无本之源。反之，个性又反作用于个人的心理活动过程。人的认识过程、情感过程和意志过程总是在某种心理倾向的推动下进行的。

综上所述，我们可以对人的心理现象进行分类，如图1-2所示。

- 心理现象
  - 心理过程
    - 认识过程（感觉、知觉、记忆、思维和想象）
    - 情感过程
    - 意志过程
  - 个性心理
    - 个性倾向性（需要、动机、兴趣、理想、信念、价值观和世界观）
    - 个性心理特征（能力、气质和性格）

图1-2　心理现象的划分

二、什么是健康

健康是人快乐、幸福和成功的前提和基础。自从人类诞生以来，人们就开始追求健康。随着社会的发展，人们的健康意识和观念不断发生着变化。

（一）传统健康观

谈及健康，人们通常认为“无病就是健康”，这种健康观在很长一段时间内占据着主导地位。人们认为健康只包括生理健康。这种健康观既没有回答健康的实质，也没有阐明健康的特征，只是借助健康的对立面——疾病——来证明健康。这对人们正确认识健康、谋求健康和评价健康的意义并不大。事实上，健康和疾病以及亚健康都是人体生命过程中不同的质态。从健康到亚健康再到疾病，是一个由量变到质变的过程。所以，这种建立在疾病基础上的健康概念已经不能满足人们的需求和健康的发展。

人们追求健康是与生产水平、科学技术发展和社会进步相联系的。随着生产力水平的提高和科学技术、社会的不断进步，人们对健康的要求越来越高，对健康的理解更加深刻。健康是人的基本权利，健康是生活质量的基础，健康是生命存在的最佳状态，健康有着丰富深蕴的内涵。

（二）科学健康观

现代健康的含义是多元的、广泛的。1948年世界卫生组织（WHO）成立时，在宪章中把健康定义为："健康乃是一种生理、心理和社会适应的完满（Well-being）的状态，而不仅是没有疾病和虚弱的状态。"由此可知，健康不仅是指躯体生理正常，而且包括正常的心理状态和社会适应能力良好。1984年，WHO的专家组推荐自理能力的丧失作为健康丧失的终点。1989年，世界卫生组织又提出了健康的新概念：健康不仅是没有疾病，而且包括躯体健康、心理健康、社会适应良好和道德健康。一个人只有在躯体健康、心理健康、社会适应良好和道德健康四个方面都具备时，才能算是完全健康的人。这个概念强调了人的生理与心理、自然性与社会性的不可分割，身心平衡、情感理智和谐已是现代人健康生活的必备条件。社会适应性归根结底取决于身体和心理的素质状况，而道德健康则取决于自身教育和社会风气的影响等。因此，健康新概念的核心已由消极被动地治疗疾病转变为积极主动地掌握健康。因此，健康是生理健康与心理健康的统一，两者是相互联系、密不可分的。

2000年，世界卫生组织在总结大量关于健康行为和生活方式的研究后，提出了一个对健康至关重要的理念——健康四大基石。这四大基石包括合理膳食、适量运动、戒烟限酒、心理平衡，它们在维护和增进人类健康方面扮演着至关重要的角色。世界卫生组织提出的健康四大基石为我们提供了一个全面的健康观念。它不仅关注身体的健康状况，还强调心理健康、社会关系和精神状态的重要性。遵循这些原则，我们可以更好地维护和增进自己的健康。

知识拓展

身体健康自我评估的"五快三良好"

1999年，世界卫生组织就人体健康提出几项新标准，简称"五快三良好"标准。

"五快"标准是针对人的生理健康而言的，即吃得快、便得快、睡得快、说得快、走得快。

吃得快：胃口良好，不挑食，能快速吃完一顿饭。吃得快并不是不辨滋味地狼吞虎咽，而是吃饭时有很好的食欲，吃完后感到饱足，没有过饱或不饱的不满足感。这是人的能量收支平衡的基本保证。

便得快：有便欲就能很快地排完大小便，而且感觉良好。便得快从一个方面反映了胃肠功能、肾脏功能是否良好。

睡得快：晚上定时有睡意，上床后能很快入睡，睡眠质量高，醒得不过早，醒后精神饱满，头脑清醒。这就是睡眠质量高的表现，说明中枢神经系统的兴奋、抑制功能协调，没有心理障碍，内脏无病理信息干扰。

说得快：说话流利，语言表达准确、流畅，内容有中心，合乎逻辑，能根据话题转换应变，表示头脑清楚、思维敏捷、中气充足、心肺功能正常。相反，如果说话吃力、时常停顿，前言不搭后语或词不达意，往往是功能不协调的表现。

走得快：步履矫健，而不仅仅是有较快的速度。行走时能根据车辆、行人的情况，灵活地调整步伐和方向；走路时脚步自如，活动灵敏。走得快是运动系统和神经系统功能是否正常的一种反映。

“三良好”标准是针对人的心理健康而言的，即良好的个人性格、良好的处事能力、良好的人际关系。

良好的个人性格，包括情绪饱满，性格温和，意志坚强，感情丰富，胸怀坦荡，豁达乐观。

良好的处事能力，包括观察问题客观实在，具有较好的自控能力，能适应复杂的社会环境。

良好的人际关系，包括人际交往和待人接物时，能助人为乐、与人为善，对人际关系充满热情。

人的生理状况与心理状况在人的整体生命中是相互影响、相互制约的。真正健康的人，应该是生理健康和心理健康达到完美的统一。

三、什么是心理健康

很多人认为心理看不见、摸不着，因此对心理健康产生了很多误解。随着社会的发展，人们对心理健康的认识在不断提高，越来越关注自身的心理健康。心理学大师卡尔·荣格（Carl Gustav Jung）在《现代灵魂的自我拯救》中说：“我深信，心灵的探讨必定会成为未来一门重要的科学，这是一门我们最迫切需要的科学。因为世界发展的趋向显示，人类最大的敌人不在于饥荒、地震、病菌或癌症，而是在于人类本身。因为，就目前而言，我们仍然没有任何适当的方法来防止远比自然灾害更危险的人类心灵疾病的蔓延。”

目前，心理健康还没有一个统一的标准的定义，国内外许多专家学者都提出过不同的看法。1946年，第三届国际心理卫生大会提出："心理健康是指在身体、智能以及情感上，在与他人的心理健康不相矛盾的范围内，将个人心境发展成最佳状态。"2001年，世界卫生组织将心理健康定义为："心理健康不仅是一种无精神病，更可视为一种幸福状态。"《简明不列颠百科全书》指出，心理健康指个体心理在自身及环境条件许可的范围内所能达到的最佳机能状态，但不是指十全十美的绝对状态。我国著名心理学家林崇德认为，心理健康关键在于个体主观体验，核心是自尊。个体主观体验既包括积极和消极的情绪情感，也包括个人生活的各个方面。心理是否健康主要考量两个指标：一为是否有心理疾病，二为是否处于积极向上的心理发展状态。我国学者张人骏等认为，心理健康应包括健全的认识能力、适度的情绪反应、坚强的意志品质、和谐的个性结构以及良好的人际关系。

积极心理学认为，心理健康不仅是心理疾病的缺失，也不仅是拥有较高的主观幸福感，而是一种两者结合的状态。心理健康的积极指标（生活满意度、主观幸福感）和消极指标（抑郁、焦虑等精神病理学症状）是相互独立又相互联系的，是一个统一体。双因素模型将人群分成四类，见图1-3。

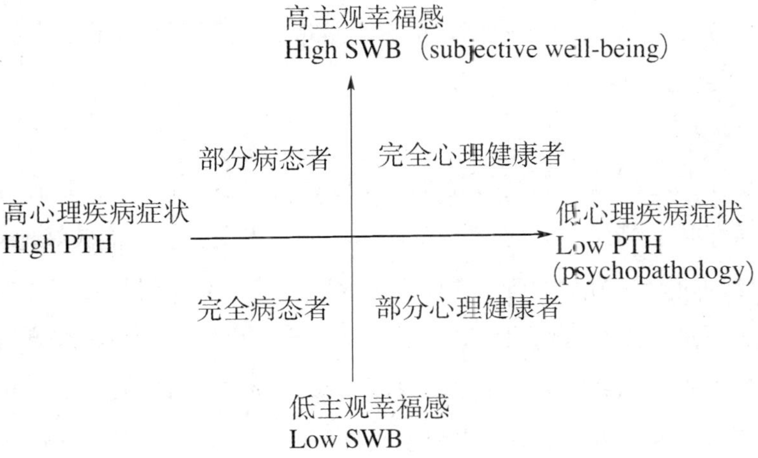

图1-3　心理健康的双因素模型

综合国内外的各种观点，我们发现，多数学者认为心理健康并非仅指没有心理疾病，而是强调个体内部的心理协调和外部的环境适应，呈现一种良好积极的心理功能状态。

因此，我们可以从两个角度来理解心理健康：一是没有心理疾病，这是心理健康最起码的含义；二是具有一种积极发展的心理状态，适应良好并可充分发挥自己的潜能，这是心理健康最本质的含义。

同时，心理健康也有广义和狭义之分。从广义来讲，心理健康指个体具有一种持续、高效而满意的心理状态，在这种状态下，生命具有活力，潜能得到开发，价值得以实现。从狭义来讲，心理健康指个体具有稳定的情绪、适度的行为，具有协调关系和适应环境的能力。

四、大学生心理健康的标准

心理健康的标准不是绝对的，健康与不健康之间也不是泾渭分明的。到目前为止，并没有一个公认的一致的标准可以用来判断一个人的心理健康还是不健康、正常还是异常。但已有许多心理学家从不同角度对此进行了积极探索，提出了各种观点。综合国内外学者的见解，根据大学生这一特殊群体的年龄特征、心理特征和社会角色特征，一般认为大学生心理健康的标准包括以下几方面。

（一）智力正常

智力正常是大学生生活、学习、工作最基本的心理条件，是人与自然环境和社会环境保持平衡的心理保证，是大学生心理健康的首要标准。智力主要由观察力、记忆力、思维力、想象力和操作能力组成。一般来说，经过高考选拔的大学生的智力是正常的，因而衡量的关键在于大学生的智力是否正常地、充分地发挥了效能，即有强烈的求知欲，乐于学习，能够积极参与学习活动。

（二）情绪健康

情绪稳定与心情愉快是情绪健康的重要标志，情绪异常往往是心理疾病的先兆。心理健康的大学生，情绪应该是基本稳定、乐观，表现适度，能较好地驾驭自己的情绪、情感。具体地讲，情绪是由适当的原因引起的，情绪的作用时间随客观情况的变化而不同。情绪表现稳定、心情愉快、开朗、豁达，充满朝气，是心理健康的标志。如果一个人常常愁眉苦脸、悲观绝望，则是心理不健康的标志。当然人生难免有不幸的遭遇，但心理健康的人，即使遭遇不幸，也能很快重新适应，不至于长期处于悲观的心境中。

（三）意志健全

意志健全者在行动的自觉性、果断性、顽强性和自制力等方面都表现出较高的水平。心理健康的大学生，对自己的行动目的有正确的认识，能适时地做出决定，并脚踏实地地去实现这些目标；在困难和挫折面前能采取合理的反应方式，运用切实有效的方法解决问题；能遵守社会规范，在行动中控制自己的情绪和言行等。假如一个人的行为漫无目的，遇事又常常当断不断、犹豫不决，缺乏自我控制的能力，就谈不上心理健康了。

（四）自我评价正确

自我评价正确是大学生心理健康的重要条件。心理健康的大学生，能恰如其分地认识与评价自己：既能正确认识自己的优点，也能客观地、实事求是地认识自己的缺点；既能接纳自己的长处，也能包容自己的短处；既不骄傲自大，也不妄自菲薄。心理健康的大学生，不仅有自知之明，而且有良好的自我感觉，在认识与评价自己的过程中，产生一种积极的、愉快的情绪体验，能够从心理上愉快地接纳自己、喜欢自己，自尊、自强、自制、自爱，正视现实，积极进取。

（五）人格完整

人格完整指有健全统一的人格，即个人的所说、所想、所做都是协调一致的。大学生人格完整的主要标志是：第一，人格结构的各要素完整统一；第二，具有正确的自我意识，不产生自我同一性混乱；第三，以积极进取的人生观作为人格的核心，并以此为中心，把自己的需要、愿望、目标和行为统一起来。

（六）人际关系和谐

人类的心理病态主要是由人际关系失调引起的。良好而深厚的人际关系，是事业成功与生活幸福的前提。和谐的人际关系，既是大学生心理健康不可缺少的条件，也是大学生获得心理健康的重要方法。大学生和谐的人际关系主要表现为：乐于与人交往，既有稳定而广泛的人际关系，又有知心朋友；在交往中能够保持独立而完整的人格，有自知之明，不卑不亢；能客观评价他人和自己，善于取人之长补己之短；宽以待人，乐于助人；积极的交往态度多于消极的态度；交往动机端正。

（七）社会适应良好

心理健康的人对环境中的社会刺激能够在规范允许的范围内做出反应，并与社会保持良好的接触。能对周围的事物和环境做出客观的评价，正视现实，并能很快适应，能妥善处理自我和社会的关系，跟上时代发展的步伐。在面对不理想的社会环境时，心理健康的人能够做到不沉湎于不切实际的幻想或奢望，有足够的勇气面对现实的挑战，积极地发展自己。

（八）心理行为符合年龄特征

人在不同年龄阶段有不同的心理特点，如儿童天真活泼，青年朝气蓬勃，老年沉着老练。心理健康的大学生应具有与其年龄和角色相应的心理行为特征，如精力充沛、勤学好问、反应敏捷、喜欢探索，过于老成、过于幼稚、过于依赖都是心理不健康的表现。

案例讨论

小王的困惑

小王，女，18岁，某大学一年级学生，从小与爷爷奶奶一起生活。高中时，她成绩优异，也经常帮助同学，与同学们相处得很好。进入大学后，她与舍友的关系一开始也很好，每天一起上课，一起吃饭。可没过多久，宿舍里就出现了矛盾。她觉得舍友表面上没什么，但是暗地里却总瞧不起她，认为舍友经常在背后议论她。因为有好几次她从外面回宿舍时，在门口听到舍友在说什么事，可一进门舍友就都不说了，小王觉得舍友在宿舍内结成了小团体，孤立自己。

后来小王变得独来独往，每天一大早背着书包就走，中午吃过饭就去教室，用过晚餐后到图书馆自习，一直到熄灯前才回宿舍。可时间长了她感到孤独压抑，心里越来越烦，学习效率也不高，吃不下、睡不着，上课也听不进去。

她心里很委屈，不知道为什么大家都讨厌她。

思考：小王的心理健康吗？说说你的理由。我们该如何帮助她？

判断一个人心理是否健康，需要全方位地去看，比如在学习上遇到挫折，有焦虑的情绪，并不能说明心理不健康。但是如果发现正常的生活和学习都无法进行，就应该及时寻求帮助，并积极予以调节。

需要特别指出的是，心理健康标准只是一种相对的衡量尺度，在理解和运用时应注意以下几点。

一是判断一个人的心理健康状况，不能简单地根据一事一时下结论。心理健康是较长一段时间内持续的心理状态，一个人偶尔出现一些不健康的心理和行为，并不意味着这个人就是心理不健康。任何人在外界环境的影响下都可能产生心理波动，因此我们不能简单地给自己或他人下心理不健康的结论。二是心理健康状态不是静态的、固定不变的，而是一个动态的、发展变化的过程。处在成长过程中的人，既可以从不健康转变为健康，也可以从健康变为不健康。三是人的心理健康水平可分为不同的等级，从健康到不健康并不是泾渭分明的两种状态，而是一种双向渐进的连续状态。四是心理健康标准只是一种理想的参照系，它既为人们提供了辨别心理是否健康的标准，也指明了提高心理健康水平的努力方向。在多数情况下，我们运用心理健康标准自测时，都会发现自己和理想标准有一定差距，这种差距在一定限度内是正常的，而且它为测试者提供了自身心理发展的努力方向。

成长链接

5月25日是全国大学生心理健康日

“5·25”取其谐音“我爱我”，意在提醒大学生关爱自我、了解自我、接纳自我，通过爱自己进而爱他人、爱社会。

如今大学生心理健康得到全社会的广泛关注，心理健康教育已经走进大学课堂。

第二节　心理健康与幸福人生

幸福是一种感觉，它取决于人的心态，而不是生活状态。2016年12月30日，国家卫生计生委、宣传部等22个部门联合印发《关于加强心理健康服务的指导意见》，强调心理健康是影响经济社会发展的重大公共卫生问题和社会问题，是健康的重要组成部分，关系广大人民群众幸福安康，影响社会和谐发展。那么，心理健康是如何与我们的幸福人生息息相关的呢？如何通过提高心理健康水平和增进幸福感来创造精彩人生呢？

一、心理健康与人际关系

人际关系是人们在交往中心理上的直接关系或距离，反映了个人寻求满足自身社会需求的心理状态。马克思说，“人是社会关系的总和”，人有相应的社会属性和社会需要。生活在现实社会中的人，必然是生活在一定社会关系中的人。人的成长是不断社会化的过程，人的身份是在社会关系中确定的。美国心理学家曾经开展过一次大规模的“孤独实验”，被试者虽然有高额酬劳，但几乎没有人能在屏蔽外界一切刺激的情况下坚持三天以上。几小时后，被试者变得非常焦躁不安；实验持续数日后，被试者会产生一些幻觉，如看见松鼠扛着布袋子跑的场景。到第四天时，被试者会出现双手发抖、不能笔直走路、应答速度迟缓以及对疼痛敏感等症状。可见，人必须生活在关系之中才能保持身心健康。

马斯洛（Abraham H. Maslow）的需要层次理论告诉我们，爱和归属的需要、尊重的需要，同生理的需要、安全的需要都是同等重要的缺失性需要，必须被满足，而且人类所有的基本需要都离不开人际关系这一载体。人际关系所蕴含的情感和传达的情绪对心理健康有着重大影响。著名心理学家丁瓒指出："人类的心理适应，最主要的就是对于人际关系的适应，所以人类的心理病态，主要是由于人际关系的失调而来。"人们感受到的善意、爱意和支持性情绪，有助于个体自身的心理健康建设；感受到的敌意、恨意和破坏性情绪，则会给个体带来莫大的压力，甚至创伤。

二、心理健康与情绪调控

情绪是心灵的晴雨表，与我们的人生息息相关。关于情绪调控，有三种观点。情境观把情绪调控看作应对情绪情境的即时心理反应，策略使用情况与心理健康相关：情绪情境可控时，个体以问题为中心进行应对；情绪情境不可控时，个体以情绪为中心进行应对。过程观认为，情绪调控在情绪发生过程中的不同阶段采用的调控策略与心理健康相关，格罗斯（Gross）发现，善于使用认知重评策略的个体的心理健康水平较高。消极情绪调控持续时间越长，对个体健康状况的影响越大。结构观认为情绪调控结构的差异影响心理健康。

20世纪90年代"情绪智力"被提出以来，情绪智力对人的成长和成功的重要性越来越受到人们的关注，普遍认为情绪健康是心理健康的一个重要方面。良好的情绪调控能促进身心健康，不良的调控或情绪失调会破坏身心健康。贝克（Beck）和塞利格曼（Seligman）都认为，某些认知策略可以预防或减轻抑郁。格罗斯的研究发现，情绪调节可以减少表情行为，降低情感体验，减轻焦虑等负性情绪的不良影响。长期压抑、悲伤和哭泣容易引起呼吸系统疾病，抑郁会引起支气管疾病或癌症，不会表达情绪会加速癌症的恶化，对愤怒的压抑与心血管疾病、高血压的发病率有着密切联系。

三、心理健康与自我发展

积极的自我形象对心理健康是至关重要的。有了积极的自我形象，就会有自尊、自信、自爱。每个人都有一定的长处，也会有一定的短处。有效的自我形象管理能让一个人定位适当，既不盲目自大，也不妄自菲薄，在学业和事业上有机会发展自己，也能够获得成就感和满足感，这是人的幸福感非常重要的来源。反之，如果不能建立积极的自我形象，缺乏自知和自信，往往会畏惧困难、回避挑战，怯懦地选择一些难度较低的学习和工作任务，蜗居在自己的"心理舒适区"，局限在熟悉而轻松的领域中不思进取，结果可能会一事无成，没有机会体验满足感，个人的潜能也没有机会发展。

生涯规划能为人生胜利引路领航，促进个人的自我实现，成就精彩人生。生涯规划是一个人尽其所能规划未来生涯，借此摆正自己在人生中的位置，以期自己能适得其所。研究发现，只有心理健康的人，才能使自己的创造潜能付诸实现，才能成为创新型人才。个体在生涯规划的过程中实现着心理健康，心理健康也影响着生涯规划的整个过程，两者构成一种循环和整合，相辅相成、相互促进。俞国良教授提出，心理健康视野下的生涯规划，是在由生命广度和生活空间交织而成的生涯发展框架中展开的，根本任务是建构完整的人格，以有效地适应社会，其终极目标是自我实现。个体在生涯规划过程中能否成功地调整自我概念与生涯角色之间的关系，也就是能否有效地适应生活、适应社会，是生涯满意度和心理健康水平的重要预测指标。

心理测试

你幸福吗？

心理学家认为，一个人的心理健康程度与幸福感密切相关，心理越健康的人，越容易感受到幸福。你是一个容易感受到幸福的人吗？下面让我们一起来测测吧！

下面给出了15个关于生活感受的问题，答案并没有对错之分。请仔细回顾自己的生活，并根据个人的真实感受做出回答。如果下面所提到的情况与你的真实感受符合，就选择“是”；若不符合，就选择“否”；如果不能确定问题中所提到的情况与你的真实感受是否符合，就选择“不能确定”。

1. 与你所认识的大多数人相比，你觉得你的生活算是比较好的吗？

是____ 否____ 不能确定____

2. 你认为你所做的大多数事情都是有意义的吗？

是____ 否____ 不能确定____

3. 你相信明天会更好吗？

是____ 否____ 不能确定____

4. 在大多数情况下你的心情都是比较愉快的吗？

是____ 否____ 不能确定____

5. 即使你能够做到，你也不想改变自己过去的生活吗？

是____ 否____ 不能确定____

6. 回首往日的生活，你觉得大多数你想要的重要的东西都得到了吗？

是____ 否____ 不能确定____

7. 你相信不久的将来会有一些愉快的事情在你的身上发生吗？

是____ 否____ 不能确定____

8. 即使发生了不好的事情，你也相信它会往好的方面发展吗？

是____ 否____ 不能确定____

9. 你觉得你是一个能与别人和睦相处的人吗？

是____ 否____ 不能确定____

10. 你觉得你的大多数朋友都是喜欢你的吗？

是____ 否____ 不能确定____

11. 如果人生能够重新选择，你认为你会比现在过得好吗？

是____ 否____ 不能确定____

12. 与同龄人相比，你觉得你曾做过更多愚蠢的选择吗？

是____ 否____ 不能确定____

13. 你认为一般人的生活是越过越差，而不是越过越好吗？

是____ 否____ 不能确定____

14. 你觉得你的生活是平淡无奇的吗？

是____ 否____ 不能确定____

15. 即使有好的事情在你身上发生，你也会觉得它不会长久吗？

是____ 否____ 不能确定____

【结果解释】

第1—10题你选择“是”的次数越多、第11—15题你选择“否”的次数越多，说明你容易感受到幸福；反之，则不容易感受到幸福。

如果测试结果表明你是一个不容易感受到幸福的人，那也不要紧，在你学完这门课程的全部内容后，建议你重新做一遍这个小测试，相信你一定会有新的收获！

第三节　大学生心理发展特点与影响因素

一般认为，个体的心理发展是从出生开始，终止于生命结束。在整个过程中，在不同的生理阶段表现出不同的心理特点，呈现不同的水平。我国大学生多数处于青年中期（18—24岁）这一阶段。生理发展已接近完成，但心理尚未成熟。可以说，青年中期是走向成熟的关键期。青年的心理特点往往是正面与负面的对立统一。那么，大学生有哪些心理特点？哪些因素影响大学生心理健康的发展？

一、大学生心理发展的特点

“青年心理学之父”霍尔（Granville S. Hall）认为，青年期复演着人类的浪漫主义时代，它的特点是动摇的、起伏的，会出现一些非常显著的相互对立的冲动，并将其称“狂风暴雨的时代”。然而，正是经历了种种内部冲突，青年才最终成为人类文明大家庭中的一员。大学生心理发展特点普遍表现为从青涩逐步走向成熟，具有以下心理特点。

（一）智力接近顶峰但尚未发展成熟

人的智力自出生后开始发展，20—35岁达到一生的顶峰。大学生普遍思维敏捷，记忆力佳，接受能力强。通过专业训练和系统学习，大学生的抽象逻辑思维能力得到充分发展，想象力提高，分析问题、解决问题的能力增强，表现出强烈的求知欲，创新性思维有了明显发展。但他们的智力并未达到真正成熟的程度，思维品质发展也不平衡，思维的广阔性、深刻性和敏感性发展较慢。所以，大学生常常把社会问题看得过于简单，容易陷入主观、片面和“想当然”的境地。

（二）容易接受新的事物但缺乏一定的辨别能力

大学生的思维活跃，创新能力强，对新生事物的接受与学习较快。他们喜欢求新求异求变，对社会、校园中出现的新鲜事物和新理论、新观点表现出浓厚的兴趣，容易受其影响。但是，由于生活阅历有限、社会实践能力不强，大学生对自我及社会的认识表现出一定的片面性和幼稚性，辨别真伪的能力有限，理想与现实脱节。加上这个年龄段容易产生逆反心理，大学生往往不愿意接受老师和家长的教育，有时甚至表现出偏激的言行。

（三）自我意识不断增强但发展不成熟

大学生自我意识更加丰富和深刻，表现出强烈关注自我，自我评价能力趋于客观，自我设计、自我规划和自我完善的愿望强烈，自我控制能力得到很大提高。但是，由于大学生缺乏社会生活的知识、能力，经验不足，往往对自己评价过高，他们中的相当一部分人不善于正确处理自我完善与社会发展需要的关系，一旦遇到自己无力解决的困难或遭到某种挫折，便容易产生对现实不满的过激行为或强烈的自卑感，甚至行为失控，做出不理智的事情。

（四）情感情绪日益丰富但波动较大

大学生充满青春活力，珍视友谊，向往美好的爱情，道德感、理智感和审美感等高级的社会情感趋于成熟、稳定。在日常生活、学习和社会交往中，都表现出浓厚的情感色彩。他们极度关注自我的成长，对周围环境的变化、学业的好坏、他人的评价、社会要求与自身状况的差距等都非常敏感。他们血气方刚，容易感情用事，极易产生情绪波动，容易受周围环境变化的影响，心境变化快，爱情方面的烦恼也多。

（五）意志水平明显提高但不稳定

大学生已经能够逐步自觉地确定自己的奋斗目标，并根据目标制订实施计划，排除内外干扰和困难，去努力实现奋斗目标，意志的自觉性、坚韧性、自制性和果断性都有了较大的发展。但处于意志形成时期的大学生，意志水平发展是不平衡、不稳定的。意志的自觉性和坚韧性品质虽然已达到较高水平，但意志的果断性和自制性品质的发展却相对缓慢，突出表现是拖延行为和临场突击现象较常见，意志活动水平容易受情绪的影响。

（六）性意识觉醒，但处理相关问题的能力较弱

大学生的性生理已发育成熟，性意识开始觉醒，感情欲望强烈。许多同学开始注重自我形象，关注异性，渴望与异性交往，并希望获得爱情，但有时因科学的性知识的欠缺，对自身的性问题会感到困惑和疑虑；有的因缺乏交往技巧而不知如何与异性正常交往，还有的因单相思和失恋，消极情绪久久不能化解。

二、大学生心理健康的影响因素

人的心理是一个复杂的动态过程，影响心理发展的因素也是复杂的、多样的，主要有生物、心理和社会这三个方面的因素。

（一）生物因素

1. 遗传因素

统计调查和临床观察资料均表明，很多精神疾病的发病原因与血缘有关。大量研究表明，血缘关系越近，遗传影响就越明显。比如，父母患有精神分裂症会增加子女患精神分裂症的风险。

2. 躯体疾病

各种躯体疾病，尤其是慢性疾病，常会使人变得烦躁不安，敏感多疑，情绪稳定性降低，行为控制力减弱，兴趣缺乏，人际关系紧张，严重的还可能导致心理障碍。

3. 大脑的器质性病变

由病菌、病毒等引起的中枢神经系统的传染病会损害人的神经组织结构，导致器质性心理异常。根据临床观察和专家的研究分析，大脑器质性病变，如脑肿瘤、脑萎缩、脑炎、脑血管疾病、脑外伤等，会直接导致各种心理异常，出现意识障碍、智力障碍、人格异常等。

（二）心理因素

1. 情绪因素

积极愉快的情绪对人的生活起着良好的作用，有利于发挥机体的潜能，提高工作学习效率，增进人体健康。近代医学科学研究证实，消极情绪对身心疾病的发生、发展过程有着不良影响。例如，如果一个大学生长期处于悲观消极的情绪状态，会导致其免疫力降低、精力涣散，做什么事都提不起兴趣。心理和精神疾病的先兆往往表现为情绪异常。

2. 个性特征

每个人都有自己独特的个性，它对人的心理健康有非常重要的影响。研究表明，各种精神疾病，特别是神经官能症，往往有相对应的特殊人格特征作为其发病的基础。例如，与强迫症相对应的特殊人格特征被称为强迫性人格，具体表现为谨小慎微、求全求美、自我克制、优柔寡断、拘谨呆板、敏感多疑、心胸狭窄、责任心过重和苛求自己等。因此，培养大学生健全的人格是预防和减少心理障碍或精神疾病的一项重要措施。

3. 心理冲突

心理冲突是人们面对难以抉择的处境而产生心理矛盾的状态。由于心理冲突带来的是一种心理压力，这种压力会增加大学生适应环境的困难程度，因而在多数情况下都会对大学生的身心健康和生活学习产生不利影响。尤其当冲突长期得不到缓解时，便会产生紧张和焦虑的情绪，严重的还会导致心理疾病。虽然心理冲突并不一定都是坏事，但剧烈的心理冲突无疑有损身心健康。

（三）社会因素

1. 家庭因素

家庭因素包括家庭社会经济地位、家庭人际关系、父母个性特征、早年经历等，这些都会对人的心理健康产生一定的影响。有研究表明，寄居家庭的学生相对于其他家庭的学生与人交往时更加敏感；单亲家庭的学生抑郁程度更高，心理障碍较严重，更容易产生敏感和自卑心理。父母关系不良、经常吵架甚至相互敌视、家庭气氛紧张、与父母关系较差或很少与父母联系的大学生更容易产生抑郁情绪。

2. 学校因素

学校是大学生生活、学习的主要场所，对大学生的身心健康产生直接影响。学校因素中学校环境、校风、班风、教师的教育方法及其人格状况等因素，都会对大学生的适应和发展产生一定的影响。学校中的各类人际关系出现问题和矛盾时，也可能使大学生出现心理健康问题。

3. 社会环境因素

社会环境因素主要包括文化、教育、社会关系等，影响人的思想观念的形成和发展，也间接影响大学生的心理健康。文化精神病学的研究表明，不同文化（科学、教育、宗教、风俗、传统文化、社会习惯等）中精神病的发病率与临床表现形式存在显著的差异。例如，在发展中国家，狂躁或抑郁性精神病较少见，而在发达国家抑郁症却是常见的病症。

心理贴士

培养快乐习惯

1. 要学会感恩。
2. 明智地选择自己的朋友。
3. 培养同情心。
4. 不断学习。
5. 学会解决问题。
6. 做你想做的事情。
7. 活在当下。
8. 要经常笑。
9. 学会原谅。
10. 要经常说“谢谢”。
11. 学会深交。
12. 守承诺。
13. 积极冥想。
14. 关注你在做的事情。
15. 保持乐观。
16. 无条件地爱。
17. 不要放弃。
18. 做最好的自己。
19. 好好照顾自己。
20. 学会给予。

请同学们在日常生活中持续地、有意识地去实践。

拓展资源

心理书籍推荐：《24重人格》

作者：［美］卡梅伦·韦斯特（Cameron Wester）著，李永平译

出版社：上海译文出版社

出版时间：2013年

心理学看点：多重人格、分离性身份识别障碍

推荐理由：该书是一本纪实性的文学作品，又是一部具有很高学术价值的著作，讲述了一个令读者着迷的故事。作者身兼“人格分裂”患者和心理学家两重矛盾角色，在书中提供了多重人格患者的各个分身和谐相处的、珍贵的资料。《24重人格》是一本能够让你敬畏心灵的自我保护力量的书，也能使你为韦斯特勇于把握自己命运的精神而喝彩。

内容简介：“我究竟怎么了？”“我仿佛被恶魔缠住了，在镜子面前我说着一些莫名其妙的话，我的嘴巴里发出别人的声音。”在说这些话的时候，卡梅伦·韦斯特30多岁，是一位成功的商人，拥有幸福的婚姻和可爱的孩子。这个“声音”是戴维发出来的，戴维是第一个出现在卡梅伦生命中的分身，是他的24个分身中的一个，他详细描述了卡梅伦小时候的恐怖受虐经历；还有8岁的克莱，紧张兮兮，说话结结巴巴的；12岁的尘儿，温柔、能干，她对自己生活在一个中年男人的身体里感到很失望；巴特，开朗幽默，以孩子们的保护者身份自居；利夫，浑身充满精力，干劲十足，总是将自己的意志强加给韦斯特。还有其他19个分身——他们的性格、习性、记忆都各不相同。在《24重人格》一书中，韦斯特将自己人格分裂的令人心碎的经历，以及他治疗满是创伤的心灵的过程展现在读者的面前，他在接受治疗的过程中，尽力维持他与妻子、儿子的关系，渴望过一种正常的生活。

心理影片推荐：《我和我的祖国》

导演：陈凯歌等

上映时间：2019年

心理学看点：责任、坚守、奉献和梦想的实现。在时代大潮中，每一次重大事件的背后都有一个个平凡而又不凡的普通人的悲欢离合。我们每个人虽然平凡渺小、不为人知，但是我们的坚守、我们的奉献也会为祖国增添光彩！

剧情介绍：整部电影由《前夜》《相遇》《夺冠》《回归》《北京你好》《白昼流

星》和《护航》七个独立的故事组成，每个故事按照时间的顺序相互联系在一起，展现了新中国成立70年来波澜壮阔的历史，讲述了祖国精彩时刻背后最普通平凡的中国人的故事。一个个鲜活生动的普通人的奋斗故事，勾连起一段段难以磨灭的全民记忆。

本章小结

1. 心理是人脑对客观现实的主观反映。

2. 心理健康是健康的重要组成部分，是一种积极发展的心理状态。

3. 心理健康是人幸福的源泉。建立和谐的人际关系、学会调控情绪、维护健康的自我形象，有利于创造幸福人生。

4. 大学生是既困惑又矛盾的综合体，他们优势与劣势并存，在思想及行为上表现出极大的矛盾性，其心理健康问题是多种因素相互作用的结果。

课后思考题

1. 什么是心理？如何理解心理健康？
2. “健康=没有生理疾病”成立吗？为什么？
3. 衡量大学生心理健康的标准有哪些？
4. 大学生心理发展有什么特点？
5. 如何理解心理健康和幸福人生的关系？

第二章

熠熠心途　明朗前行

——大学生常见心理问题及应对

立德为先，修身为本，这是人才成长的基本逻辑。

——习近平

天下之至柔，驰骋天下之至坚。

——老子

学习目标

了解大学生常见的心理问题、心理咨询内容和流程，掌握心理调适的方法，努力培养“自知、自尊、自制、自信、自强”的心理素质，拥有健康心灵，成为身心健康的新一代。

课程导入

王榕是大学一年级的学生，出生在一个普通的农村家庭，父母在她很小的时候就出门打工，她主要是在爷爷奶奶的身边长大的。父母对她的期望很高，希望她能够考上好的大学，拥有一个好的前程。后来王榕被一所普通大学录取，内心有很强的失落感，觉得辜负了家人的期望。

从小的乡镇来到城市读书，兴奋之余，王榕也感到莫名的压力，她发现同学们都才华横溢，似乎个个都比自己强，并且越来越感到自己不如他人，和同学交往也越来越少，可是在父母、老师和朋友面前却故作轻松，一直报喜不报忧。有一次，学校组织新生听报告，当她听到老师讲到今后的就业竞争时，突然产生了莫名的恐惧，觉得将来可能找不到工作。从那以后，她经常感到紧张不安，甚至发展到无法集中精力学习，也不愿意与大家来往。后来，老师和同学发现她精神恍惚，建议她预约心理咨询。在心理咨询的过程中，她意识到了自己的心理问题。经过一段时间的咨询，王榕更加清晰地认识自己，学会了自我调适，积极地与同学交往，在生活中也不再苛责自己。咨询结束时，王榕写下这样一段话：“我没有必要与别人比，每个人都有自己的生活方式，我只需要做好自己，只要我努力了，比以前进步了，就可以为自己喝彩。”

王榕的案例不是个别问题，而是具有一定的普遍性。从中学进入大学，不仅有学习、生活环境上的变化，还有一个人在集体相对位置的变化，这些都会引起大学生心理上的一系列变化。在大学这个新环境的应激源上就出现了超出常态的反应和适应不良行为。大学生常见的心理问题有哪些？我们该如何进行心理调适呢？心理咨询是什么？让我们带着这些问题，开启本章的学习吧！

第一节　大学生常见心理问题

大学生正处于人生中充满矛盾纠结、身心发生较大变化但尚未完全发育成熟的一个过渡期，同时还面临着来自社会、学业和生活等方面的多重压力。每位大学生在成长过程中都可能会遇到各种问题和挫折，从而出现这样那样的矛盾、冲突、困惑和不适。因此，相当数量的大学生存在不同程度的心理健康问题，对学生本人和家庭产生了较大的影响，引起社会各界极大的关注。

一、什么是心理问题

心理问题指各种心理及行为偏离正常的情形。心理的“正常”和“异常”之间并没有明确和绝对的界线，一般认为，人的心理及行为是一个由“正常”逐渐向“异常”、由量变到质变，并且相互依存和转化的连续谱。

心理问题普遍存在，只是在不同人身上的表现不同，根据其严重程度可划分为三类，即一般心理问题、轻度心理疾病和严重的心理疾病。一般心理问题指人们在日常学习和生活中经常遇到的、导致心理适应不良的问题。它的强度较弱，持续时间较短，对个体的生活效能和情绪状态有一定的负面影响，可以通过自我调适、适当的心理疏导得到矫正和消除。轻度心理疾病主要指个体心理功能紊乱，是影响个体的社会功能或使其感到痛苦的心理问题，比如焦虑症、恐惧症、强迫症等轻度的心理创伤或心理异常现象。患有轻度心理疾病的个体虽然能维持正常的学习、工作和生活，但这些活动会受到明显的干扰，需要进行心理咨询或心理治疗。严重的心理疾病主要包括各种精神疾病，如抑郁症、精神分裂症等。患有严重心理疾病的个体脑机能活动失调，无自知力，不能与现实保持恰当的接触，进行正常的生活，需要住院或者进行长期的专业干预。

事实上，大学生的问题以一般心理问题居多，心理疾病较少，但是这也会在很大程度上影响学生的发展。

二、大学生常见心理问题

大学生正处于生理发育基本成熟但心理发展相对滞后的特殊时期，人生观、价值观和世界观没有完全形成，心理状态还不稳定，容易受到外界各种因素的影响而产生心理问题。当前大学生常见的一般心理问题主要有以下几种。

（一）适应问题

适应问题在刚入校的大学生中较为常见。从中学进入大学是人生的一个重要转折，新生入校后，在自我认知、人际交往、学习方式、自然环境等方面都面临着全面的调整适应。对多数新生而言，这是他们首次远离家庭，离开长期依赖的父母、朋友和熟悉的环境，意味着今后将开始独立生活，很多事情都要由自己来决定和解决。这会给大学生带来不同程度的环境应激。部分新生的自理能力、适应能力和调整能力较弱，在变化后的新环境中无所适从，从而表现出种种不适应。实际上，适应问题是个体在成长过程中必然出现的问题。每个人进入一个新的环境，尤其是变化比较大的环境，都会出现一段时间不适应的现象。

（二）学习问题

大学生的学习有其特点。与中学阶段的学习相比，大学阶段的学习在学习方法上有明显的不同，更多地要求自主学习、自我管理、自觉探索；在学习内容上，专业化程度较高，职业定向性强，相关知识有很多不确定性和争议性，课程中也有很多需要动手实践的内容；在学习目标上，更加多元化，而不是像中学时那样单一和具体。一些大学生忽视了学习方法的调整，刻板地沿用中学阶段的学习方法来应对大学学习，以致不知所措，甚至失去学习兴趣和动力。还有一些大学生进入大学后，学习目的不明确、动机缺乏、态度不端正，或者所学专业与自己的学习兴趣相抵触等，以至学习受挫、困惑、迷茫，甚至出现考试不及格等一系列问题。

（三）人际关系问题

大学生在人际交往方面日趋成熟，但由于其生活经验有限，人际关系不和谐是常见问题之一。在中学阶段，尤其是高中阶段，学生学习压力大，大多数时间都忙于学习，没有多余的时间和精力用于人际交往，从而造成人际交往能力欠缺。此外，当代大学生中很多是独生子女，他们注重平等、追求个性，敢于发表独立见解，不迁就、不盲从，容易以自我为中心，只从自己的角度考虑问题，难以与他人合作、沟通，在交往中常常缺乏应有的理解和宽容，考虑自身利益比较多，更多以取得个人利益为追求目标。部分大学生会与同学关系紧张，觉得自己无依无靠，如茫茫大海中的一叶孤舟，他们顾影自怜，或抱怨别人不理解自己、不接纳自己，或不能积极投入到学习中。部分大学生还因为嫉妒或猜疑，无法融入集体生活中。

（四）恋爱与性心理问题

处于青年期的大学生，其生理和心理发展逐渐趋于成熟，情感需求变得愈加强烈，尤其对爱情有所憧憬和向往，但也很敏感。大学生的爱情观和恋爱观还处于不断完善的阶段，对爱情问题的考虑容易简单化、片面化。他们有时难以把握住自己的情感，不能正确对待恋爱方面的问题，易冲动，好走极端。特别是失恋，如果处理不当，他们很容易因受到伤害而造成心理失调、萎靡不振，甚至精神崩溃。此外，青春期是人体生长发育的第二个高峰期，性发育对大学生的性心理影响较大。一方面，大学生的自我意识和性意识逐渐觉醒，他们有一种自己长大成人的感觉；另一方面，由于接受的性教育不够，大学生对自身的性发育成熟缺乏心理准备，对异性的神秘感、恐惧感和渴望交织在一起，由此容易产生心理问题。

（五）情绪问题

大学生内心情感比较丰富，非常注重情感生活，但由于他们自控力不强，社会经验不足，部分大学生容易因日常琐事而情绪波动较强烈，特别是在生活和学习中遇到较大挫折时，会表现出抑郁、焦虑、无助等负性情绪。负性情绪并非都是不良情绪，虽然伴随着一定的紧张状态，如愤怒、憎恨、忧愁、恐惧、痛苦等负性情绪产生，但同样是适应环境的一种必要反应，它们可以激起内在潜能，使个体改变或脱离造成这种不良心态的环境。但是，如果此种情绪的反应持续时间过长或者泛化，则会严重影响个体正常的工作、学习和生活，对其身心带来严重的负面影响。

（六）网络使用问题

当代大学生是伴随互联网的发展而成长的一代，互联网在给大学生的学习和生活带来诸多便利的同时，也会使一部分自制力较弱的大学生产生网络依赖，甚至网络成瘾，具体表现为：无节制地上网，不能上网时就会情绪低落、无愉快感，生物钟出现紊乱，食欲下降，思维迟缓，甚至不愿与人交往等。医学上将这些症状的综合表现称为“网络成瘾”。网络依赖或网络成瘾的大学生多沉湎于网络社交、休闲或网络游戏，由此忽视了现实生活的存在，并产生严重的学业和人际交往问题，需要接受专业的心理咨询或心理治疗。

心理测验

网络成瘾测验

美国心理学家金伯利·扬（Kimberly Young）提出了诊断网络成瘾的10条标准。

1. 上网时全神贯注，下网后总念念不忘。
2. 总嫌上网时间太少而不满足。
3. 无法控制自己的上网行为。
4. 一旦减少上网时间就会烦躁不安。
5. 一旦上网就能消除种种不愉快情绪，精神亢奋。
6. 为了上网而荒废学业。
7. 因上网而放弃重要的人际交往和工作等。
8. 不惜支付巨额上网费用。
9. 对亲友掩盖自己频频上网的行为。
10. 下网后有孤寂、失落感。

这10种情况，一年间只要有过4种以上，便可判断为网络成瘾。

（七）生涯规划与就业问题

大学是连接学校与社会的桥梁，生涯规划关系到每个大学生的大学生活，甚至影响其一生的发展。不少大学生缺少明确的生涯规划，进入大学之前，很多人的目标是考上大学，考上大学之后却迷茫了，缺少目标，没有方向，失去了继续奋斗的动力。此外，随着高等教育普及化和大学毕业人口的剧增，就业岗位的要求和标准日益提高。不少大学生未能做出及时有效的调整，又因缺乏必要的就业心理准备，在择业时会因自我认识能力较弱、职业成熟度不高、职业理想化和求职技巧欠缺等，感受到严重的就业心理压力。如果大学生不能提前做好生涯规划，及时疏解调控就业心理压力，往往会出现消极、负面的结果。

三、大学生常见心理疾病

心理疾病不同于一般心理问题，这些疾病在很大程度上会影响大学生的身心健康，严重阻碍其成长和发展，表现出较大的破坏性，需要寻求专业机构的治疗和帮助。了解心理疾病的相关知识，有助于心理疾病的积极预防、及时发现和妥善处理。

（一）神经症

神经症是一组由精神因素造成的非器质性的、大脑神经机能轻度失调的心理疾病，其主要临床表现为焦虑、抑郁、恐惧、强迫、疑病及神经衰弱症状。神经症患者以18岁到30岁的青年最多。神经症一般没有任何可以查明的器质性病变，但个体又确实有心理异常表现，甚至非常严重，对其生活自理能力、社会适应能力和工作能力有一定程度的功能损害，不过患者对自己的病态有充分的自知力，并能主动求医。一般认为，神经症的病因是由个体各种心理因素引起其高级神经活动过度紧张，致使大脑机能活动暂时失调。大学生中常见的神经症有焦虑症、恐惧症、强迫症、疑病症等。

1. 焦虑症

焦虑是一种内心紧张、预感到似乎即将发生不幸时的反应。在现实生活中，我们几乎都体验过焦虑情绪，例如面临考试、参加比赛时体验到的紧张与不适。焦虑是一种普遍现象。在某种程度上，焦虑情绪具有保护的意义，适度的焦虑有助于我们发挥更出色，但无端、过度的焦虑则会带来困扰，甚至是痛苦，也可能发展为一种异常心理——焦虑症。

焦虑症是以发作性或持续性恐惧和情绪紧张为主要症状的神经症。患有焦虑症的个体常常无端地感到惶恐不安、心烦意乱，好像不幸的事情马上就要来临。患者常伴有头昏、胸闷、心悸、呼吸困难、尿频、手脚发凉或燥热等躯体症状，其感到紧张或惊恐的程度往往与现实情况不相符。

基于焦虑的不同水平，我们要把正常焦虑和病理性焦虑（焦虑症）加以区分。怎样判断自己是不是病理性焦虑呢？有三个标准可供参考：第一，是否与现实刺激相对应，也就是焦虑的强度和引起焦虑事件的性质是否相匹配；第二，焦虑持续的时间是否太长；第三，焦虑在多大程度上影响了正常生活。如果日常生活中的小事都会产生很高程度的焦虑，持续的时间又比较长，同时严重影响了正常生活，就需要去专业的机构进行鉴别诊断。

2. 恐惧症

恐惧症指患者对特定物体、具体活动或场景产生长期的和不必要的恐惧，如怕尖状物、怕爬高、怕与人对视、怕去空旷的地方等。尽管患者明知恐惧的对象不会对自己造成伤害或没有危险，也明明知道自己的害怕是过分的、不合理的，但就是不能控制自己的情绪，并从行动上极力回避自己所害怕的客观环境。恐惧发作时，常伴有心跳加速、脉搏加快、呼吸急促、出汗甚至昏厥等自主神经系统功能的失调现象。

大学生较常出现的是社交恐惧，患者害怕出现在众人面前，在公共场合缺乏自信，常伴有发抖、脸红、出汗或行为笨拙、手足无措等症状。赤面恐惧是社交恐惧中较常见的一种，患者只要在公共场合中就感到害羞、局促不安、尴尬，表现得笨拙、迟钝，担心成为人们耻笑的对象。

3. 强迫症

强迫症是一种以反复出现强迫观念或强迫动作为主要特征的神经性障碍。患者能够意识到强迫和反强迫同时存在，常常被反复出现的强迫所困扰，却不能克制，并为此感到痛苦。例如，屈从于强迫观念的反复洗手、反复核对检查、反复询问；经常迟到，因为要花很多时间重复做某些事情；常常设想如果自己粗心大意或出现细小的差错会引起哪些灾难性的后果；等等。日常生活中很多人或多或少都会有一些强迫行为，但是只要这些行为不让人感觉痛苦，并且不影响正常的工作和生活，则不算病态，不需要治疗。

4. 疑病症

疑病症指患者在没有任何证据的情况下确信自己有病，而处于对疾病或身体某部位失调的持续强烈恐惧之中。患者表现得极为焦虑，对自己想象出来的疾病经常表现出强迫性动作。当医生检查证明没有病时，他们常常会断定医生的诊断是错误的，又去找其他医生。疑病症的症状常常表现为患者不自觉地寻求家庭或周围人对自己的注意、关心和同情，同时这些症状也成为患者满足自己某些潜意识欲望的手段。疑病症的实质是一种潜在的不安全感，表现了个体内心的矛盾、冲突和困扰。患者把自己的注意力从现实生活转移到自己的健康上，逃避矛盾以及实际或可能出现的挫折。他们常常把一切挫折、失败归结于“病”，从而减轻自己心理上的压力、内疚和自责，不对自己能力、才学等进行怀疑和否认，避免自以为可能出现的名誉、地位的损失。可见，疑病症实际上是个体自我心理防御机制作用的结果。

（二）精神疾病

精神疾病是人脑机能活动失调，丧失自知力，不能应付正常生活，即不能与现实保持恰当接触的严重心理障碍。常见的精神疾病有抑郁症、双相障碍、精神分裂症和反应性精神疾病等。

1. 抑郁症

抑郁症是一种常见的心境障碍，也是世界范围内造成精神障碍的主要原因之一。抑郁症的特点是情绪低落，兴趣或愉悦感丧失，有负罪感或低自我价值感，睡眠紊乱或食欲不振，感到疲倦，而且注意力不集中，患者还可能有多种身体不适，但没有明显的身体病因。抑郁症可能长期、持续或反复发作，严重影响患者正常的工作、学习，最严重时可能导致自杀。

需要注意的是，抑郁情绪不等同于抑郁症。抑郁情绪是当我们遭遇挫折、失望、求而不得等不幸事件时产生的情绪体验，一段时间后，这种情绪会逐渐消失，我们能够回到正常的学习和生活中。这种情绪可以通过自助或者心理咨询的方式进行缓解，而抑郁症则一定要接受专业的诊断和治疗。

2. 双相障碍

双相障碍一般包括躁狂期和抑郁期，是以情感高涨或低落为主要症状的情绪障碍。其特点是躁狂和抑郁这两种不同情绪状态的交替发作或反复发作。躁狂发作时，患者情绪亢奋或烦躁，精力异常旺盛，睡眠需求减少，思维奔逸，动作增多，情绪易激动，可出现攻击行为；抑郁发作时，患者情绪低落，思维迟缓，对任何事情都失去兴趣，自责自罪，注意力难以集中，有强烈的轻生念头。

3. 精神分裂症

精神分裂症是一种常见的重性精神疾病，其发病率在精神疾病中居首位。精神分裂症的发病者多为青壮年，它在大学生中的发病率约为7‰。此病导致个体心理异常的表现主要是精神活动"分裂"，即患者的行为与现实分离，思维过程与情感分离，行为、情感、思维具有非现实性，难以理解，不能协调。常见的精神分裂症症状包括幻觉（听到、看到或感觉到不存在的事物）、妄想（即使有相反的证据也坚定地持有错误的信念或怀疑）、情感淡漠、思维破裂和言行怪异等。

4. 反应性精神疾病

反应性精神疾病是一种心因性精神疾病，由急剧或持久的精神刺激引起。此病的临床症状与精神因素密切相关，并伴有相应的情感反应，容易被他人理解。大学生中常见的情况是由意外事件（如亲人突然死亡及受到严重伤害等）或持久的精神痛苦（如失恋、学习上的挫折、人际纠纷等）而导致的反应性精神病，一般病程较短。

对精神疾病患者应加以理解、关怀、帮助，不应歧视、厌恶、冷淡，正常的社会生活和人际交往有利于患者的康复。不少大学生在治愈精神疾病后会重返校园，完成学业。

（三）人格障碍

人格障碍又称病态人格、人格异常，指明显偏离正常人格并与他人和社会相悖的一种持久、牢固的适应不良的情绪和行为反应模式。其基本特征是：法治观念较差，行为受原始欲望驱使，知行脱节，具有高度的冲动性和攻击性，缺乏羞愧、自责和责任感。人格障碍一般始于童年或青少年，进而持续到成年或终生。一般认为，人格障碍是个体在不良先天素质的基础上遭受到环境中有害因素的影响而形成的。

常见的人格障碍类型有三大类：第一类以行为怪僻、奇异为特点，如偏执型人格障碍和分裂型人格障碍；第二类以情感强烈、不稳定为特点，如边缘型人格障碍、自恋型人格障碍和反社会型人格障碍；第三类以紧张、退缩为特点，如回避型人格障碍和依赖型人格障碍。

第二节　大学生心理问题调适

现代社会是不断发展变化的，经济的飞速发展、科技的日新月异对每个人都产生着极其深远的影响，正如我们所知：世界上唯一不变的就是变化本身。进入大学并不仅仅是从一所学校到另一所学校的变化，在更广泛的意义上，它是个体从依赖走向独立的开端，这使大学生的适应与发展并非单一方面的改变，而是社会角色变化、环境改变、脱离原有社会关系等多方面转变的复合体。由此，在大学期间学生会遇到各种各样的心理问题。如果不能有效地对出现的心理问题进行自我调节或寻求专业帮助，任由其持续发展，就会严重影响心理健康，进而对大学生活产生负性影响。在多数情况下，只要能够有效地进行心理调适，结果就会朝有利的方向发展。

一、心理调适的概念

当个人需要与环境发生作用时，若不能如愿以偿，通常会造成两种情形：一是形成悲观消极的心理，二是从失败中学会调适的方法。心理调适是个体对外在环境变化做出的反应，一般指个体通过不断调整自身使其个人需要能够在环境中得到满足的过程，是自我与环境和谐统一的良好的生存状态。可见，心理调适的过程是动态的、交互的和有弹性的，是个体通过不断做出身心调整，在现实生活环境中维持一种良好的、有效的生存状态的过程。所以，心理调适实质上就是调整认知结构、完善自我意识、学会调节情绪、锻炼意志品质、丰富人际交往、提高适应能力、塑造健全人格的过程。社会的变化，人在每个阶段的发展与成长，都需要个体去适应，心理调适的目的是为个体充分发展提供良好的条件，以促进新的适应。对大学生而言，遇到心理问题时要积极主动调适，适应千变万化的世界，促进自我成长，发挥自我潜能。

二、大学生心理问题调适的方法

在大学生涯中，你是否因为学习成绩总是达不到预期效果而烦躁不安？是否因为与某位同学关系紧张却又必须生活在一起而陷入痛苦？是否因为家境困难不能拥有高档手机、笔记本电脑而深感低人一等？是否因长得太胖或太矮而感到自卑？是否因为特别爱慕的那位异性同学与别人亲亲热热却对你不屑一顾而陷入单相思之中？诸如此类的问题往往是影响大学生心理健康和导致心理问题的诱因。大学生需要掌握心理调适的方法，以确保身心全面健康发展。大学生在进行心理调适时可以从以下几个方面着手。

（一）正确认识自我、悦纳自我，不断实现自我

在这个世界上，每个人都是独一无二的个体，都有其自身存在的意义和价值。一个拥有智慧的人不仅能接纳自己的优点，同时有能力接纳、改正自己的缺点，努力改变那些可以改变的，努力接受那些改变不了的。接纳自我、完善自我、实现自我并不是一帆风顺的过程，需要付出艰辛的努力和持之以恒的毅力。首先，既要看到自己的优势，又要看到自己的不足，如此既能树立自信心，又能明确自己今后需要完善的地方。其次，既要与他人比较，也要与自己比较：与他人比能见贤思齐，知晓自己努力的方向；与自己比则可及时发现自己的成长与进步，为自己加油鼓劲。再次，既要与比自己优秀的人比，又要与比自己差的人比。向上比，能看到自身的劣势，在欣赏他人的同时不贬低自己，保持一颗开放的心，乐于学习他人的长处；向下比，能看到自己的优势，获得愉悦、满足、有成就的自我体验，增强自信，但切忌不思进取或者看不起他人而思想狭隘。大学生应当给自己一片没有限制的天空，发现自己的力量，增强对自身能力、优点的认识，对自己进行客观的积极评价。

每位大学生都有很高的抱负和远大的理想。经验告诉我们，认识自我已是不易，自我控制亦很难，期望开拓、提升进而超越自我则是难上加难，但做人唯求做自己，对大学生而言，塑造自我、实现自我才是终生努力的目标。

课堂活动

天生我才

请完成下列语句吧！

我最欣赏自己的外表是＿＿＿＿＿＿＿＿＿＿＿＿＿＿＿＿。

我最欣赏自己对朋友的态度是＿＿＿＿＿＿＿＿＿＿＿＿＿＿＿＿。

我最欣赏自己对学习的态度是＿＿＿＿＿＿＿＿＿＿＿＿＿＿＿＿。

我最欣赏自己的一次成绩是＿＿＿＿＿＿＿＿＿＿＿＿＿＿＿＿。

我最欣赏自己的性格是＿＿＿＿＿＿＿＿＿＿＿＿＿＿＿＿。

我最欣赏自己对家人、长辈的态度是＿＿＿＿＿＿＿＿＿＿＿＿＿＿＿＿。

我最欣赏自己做事的态度是＿＿＿＿＿＿＿＿＿＿＿＿＿＿＿＿。

我最欣赏自己的优点是＿＿＿＿＿＿＿＿＿＿＿＿＿＿＿＿。

写完后，请与周围的朋友进行交流，你会发现身边的每一个人都很优秀！

（二）学会管理和调节情绪

人的情绪状态是复杂多样的。良好的情绪能帮助个体更好地发挥自身的能力，适应社会，正常与他人交往；而负性情绪有时会起到相反的作用。管理和调节情绪的方法如下。

首先，接纳自己的情绪。紧张、焦虑、烦恼等负性情绪并不可怕，它们出现时，我们不需要惊慌失措。要努力让自己平静下来，这样就会有更多的精力去考虑如何应对自己所面临的真正的问题，从而使问题更容易得到解决。

其次，对自己的情绪负责。比如脾气暴躁的同学，请不要轻易断言“我不能控制我的坏脾气”，可以试着去反省自己是不是“其实并不想控制自己的坏脾气”。或许正是这种潜意识的观念让你对自己的不良情绪和行为感到无能为力，而任由其控制你的生活。

最后，大学生对生活是否有幸福感，并不在于遇到负面情绪的多或少，而在于自己能否有效地处理和应对。我们的情绪尽管多变，但并非完全不可控，我们无须压抑和伪装，只要认清自己的情绪，了解引发它的原因，找出有效的应对方法，我们就可以做自己情绪的主人。我们要有效地管理情绪，欣喜而不狂躁，忧虑而不绝望；胜不骄，败不馁，谦而不卑，自尊自重。有效应对负面情绪的方法有认知调节法、环境改变法、行为调整法、注意力转移法、放松训练法等。

（三）树立符合实际的奋斗目标

每个人都有成功的欲望，大学生成功的欲望更为强烈。但客观地讲，每个人的能力都有一定的限度，都具有优势和劣势两个方面。不要对自己过分苛求，把奋斗目标确定在自己力所能及的范围内，通过艰苦努力最终能够实现目标。成功的体验，对维持心理健康是极为重要的。相反，如果仅凭良好的愿望和热情，盲目制定宏大的目标，一旦目标落空，便会使心理蒙受打击，产生挫折体验，不仅白白耗费了精力，也给自信心造成不良影响，甚至影响今后的发展。树立切实的目标，还包括不盲目地事事与他人竞争，以避免过度紧张。大学生处于青年阶段，青年人在一起容易出现争强好胜、相互攀比的现象。如果事事与他人竞争，不可避免地会遭受一些挫折、失败，而且会使自己终日生活在紧张状态之中，心理上承受过大的压力，这对心理健康是极为不利的。

（四）学会自我管理

大学生要培养良好的学习和生活习惯，因为良好的习惯是个体适应环境的基础，只有当一个人的生活稳定而有规律时，才能把握现实环境的变化，保持情绪稳定。所谓习惯，就是在一定情况下自然而然地或自动地去进行某些习得行为的倾向。习惯是人格的基础，养成良好的习惯是培养优秀人格的重要途径。要培养良好的习惯，必须学会合理地安排时间。大学生活自主性很强，学习、人际交往、社会实践等大部分时间都是由大学生自己支配的。为此，大学生应将自己的时间细化，制订出合理的学习和生活计划，并逐渐改变过去不良的学习和生活习惯，强化时间观念，学会对自己的生活和学习时间进行科学管理。

进行有效时间管理的大敌之一是拖延。拖延的人总是生活在自己应做而未做的工作压力下，导致情绪焦虑不安，心情紧张不愉快。当事情拖到最后不能再拖时，又往往会为了完成工作而心力交瘁，这样不仅不能高质量地完成任务，也会白白浪费自己许多宝贵的时间。因此，做事要学会“早做行动”，迅速完成必要的学习任务。关于如何进行时间管理，请参考第五章相关内容。

（五）学会人际交往，建立良好的人际关系

人不能脱离社会而存在，人的生活离不开与他人的交往。良好的人际关系给人以精神上的愉悦和满足，使人获得安全感和归属感，得到支持和理解，促进心理健康；不良的人际关系使人压抑、焦虑，身心健康受到损害。

为了建立良好的人际关系，可以从三个方面尝试。首先，培养成功交往的心理品质。良好的心理品质，如真诚、大方、热情、自信、谦虚、善解人意等，能够提升人格魅力，促进良好的人际关系的建立。其次，自我悦纳。强化自己的内在价值，使自己快乐、自信，不断地完善自我，这是建立良好人际交往的根本途径。最后，践行利他行为。利他行为指在人际交往过程中自己无私助人而不期待得到任何外在奖励的行为。在学习生活之余，尝试多为同学做一些力所能及的、其他人不太愿意做的事情，而不必在意别人对自己的评价，并尝试从积极的方面记下自己的体会。

思政课堂

感动中国人物孟二梅：大义勇必为

“上善若水，水善利万物而不争。”老子之所以推崇水，很重要的一个原因就是水包含了“利他”精神。孟二梅，一位平凡而又不平凡的社区党支部书记、居委会主任，用她的实际行动诠释了什么是真正的担当和奉献。她的名字和事迹，在2023年的那个特殊夏天，如同一道闪电，照亮了无数人的心灵。

2023年7月，北京地区遭遇了特大暴雨灾害，门头沟区大台街道落坡岭社区成为受灾严重的地区之一。在这个与外界几乎隔绝的社区里，孟二梅担任着“当

家人”的角色。在极端恶劣的环境下，她不仅确保了社区居民的安全，还承担起救助滞留乘客的重任。

K396次列车被迫滞留在落坡岭站，近千名乘客的安危牵动着无数人的心。孟二梅在接到任务后，没有退缩，没有抱怨，毫不犹豫地投入到救助工作中。她带领社区的300多名居民，在断水、断电、断网的极端情况下，想尽一切办法为滞留乘客提供食宿。“只要有我们一口吃的，就绝不能让他们饿着。”孟二梅的这句话，成为那个夏天最温暖人心的声音。她不仅是这样说的，更是这样做的。在她的带领下，落坡岭社区的居民齐心协力，共同为滞留乘客提供力所能及的帮助。

经过两天的艰苦努力，所有滞留乘客都安全撤离。孟二梅和她的乡亲们用实际行动诠释了什么是中国人的力量，什么是“自利利他，胸怀天下”。

（六）培养成熟的恋爱观和科学的性观念

心理学家弗洛姆（Sigmund Freud）认为，爱是一种主动的能力，一种打破隔阂的能力，一种使人相联合的能力；爱使人克服了孤独和分离。

大学生应培养自己爱的能力和责任，包括鉴别爱的能力、接受爱的能力、表达爱的能力、拒绝爱的能力和发展爱的能力。具体而言，既能坦然表达爱或接受爱，又能承受求爱被拒或拒绝求爱所引起的心理困扰：要敢于理智地拒绝不希望的爱情，学会勇敢地说“不”，但拒绝方式要恰当，因为珍重每一份真挚的感情既是对他人的尊重，也是对自己的尊重，同时还是对一个人道德情操的考验。要培养发展爱的能力，培养爱的责任，为爱人负责，为社会负责，树立正确的爱情观和婚恋观。

大学生应同时学习科学的性知识，端正对待性的态度；注重性健康与性安全，警惕性伤害和性侵害，维护自身性权利，合理面对性冲动，树立良好的性道德，做一个高尚、文明的当代大学生。

（七）增强挫折承受力，积极应对压力

“人生逆境，十有八九”，由于大学生正处于人生发展的动荡期、转折期，可能会遇到很多的压力和挫折。但是，所谓危机就是危险和机遇的结合，是转变的契机。因此，大学生需要转变“挫折很可怕”这个认知，面对困难不惊慌失措，积极、乐观地迎难而上，抓住成功的契机。

那么大学生应该怎么培养积极思维呢？需要注意以下三点。

一是找到积极事件的永久性和普遍性原因，并对不幸的事情做出暂时性和特定性的解释，保持乐观的心态。二是学会与自己争辩，对自我进行积极暗示。三是把坏事变成好事，任何事物都有其两面性，我们可以用转换角度的方式，去思考事物积极的一面。

（八）利用多方面的资源与支持

1. 主动寻求社会支持

营造自己的社会支持系统。当大学生在学习和生活中倍感压力时，当考试没有通过感到失望、伤心时，当失恋后感到孤独、自我怨恨并且难以自拔时，当与室友、同学关系处理不佳时，一般都会伴有强烈的情绪反应，并使自身处于焦虑和痛苦之中。这时，如果有几个好朋友或者亲人能够给予安慰、支持、鼓励，将有效地缓解心理压力，从而增强对挫折的承受力。所以，大学生在遇到挫折时，不应将自己封闭起来，而应尽快找自己的好朋友和家人进行沟通，寻求他们的支持和帮助。

2. 积极向心理咨询老师求助

很多大学生由于对心理咨询认识不够，往往对心理咨询有一定的误解，认为去心理咨询室的人都是有心理疾病的。实际上，学校的心理咨询主要是发展性咨询，目的是帮助学生解决成长发展中的困惑，协助学生更好地适应和发展。因此，大学生在有心理困惑或者心理问题时，应主动向心理咨询老师求助。

第三节　大学生心理咨询

大学生是一个特殊的群体，面临着紧张的学习，激烈的竞争，以及亲情、友情、爱情方面的各种矛盾。在如今的社会环境中，大学生承受着较大的心理压力，心理健康问题日益凸显。大学生心理素质的高低不但影响大学生自身的健康发展，而且影响社会的和谐。在高校开展心理咨询工作，探索有效的心理健康教育途径，对提高大学生的心理健康水平具有重要意义。

一、心理咨询的含义

咨询的含义比较广泛，主要有询问、商议、忠告、给人以帮助、商讨、劝告、参谋、建议和辅导的意思。心理咨询最早出现于20世纪初，心理专家为人们选择职业提供有价值的建议。从此以后，心理咨询广泛应用于各类助人行业，涉及教育辅导、心理健康咨询、婚恋家庭咨询等各个方面。不同研究者、咨询专家对心理咨询的性质、内容、作用及方法论等的认识、看法不同。

美国研究者帕特森（Cecil H. Patterson）是较早对咨询进行定义的学者，他从人际关系的角度对咨询进行界定，他认为咨询是一种人际关系，在这种关系中，咨询人员提供一定的心理气氛或条件，使来访者发生变化，做出选择，解决自身问题，成为一个有责任感的独立个体。

美国著名心理学家罗杰斯（Carl R. Rogers）认为，心理咨询是一个过程，心理咨询师与来访者之间的关系能给予来访者一种安全感，使他可以从容地开放自己，甚至可以正视自己曾否定的经验，然后把那些经验融合于已经转变的自己，做出统合。

伯克斯（Burks）和斯蒂弗洛（Steffire）认为，心理咨询是一个受过专业培训的心理咨询师和来访者之间的职业关系，目的在于帮助来访者理解和辨析他们对生活的看法，并且通过为他们提供有意义的、成熟的选择建议，或者通过帮助他们解决情感和人际关系问题，从而促使他们实现自己设定的人生目标。它着重强调咨询师与来访者之间的“专业性”关系以及“自我设定”目标的重要性。

1984年美国出版的《心理学百科全书》认为，心理咨询的模式有两种：教育模式和发展模式。该书认为心理咨询始终遵循教育模式，而不是临床的、治疗的或医学的模式；并强调发展的模式，帮助咨询对象得到充分的发展，扫除其成长过程中的障碍。咨询对象不是患者，而是在应对日常生活中的压力和任务方面需要帮助的正常人。咨询师的任务就是教会他们新的策略和行为，从而最大限度地发挥其已经存在的能力，或者形成更为适当的应变能力。

钱铭怡将心理咨询定义为通过人际关系，应用心理学方法，帮助来访者自强自立，促使他们成长的过程。

林崇德指出，从心理学的角度来说，心理咨询是一种“商谈”。既然是商谈，就涉及关系和语言，商谈的目的是达到理解和沟通。

尽管专家关于心理咨询的定义各不相同，但并无严重的分歧和对立。他们强调的心理咨询特点有诸多共同之处。

第一，心理咨询的服务对象（即来访者）是心理正常的人。

心理咨询的来访者不是有精神疾病、严重人格障碍、智力低下或脑器质性病变的患者，而是因生活中的压力而产生心理问题，或在发展过程中遇到阻碍需要得到帮助的正常人。

第二，心理咨询体现着心理咨询师对来访者进行帮助的过程。

这一过程是建立在良好咨访关系的基础之上的。咨询师运用专业技能及其所创造的良好咨询气氛，帮助来访者学会以更为有效的方式对待自己和周围的环境，促进个人的成长与发展。在这个过程中，咨询师与来访者是平等的，咨询师帮助来访者解决问题，而不是代替他解决问题。

第三，心理咨询是一系列心理活动的过程。

心理咨询师在咨询过程中帮助来访者更好地理解自我，更有效地生活，其中包含心理咨询师一系列的心理活动。同时，来访者在咨询过程中需要接受新的信息、学习新的行为、学会调整情绪和解决问题的技能等，使自己在心理、行为方面积极改变，这些都涉及一系列的心理活动。

第四，心理咨询是由专业人员从事的一项特殊服务。

心理咨询师必须受过严格的专业训练，拥有这项服务所必需的知识和技能，其中包含对来访者的关注、倾听，对来访者问题的分析与评估，以及在心理学有关原理的指导下，运用各种心理咨询技术如行为矫正、心理分析等技能帮助来访者。心理咨询是在心理学的原理和技术指导下开展的活动。

第五，心理咨询有其独特的目标。

咨询师在咨询过程中要助人自助，帮助来访者认识自己、确定目标、做出决定、解决难题，最终达到充分发挥自身潜能、更好地适应社会发展的目标。

综上所述，心理咨询指经过严格培训的心理咨询师运用心理学的理论与技术，通过良好的咨访关系，帮助来访者依靠自我探索来解决其心理问题，提高适应能力，促进个人成长以及潜能发挥的过程。

二、心理咨询的功能

一般来说，心理咨询的功能是为来访者提供全新的人生经验和体验，帮助他们发现和处理现实问题及内心冲突，更全面地认识自己与社会；启发来访者发现曾被忽视的情感体验，逐渐改变不适应的反应方式，形成新的人生经验，提高社会适应能力，使他们学会与外界相处，更好地发挥内在潜力，理性地面对现实生活。

具体而言，心理咨询的功能包括以下几个方面。

（一）体验新的人际关系

心理咨询过程首先是咨询师和来访者建立一种新型人际关系的过程。这种咨询关系是真诚、相互理解、彼此信任的人际关系。在这种关系里，咨询师总是以善意而尊重的态度与来访者沟通，不仅表达出对来访者的理解，还鼓励来访者积极地自我表达。当咨询师以职业的态度去回应来访者时，就为来访者提供了一种体验良性人际互动关系的机会。这不仅可以促进来访者的自我理解，增进来访者的自尊、自信和独立自主精神，而且能够让来访者把这种人际关系经验逐步应用于现实生活中的人际关系中，从而更有效地处理现实生活中的人际互动问题。

（二）认识内部冲突

许多来访者在寻求心理咨询师的帮助时，将导致自己产生心理问题的原因归咎于外部，习惯从别人身上找原因。但是，一般而言，促使人们进行心理咨询的问题大多是由自身内部原因引起的。因此，心理咨询的任务之一就是帮助他们意识到心理问题主要源于自身尚未解决的内部冲突。来访者与周围环境之间或与他人之间的问题，正是内部冲突的外部表现。最终，咨询师要让来访者知道解决问题的关键在自己，只有看清自己的内心后，才能慢慢地让心理健康起来。

（三）促进自我反思

要看清自己是非常不容易的，因为人们习惯于蒙蔽自己的眼睛，即很多来访者都会有不同性质的不合理信念，而正是这些不合理信念导致各种心理问题的产生。来访者常常确信自己对事物的观察和理解是正确的，而实际上并非如此。通过心理咨询，咨询师启发和引导来访者进行自我反思，逐步让他们意识到是自己的不合理信念导致了生活中的困境，进而形成正确的观念，做出明智的选择。

（四）学会关注当下

很多人在处理现实问题时往往采用一些无效的防御机制，如逃避、理想化或过分责备他人等，往往会花很多时间来回味过去、计划未来，话题总离不开昨天和明天，而避现在。当人们逃避现实或用不坦率的态度对待现实时，就容易出现心理问题。心理咨询的过程就是引导来访者回到现实中。一旦他们的目光集中到现在，就不再是一只眼看着过去，一只眼看着未来，而是关注此时此地的体验，用眼看、用耳听、用脑想、用心去感受，逐渐学会同“现在”打交道，学会关注当下。

（五）采取有效行动

来访者心理问题解决的关键往往在于其是否能把咨询心得有效地应用到现实当中，也就是来访者能否更为有效地处理现实中的问题，付出新的、有效的行动。咨询师在咨询过程中应该通过启发、鼓励、引导、支持来访者采取未曾尝试过的、有效的行动去改变与外界格格不入的思维、情感和反应方式，并学会与外界相适应的方式。一旦来访者感受到这种新的行动所带给他的积极的体验，他就真正开始了自助，为自己创造新的生活。

（六）发现生命的意义

从某种角度来说，心理咨询起源于人们对自己人生基本命题的探索。如果人们的使命感、责任性和伦理性丧失了，那他们就不会有真正的心理健康。人们若能找到人生的意义或价值，就不容易感觉到痛苦，也不太会产生心理问题。因为在这种情况下，他们自然而然地会有一种对环境适应的生命力从心底涌出。人本主义认为，生命的意义在于完全地品尝生活，对生命的奇迹保持惊奇，把自己投入生命的自然韵律之中，在最深的感触中寻找快乐。也就是说，生命本身就是一份礼物，我们只需接受它，打开它，赞美它，使用它，进而享受它。

三、大学生心理咨询的内容、流程和步骤

人们在日常生活中经常会产生各种心理问题，处于学校和社会过渡期的大学生，则更容易产生心理问题，而心理问题会影响其身心健康，严重的会导致休学和退学，所以在高校开展心理咨询工作是非常必要的。高校开展的大学生心理咨询，与其他机构的心理咨询相比，既有相同的地方，又有其特殊性。

（一）大学生心理咨询的内容

大学生心理咨询主要分为两大类型：发展性心理咨询和障碍性心理咨询。发展性心理咨询，指根据个体身心发展的一般规律和特点，帮助不同年龄阶段的个体尽可能圆满地完成各自的心理发展课题，妥善地解决心理矛盾，更好地认识自己和社会，开发潜能，促进个性发展和人格完善。障碍性心理咨询主要是为有各种障碍性心理问题的咨询对象提供心理援助、支持、干预和治疗，以减弱或消除咨询对象的心理障碍，促进其心理朝着健康方向发展。

大学生心理咨询包含一部分的障碍性心理咨询，但由于高校心理咨询的主要服务对象是心理健康的或者存在一般心理问题的全体大学生，因此大学生心理咨询是以发展性心理咨询为主的。大多数学生通过心理咨询解决他们在人际关系、学习、恋爱、性格探索和完善、职业生涯规划等方面遇到的困惑，这些问题是所有大学生或多或少都会遇到的发展性问题。对于有明显的精神病性症状、需要专业医疗机构介入的大学生，必要时应转介或推荐其到医疗机构进行鉴别诊断和治疗。

（二）大学生心理咨询的流程

在校大学生心理咨询的流程具体如下。

第一，在校大学生有咨询要求，可以直接到学校专门的心理健康教育中心，或者打电话、网络预约，告知想要咨询的问题并确定咨询时间。

第二，在第一次会面时间确定后，请准时赴约。这不仅体现了对咨询人员的尊重，也是认真对待自己存在问题的标志。在约定的时间前5分钟左右到达较合适。

第三，到心理咨询室咨询前，要进行咨询登记。填写咨询卡的目的是让咨询师了解来访者的一些背景资料。通常是本着自愿的原则填写。

第四，在咨询中，尽可能反映自己的真实情况。过多隐瞒可能会妨碍咨询师对问题

的判断。心理咨询建立在彼此信任的基础上，来访者要十分信任咨询人员，并与咨询人员一道寻求最佳的解决方案。

（三）心理咨询的步骤

一个完整的、有效的咨询过程无论时间长短、次数多少，无论咨询员持何种理念，都包含着一系列步骤和条件。目前，我国大学心理咨询中一次性咨询较多，长期咨询占的比例较少，但是一个完整有效的咨询过程包含一些基本的咨询步骤。

咨询时间每次基本上是50分钟，一般分为六个步骤。

1. 建立相互信赖的咨询关系

心理咨询的第一个步骤就是建立彼此信任的咨询关系，否则其他都无从谈起。尊重、接纳、真诚、温暖、积极关注，是建立良好咨询关系的重要因素。

2. 信息收集

一般来说，搜集和了解到的来访者及其问题的资料越多，对下一阶段进行心理评估和帮助就越有利，因此应在有限的时间内最大限度地收集来自对方的有关信息。作为来访者，为了让咨询师更好地了解和掌握自己的问题以便更好地进行心理咨询工作，应该敞开心扉，把所知道的信息真诚地告诉咨询师。

3. 界定问题，仔细评估

这个阶段就是依据先前所收集的信息，结合心理咨询的有关知识，对来访者的问题进行评估，辨明问题的类型、性质和严重程度等，为确立咨询目标和选择咨询方法打下基础。

4. 确立咨询目标

咨询老师在心理评估的基础上，既要考虑来访者的问题和需要，又要根据咨询理论，与来访者在咨询目标上达成共识。咨询目标应当是具体的、容易操作和判断的，或者有可测性。

5. 制定方案，帮助引导

这是心理咨询最核心的实质性阶段，主要任务是根据来访者问题的性质和自身特点，帮助求助者分析和解决问题，改变其不适应的认知、情绪和行为，选择适当的咨询技巧和干预技术，探寻潜意识，矫正行为，改变认知。

6. 检查反馈，巩固结束

这一阶段是咨询的总结、提高阶段。有的只是某一次咨询的结束。如需要多次咨询，咨询师要做好此次咨询的小结和下次咨询的准备，包括布置家庭作业，商定下次咨询的时间和主题。有的来访者经过本次咨询，效果较好，达到了咨询目标，想结束咨询，咨询师要做好咨询的回顾总结，巩固咨询成果，使来访者将在咨询中获得的成长运用于今后的生活中，提高自己的心理健康水平。在来访者离开之后，还要做好追踪调查：一方面检验咨询的效果，对求助者负责；另一方面总结经验，提高咨询师的咨询能力和水平。

许多大学生在意识到自己可能有心理问题时，宁愿长期忍受心理上的痛苦和折磨，也不愿意到心理健康教育中心或者精神卫生中心去寻求帮助。实际上，心理问题或心理疾病跟身体疾病一样，如不及时干预，常常会严重化，从而更不容易恢复健康。调查显示，在心理咨询师接待的全部来访者中，有一半以上是在决定去看心理咨询门诊之前的很长时间里就已经意识到自己有心理问题，有的人甚至已经为此苦恼了几年之久。而心理问题存在的时间越久，就越不易解决，因此当你被心理问题困扰难以解脱时，及时求助心理专业人员的帮助是很有必要的。

拓展资源

心理书籍推荐：《蛤蟆先生去看心理医生》

作者：［英］罗伯特·戴博德（Robert de Board）著，陈赢译

出版社：天津人民出版社

出版时间：2020年

推荐理由：这是一本关于心理咨询和心理成长的小说。通过本书，读者不仅可以了解心理咨询的过程、基本原理和方法，也会更好地理解自己的内心世界，发现自己的情感和行为模式，并学会面对自己的心理问题。读者在阅读这本书的时候，仿佛跟着蛤蟆先生一起看了一次心理医生，或许在读的过程中也会发现属于自己的疗愈和改变。

内容简介：作者罗伯特·戴博德是一位经验丰富的心理学研究者和临床实践者。他借用经典童话《柳林风声》里的动物主角模拟了来访者与心理咨询师之间互动的全过程，讲述了情绪抑郁的蛤蟆先生是如何通过心理咨询得到疗愈和成长的。作者通过细腻、温暖的笔触描绘出蛤蟆先生和心理咨询师苍鹭的互动，探索了蛤蟆先生软弱、自卑以及抑郁情绪的来源，激发了蛤蟆先生对自己负责的力量。最终，蛤蟆先生在咨询师苍鹭的帮助下促进了成长，学会独立、自信，开启了充满希望的生活。

心理影片推荐：《心灵奇旅》（*Soul*）

导演：［美］彼特·道格特（Pete Docter）、［美］凯普·鲍尔斯（Kemp Powers）

上映时间：2020年

心理学看点：这是一段寻找生命价值和意义的奇幻旅程。

剧情介绍：热爱爵士乐的中学音乐教师乔伊·高纳意外身亡，来到一个名为“来生之处”的地方。在这里乔伊遇到了一个找不到意义的名叫“22”的灵魂，为了重返地球，乔伊决定帮助“22”找寻意义。最初他们都认为实现梦想就是生活的全部意义，在找寻的过程中，他们逐渐认识到生活的美好在于平凡的瞬间，在于生活的每一刻，当你用心感受到那一刻的时候，意义也就随之而来。

本章小结

1. 心理问题是所有各种心理及行为偏离正常的情形。大学生主要的心理问题是一般心理问题，但仍需要了解心理疾病的症状特征，以便于及时觉察并解决。

2. 心理调适是个体对外在环境变化做出的反应。出现心理问题后，大学生需要使用心理调适方法来促进自我成长，发挥自我潜能，适应千变万化的世界。

3. 心理咨询是一种专业的心理服务，如果遇到的心理问题比较严重，不能通过自我调适进行解决，就需要主动积极寻求专业的心理帮助，为拥有充实、健康、快乐的大学生活提供保障。

课后思考题

1. 你和身边的同学常见的心理问题有哪些？
2. 结合实际谈谈大学生应如何积极适应大学环境。
3. 当你有心理问题时，你将采用什么策略和方式去解决？
4. 如果你去进行心理咨询，希望见到怎样的咨询师？

第三章

守心明性　独善其身

——大学生自我意识与培养

（中国青年应）自信自强、昂扬向上，不断自我提升、自我超越，努力做最好的自己，实现青春梦想和人生价值。倡导健康生活，锻炼强健体魄，涵养阳光心态，保持青春活力。

——《新时代的中国青年》白皮书

知人者智，自知者明。胜人者有力，自胜者强。

——老子

学习目标

了解认识自我的重要性；掌握大学生自我意识发展的内涵；掌握大学生自我意识的特点；识别在自我意识发展过程中出现的偏差及原因，并能够对其进行调适；塑造大学生健全的自我意识，形成将个人的发展与社会的需要、国家的发展规划相统一的爱国主义精神。

课程导入

美国教育家卡耐基（Dale Carnegie）曾对纽约500次电话的通话记录进行了调查，结果发现，在通话中出现最多的概念就是“我”。然而，“我”或“自我”就是这么一个“陌生的朋友”，既让我们十分熟悉，又常常令人困惑——“我”是谁？尤其是进入大学以后，我们每个人可能都会不由自主地产生许多关于“我”的问题。如“我”究竟是个怎样的人？为什么总是离那个理想的“我”相距甚远？为什么总不能确定未来？为什么越读书越觉得不知为什么而读？大学生在进行自我辨析的过程中，会经历一系列的矛盾、冲突、迷惘和苦恼。然而，大学生也正是在不断回答上述问题的过程中不断地认识自己，才逐渐走向成熟的。因此，正确认识和发展自我，解决自我认同、自我确立的问题，是大学生塑造健康人格、培养良好情绪的基础，也是大学生全面发展的重要条件。

第一节　自我意识概述

一、什么是自我意识

所谓自我意识（self-consciousness），指一个人对自己的认识，即个体对自己的身心状况与特征，自己与他人、与周围世界关系的意识。美国心理学家威廉·詹姆斯（William James）把我分为主体我（I）和客体我（me），自我意识也就是主体我对客体我的意识。自我意识是人格结构的核心部分，是人的意识的本质特征，是一种多维度、多层次的心理系统。

知识链接

“自我”概念辨析

自1890年詹姆斯在其著作《心理学原理》中首次提出自我意识以来，自我意识在心理学领域一直是经久不衰的研究课题。关于“自我”，西方有两个容易混淆的概念，即self和ego。无论在其起源、内涵还是研究领域上，这两个概念都有着高度不同。self指认识、行动着的主体，是生物性、社会性以及自我意识诸因素相结合的有机统一体，包括主体我和客体我，主要受后天和社会环境影响。从詹姆斯到米德（George H. Mead），从罗杰斯（Carl Rogers）到格根（Kenneth J. Gergen），都是在这个意义上进行的。而ego是保证个人适应环境、健康成长，取得个人自我意识同一的根源。这是西蒙·弗洛伊德在1923年《自我与本我》一书中首次提出的，他认为人格包括本我（id）、自我（ego）、超我（superego）三个结构。自我从本我分化出来，指导个人适应现实社会生活，使个人行为超越简单快乐原则而遵循现实原则，是本我和超我的协调者。埃里克森（Erik H. Erikson）对ego的概念进行了丰富和发展，进一步将自我（ego）的发展分为8个阶段。

团体游戏

我是谁

1. 请以最快的速度，以你的第一反应，填写描述自己的句子，想到什么就写什么，不要有太多思考。

（1）我（是）____。

（2）我（是）____。

（3）我（是）____。

（4）我（是）____。

（5）我（是）____。

（6）我（是）____。

（7）我（是）____。

（8）我（是）____。

（9）我（是）____。

（10）我（是）____。

（11）我（是）____。

（12）我（是）____。

（13）我（是）____。

（14）我（是）____。

（15）我（是）____。

（16）我（是）____。

（17）我（是）____。

（18）我（是）____。

（19）我（是）____。

（20）我（是）____。

2. 评估你对自己的陈述是积极的还是消极的。

在你列出的每句话的后面加上正号（+）或负号（–）。正号表示这句话表达了你对自己肯定满意的态度，负号的意义则相反。并思考下列问题：你是否过低地评价了自己？是什么原因使你成为这样的？有没有改善的可能？

3. 将陈述的20项内容做下列归类：

（1）身体状况（你的体貌特征，如年龄、身高、体形、是否健康等）编号：

____________。

（2）情绪状况（描写你的情绪方面）编号：____________。

（3）才智状况（你的智力、能力、性格、信念、世界观等个性特征）编号：____________。

（4）社会关系状况（你与他人的关系，如乐于助人的、坦诚的等等）编号：____________。

二、自我意识的结构

（一）根据自我意识的结构划分

从结构上看，自我意识分为自我认知、自我体验和自我调控。

1. 自我认知

自我认知是个体对自己身心特征的认识，是自我意识的认知成分，主要包括自我感觉、自我观察、自我分析、自我概念、自我评价等。自我概念和自我评价是自我认知中最主要的方面，集中反映了个体自我认知乃至自我意识的发展水平，也是自我体验和自我调控的前提。自我认知解决的是“我是谁”“我是一个什么样的人”等问题。例如“我”是一个相貌平平的人，“我”是一个善于交际的人，“我”是一个心理素质很好的人，“我”是一个幽默的人，等等。

2. 自我体验

自我体验是个体在对自身认识的基础上所产生的内心情感体验，代表了主体我（I）对客体我（me）所持有的态度，是自我意识的情感成分。它主要反映主体我的需要与客体我的现实之间的关系。客体我满足了主体我的要求，就会产生积极肯定的自我体验，即自我满足；反之，客体我没有满足主体我的要求，则会产生消极否定的自我体验，即自我责备。自我体验主要涉及“我是否满意自己”“我是否悦纳自己”等问题。自我体验包括自我感受、自爱、自尊、自信、自卑、内疚、自豪感、成就感、自我效能感等层次，其中，自尊是自我体验中最主要的方面。自我体验与自我认知紧密相关，也与自身对社会规范、价值标准的认知有关。良好的自我体验能够帮助自我监控的实现与发展，在调节和激发人类思想、情感和行为中起着重要作用。

3. 自我调控

自我调控是个体对自己心理活动和行为的调节与控制，属于自我意识的意志成分，包括自我检查、自我监督、自我控制等。其中自我检查是主体在头脑中将自己的活动结果与活动目的加以比较、对照的过程。自我监督是一个人以其良心或内在的行为准则对自己的言行实行监督的过程。自我控制是主体对自身心理与行为的主动控制。总之，自我调控是自我意识中直接作用于个体行为的环节，它是一个人自我教育、自我发展的重要机制。自我调控的作用表现为：启动或制止行为，心理活动的转移，心理过程的加速或减速，积极性的加强或减弱，动机的协调，根据拟定的计划监督检查行动，动作的协调一致等。自我调控涉及的是“我怎样克制自己”“我怎样改变自己”“我如何成为理想的自己”等问题。例如，学生戒除网络游戏，通过各种方式改变自我，顺利完成学业，就是自我意识在行为上的调控。

总之，自我认知、自我体验和自我调控之间相互联系、相互制约，统一于个体的自我意识之中。个体在自我认识的基础上产生自我体验，进而达到自我调节；同时，又在自我体验的推动下加强自我调控，加深自我认识。

（二）根据自我意识的内容和发展阶段划分

从自我意识的内容和发展阶段来看，自我意识分为生理自我、社会自我和心理自我。

1. 生理自我

生理自我指个体对自己生理状况的意识，包括个体对自己身体特征的认识以及对身体的占有感、支配感、爱护感和认同感等。生理自我使一个人把自我和非我区别开来，即将自己与客观事物、他人区别开来，是自我意识的最初形态。

知识链接

自我体像障碍

自我体像（body image）是人们对自己身体的心理感受，属于生理自我。一般来说，个体的体像心理状态存在三种类型。一是正常的体像心理。二是体像烦恼，是由个体自我审美观或审美能力偏差而导致自我体像失望所引起的心理烦恼。三是体像障碍，是由于个体想象客观不存在的体貌缺陷而产生痛苦体验的一种心理病症。自我体像障碍的主要症状是对自己外表的强迫性思维，如不断地同他人比较外表，以及强迫性的检查行为，如不断地照镜子、过度打扮修饰、反复触摸皮肤、不断地安全检查等。

近年来，由于媒体对骨感美的过分渲染，以及影视明星对减肥的过分追求，越来越多的女性投入减肥瘦身的时尚浪潮中。但是，对大学生而言，由于自身认知发展水平的限制，他们对各类事物的判断能力比较薄弱，容易受外部因素的误导，再加上攀比心理作怪，容易对自己的体像产生认识上的偏差，难以接纳自己的体像，从而诱发体像烦恼。

有调查研究发现：女大学生群体实际上存在体形偏瘦的倾向，但是她们普遍自我感觉具有肥胖的体型，并且都希望自己能够再瘦一些。同时，这些正在瘦身的女大学生中57.35%的人采取节食或是调整饮食结构的方式减肥，而采取运动减肥的仅占30.88%。

2. 社会自我

社会自我指个人对自己社会性的意识，包括个人对自己在社会关系中各种角色、地位、权利、义务等的意识。从3岁到青春期之前，是个体接受社会影响的重要时期，也是个体产生社会自我的关键阶段。随着个体社会化程度的加深，个体获得了一定的社会经验，逐步意识到自己在社会中要承担一定的角色，在组织中要有自己的地位和作用，这就产生了社会自我。

3. 心理自我

心理自我指个人对自己心理属性的意识，包括对自己的感知、记忆、思维、智力、人格特征、动机、需要、态度、信念、理想、价值观和行为等的认识。

生理自我、社会自我和心理自我既相互区别又相互联系，是个体自我意识的有机组成部分，同时生理自我、社会自我、心理自我也代表了个体自我意识由低到高的发展过程。

（三）根据自我认识中的自我观念进行划分

根据自我认识中的自我观念，自我意识又可分为现实自我、投射自我和理想自我。

1. 现实自我

现实自我也称现实我，是个体对自己在与环境相互作用中表现出的综合现实状况和实际行为的意识。现实自我是由美国心理学家罗杰斯提出的，即个体现在是什么样的人。现实自我与理想自我的差距是衡量心理健康与否和检验心理治疗效果的指标。

2. 投射自我

投射自我是个人想象他人对自己的认识，如想象他人心目中自己的形象，想象他人对自己的评价以及由此产生的自我感。现实自我与投射自我不一定是相同的，两者之间可能会有距离。当这个距离加大时，个体就会觉得自己不为别人所理解，可能会产生隔阂，甚至发生冲突。

3. 理想自我

理想自我也称理想我，是个人对将来自我的构想，如个人将来的生活目标、抱负、成就及自己想成为一个什么样的人等。理想自我是个人追求的目标，不一定与现实自我一致。但理想自我对个人的认识、情绪和行为影响很大，是个人活动的动力和参照系。

三、自我意识的作用

自我意识是人的意识的最高形式，自我意识的成熟是人的意识的本质特征。自我意识以主体及其活动为意识的对象，因而对人的认识活动起着监控作用。通过对自我意识系统的监控，可以实现对个体认知过程以及行为的监督、控制和调节。自我意识在个体成长和发展中具有导向激励、自我控制、内省调节等功能。

（一）导向激励功能

目标是人才发展的导航机制。一个人要想成就一番事业，就必须从自身的实际出发，制定明确的目标。只有如此才会调动自身的潜能，激发强大的动力。个体通过正确的自我认识，确立较为合理的“理想自我”，这样就为个人将来的发展确定了目标，对个人的认知、情感、意志、行动将产生很大影响，是个体活动的动力。自我意识健全的个体，在从事一项活动之前，活动的目的和结果就以观念的形式存在于头脑之中了，并依此做出计划，指导自己的活动，从而激发起强大的动力，达到预期的目标。

（二）自我控制功能

一个人如果有了发展目标而不付之于行动，结果就是一无所获。个体要想将来有所建树，首先要有科学的目标，同时还要有自立、自主、自信、自制的意识，并对自己偏离目标的情感和行动加以控制和调节。在通往成功的大道上，很多人与成功失之交臂，他们并不是缺乏机会和才华，而是缺乏自我控制意识和能力。自我控制是自我意识发挥能动作用的一个重要表现，它是目标的保护神，是成功的卫士，是自我意识的一项很重要的功能。缺乏自我控制意识和能力的人，缺乏恒心与毅力的人，终将一事无成。

（三）内省调节功能

自我意识健全的个体，不仅能够确立符合个体的“理想自我”，而且能够通过自我控制来实现预期目标。而由于主客观条件的制约，“理想自我”的实现常常会遇到各种障碍，致使个体产生不同程度的挫折感。这时，自我意识就会对自己的认识、情感、意志、行为等进行反省，找到受挫折的主客观原因，调整认识，形成新的“理想自我”，并与“现实自我”趋于统一。内省和调节就是个体成长中的自我监督和自我教育，随时对自我的认识、情感、意志和行为加以反省和调节，最终实现“理想自我”。

第二节　大学生自我意识

一、大学生自我意识的特点

随着个体心理和意识的不断发展，大学生自我意识的发展也达到了新的水平，世界观和人生观已基本确立。总的来说，随着年龄的增长、年级的上升，大学生的自我认知、自我体验、自我调控三方面趋于协调发展，并表现出明显的特点。

（一）大学生自我认知的特点

1. 自我认知的广度和深度大大增强

大学这一特殊的学习、生活环境，为大学生提供了博览群书、自由发展、自我实现的新天地。这个新天地使大学生个体的自我认知向广度和深度发展，他们的视野更开阔，关心的社会问题更多了。大学生的自我认知不只涉及自我的气质、风度和性格等一般问题，还涉及自己的社会地位、社会责任和自我的价值等问题。通过对这些问题的分析和思考，大学生的自我意识达到了新的广度和深度。

此外，大学生在描绘自我形象时，更多使用分析性描述，而不再像中学生那样使用整体性描述。这种分析能深入剖析个人的内心世界、情绪体验、思想动机、意志特征与理想愿望，展示了自我认知的深刻性。

2. 自我认知的自觉性和主动性明显提高

在校学习期间，随着知识的积累和年龄的增长，围绕个人发展、个人和社会的关系，大学生能够主动、积极地探索自我。比如，他们会经常独思、反省这样一些问题："我为什么活着？""我怎样活着才有意义？""我将成为什么样的人？""我如何实现自我的价值？"处在自我探索期的大学生，对这些问题总是十分感兴趣，急切地思考着，强烈地期待着一个满意的答案。这种思考比少年时期更主动、更自觉，具有较高水平。

3. 自我评价能力提高且趋于客观

随着年龄的增长和阅历的累积，大学生的自我评价能力也在提高。大学生对自我的评价也从外部的、具体的、偶然的特征，发展到用概括性的词语或方式来描述自己经常出现的综合心理特征，如用"富有个性""洒脱不羁"等来形容自我。这说明大学生对自我形象的概括水平有了明显提高。

大多数大学生用更全面、更客观的态度来分析和评价自己。他们能够客观地评价自己的优势和不足，并且能够根据社会期待合理地设定自己的发展方向。与中学阶段相比，大学生参与社交类和社会实践类活动的机会更多，得以更广泛地接触社会，帮助他们形成更为客观的自我评价。与此同时，大学生处理信息的能力也在提高，可以基于多方面数据更趋理性和全面地评判自己的长处与不足，这也使得他们采取的自我评价立场变得更加中立与客观。

（二）大学生自我体验的特点

个体在自我认知的基础上所表现出来的情绪体验，既可以是正面的情绪体验，如接纳、肯定、自尊、优越感等，也可以是负面的情绪体验，如不满意、否定、自卑等。大学生的自我体验主要有以下几个特点。

1. 丰富性

大学生的自我体验更丰富，可以说是一生中或各种社会群体中最“善感”的一个年龄阶段或群体。他们既有肯定的自我体验（自尊、自豪、自信、自爱等），也有消极的自我体验（自卑、自怨），还有羞愧感、自责、尴尬等自我体验。一般来说，大学生自我体验的情绪和情感基调是积极的、健康的。

2. 波动性

大学生的自我体验仍有一定程度的波动性，主要表现为当事情进展顺利时，会产生积极、肯定的情绪体验，甚至得意扬扬、忘乎所以；当遇到挫折时，就会产生消极、否定的情绪体验，甚至自暴自弃、悲观失望。

3. 敏感性

大学生的自我体验比较敏感，凡涉及“我”的事物都会引起他们的兴趣，与“我”相关的事物往往能诱发他们的连锁反应。大学生尤为关注自己在别人心目中的形象与地位，关心别人对自己的意见和看法。有时，还会根据别人的言谈举止引发一连串的联想，例如“他们是不是在谈论我”“是不是在嘲笑我”，并进一步引发个体消极的自我体验。

（三）大学生自我调控的特点

大学生自我调控的能力有了很大提高，自觉性、坚持性、独立性和稳定性显著发展，有强烈的自我设计和自我规划的愿望。绝大部分同学都奋发向上、力争成才，并且根据自我设计的目标自觉调节行为。同时，强烈要求独立和自主，希望摆脱依赖和管束。

1. 自觉性

大学生自我调控的自觉性体现在他们能够根据别人的评价和自己的行动结果进行反省，及时调整自己的行为以适应目标实现的要求。这说明大学生行为的自觉性和自我控制能力明显增强，盲目性和冲动性逐渐减少。大学生自我调控的自觉性来源于社会责任感、成就目标的决心、生活的价值定向和意志的努力与锻炼。

2. 独立性

大学生自我调控的独立性也有所增强。独立意识，也叫独立感，是个体力图摆脱监督和管教的一种自我意识倾向。在他们心目中，“我”的形象已经改变，不再是“中学生娃娃”般的形象，而是一个既肩负着历史使命，又有着一定知识、才能和人格的大学生形象，成人感特别强烈。因而，在自我意识的发展中，他们强烈要求独立和自治，希望摆脱依赖和管束。

心理测验

自我和谐量表（SCCS）

下面是一些个人对自己看法的陈述。填答时，请看清楚每句话的意思，然后在数字后面进行选择，以代表该句话与您现在对自己看法相符合的程度。1代表完全不符合您的情况，2代表比较不符合您的情况，3代表不确定，4代表比较符合您的情况，5代表完全符合您的情况。每个人对自己的看法都有其独特性，因此答案是没有对错的，您只要如实回答就可以了。

1. 我周围的人往往觉得我对自己的看法有些矛盾。

1.________　2.________　3.________　4.________　5.________

2. 有时我会对自己在某方面的表现不满意。

1.________　2.________　3.________　4.________　5.________

3. 每当遇到困难，我总是首先分析造成困难的原因。

1.________　2.________　3.________　4.________　5.________

4. 我很难恰当地表达我对别人的情感反应。

1.________　2.________　3.________　4.________　5.________

5. 我对很多事情都有自己的观点，但我并不要求别人和我一样。

1.________　2.________　3.________　4.________　5.________

6. 我一旦形成对事情的看法就不会再改变。

1.________　2.________　3.________　4.________　5.________

7. 我经常对自己的行为不满意。

1.________　2.________　3.________　4.________　5.________

8. 尽管有时需要做一些不愿意做的事，但我基本上是按自己的愿望办事的。

1.________　2.________　3.________　4.________　5.________

9. 一件事情好就是好，不好就是不好，没有什么可以含糊的。

1.________ 2.________ 3.________ 4.________ 5.________

10. 如果我在某件事上不顺利，我就会怀疑自己的能力。

1.________ 2.________ 3.________ 4.________ 5.________

11. 我至少有几个知心朋友。

1.________ 2.________ 3.________ 4.________ 5.________

12. 我觉得我所做的很多事情本身都是不该做的。

1.________ 2.________ 3.________ 4.________ 5.________

13. 不论别人怎么说，我的观点都绝不改变。

1.________ 2.________ 3.________ 4.________ 5.________

14. 别人常常会误解我对他们的好恶。

1.________ 2.________ 3.________ 4.________ 5.________

15. 在很多情况下我不得不对自己的能力表示怀疑。

1.________ 2.________ 3.________ 4.________ 5.________

16. 我朋友中有些是与我截然不同的人，这并不影响我们的关系。

1.________ 2.________ 3.________ 4.________ 5.________

17. 与别人交往过多容易暴露自己的隐私。

1.________ 2.________ 3.________ 4.________ 5.________

18. 我很了解自己对周围人的情感。

1.________ 2.________ 3.________ 4.________ 5.________

19. 我觉得自己目前的处境与我的要求相距太远。

1.________ 2.________ 3.________ 4.________ 5.________

20. 我很少去想自己所做的事是否应该。

1.________ 2.________ 3.________ 4.________ 5.________

21. 我所遇到的很多问题都无法自己解决。

1.________ 2.________ 3.________ 4.________ 5.________

22. 我很清楚自己是什么样的人。

1.________ 2.________ 3.________ 4.________ 5.________

23. 我能很自如地表达我想表达的意思。

1.________ 2.________ 3.________ 4.________ 5.________

24. 如果有了足够的证据，我也可以改变自己的观点。

1.________ 2.________ 3.________ 4.________ 5.________

25. 我很少考虑自己是一个什么样的人。

1.________ 2.________ 3.________ 4.________ 5.________

26. 把心里话告诉别人不仅得不到帮助，还可能招致麻烦。

1.________ 2.________ 3.________ 4.________ 5.________

27. 在遇到问题时，我总觉得别人都离我很远。

1.________ 2.________ 3.________ 4.________ 5.________

28. 我觉得很难发挥出自己应有的水平。

1.________ 2.________ 3.________ 4.________ 5.________

29. 我很担心自己的所作所为会引起别人的误解。

1.________ 2.________ 3.________ 4.________ 5.________

30. 如果我发现自己在某些方面表现不佳，总希望尽快弥补。

1.________ 2.________ 3.________ 4.________ 5.________

31. 每个人都在忙自己的事情，很难与他们沟通。

1.________ 2.________ 3.________ 4.________ 5.________

32. 我认为能力再强的人也可能会遇上难题。

1.________ 2.________ 3.________ 4.________ 5.________

33. 我经常感到自己是孤立无援的。

1.________ 2.________ 3.________ 4.________ 5.________

34. 一旦遇到麻烦，无论怎样做都无济于事。

1.________ 2.________ 3.________ 4.________ 5.________

35. 我总能清楚地了解自己的感受。

1.________ 2.________ 3.________ 4.________ 5.________

【计分方法】

本量表包含3个分量表，分别为自我与经验的不和谐、自我的灵活性和自我的刻板性。自我与经验的不和谐包括1、4、7、10、12、14、15、17、19、21、23、27、28、29、31、33，共16项。自我的灵活性包括2、3、5、8、11、16、18、22、24、30、32、35，共12项。自我刻板性包括6、9、13、20、25、26、34，共7项。各个分量表的得分为其所包含的项目得分直接相加。将“自我的灵活性”反向计分，在与其他两个分量表得分相加，计算总分。得分越高自我和谐程度越低。在大学生中，低于74分为低分组，75～102分为中间组，103分以上为高分组。

二、大学生的自我同一性

精神分析学派心理学家埃里克森（Erik H. Erikson）提出了“自我同一性”（self-identity，也译作“自我认同”）的概念。自我同一性指个体在特定环境中的自我整合与适应之感，是个体寻求内在一致性和连续性的能力，是对“我是谁”“我将来的发展方向”“我如何适应社会”等问题的主观感受和意识。为了获得自我同一性，青少年必须在某种程度上整合自我知觉的许多不同方面，使其成为一致的自我感。具体来说，个体经过自我审视后，对自我发展的一系列问题进行深入的自我剖析、自我评价、自我体验和自我调控，能认同和接纳自己，从而使个体对过去、现在、将来始终持有良好的延续感，自我的理想和现实生活结合成为一个有机的整体。

大学生处在青年中期，他们在自我同一性的探索中主要是确定“我到底是什么人”，并达到“这就是我”的自我认同。美国心理学家马西娅（Marcia）根据青少年探索和投入的程度对个体同一性的发展状态进行了评定，认为个体可归入四种状态：同一性扩散（diffusion）、同一性早闭（foreclosure）、同一性延缓（moratorium）和同一性完成（achievement）。参照马西娅的分类，我国大学生自我同一性的发展状况也可以分为达成型、早定型、延缓型、扩散型四种类型。

第一，达成型。这类大学生经历了一段时间的探索，解决了同一性危机，呈现出相对稳定的承诺，是一种最成熟、最高级的同一性状态。他们能从现实自我出发，修正和追求理想自我，并控制、完善现实自我，在一定程度上实现了现实自我和理想自我的积极的统一。由于主客观条件的限制，目前这种类型的大学生只是少数。

第二，早定型。这类大学生没有经历探索阶段就对一定的目标、价值观和信念形成了承诺，这些承诺反映的是父母或权威人物的希望和要求。他们从小是听父母话的“乖孩子”，在学校则是听老师话的“好学生”。他们习惯于放弃自己的独立自主性，完全内化家长和老师的价值观，根据他们对自己的评价来评价自己，并完全按照家长和老师对自己未来的设计来确定自己的人生方向。这类大学生固然可以免除在自我确认和自我探索中的痛苦思考。但是，早定实际上并非好事。因为这种类型的大学生所达到的自我认识和自我认可不是基于自己的独立思考和探索得出来的，所以当外界条件不顺利时，他们的自我认识就会变得模糊不清，也无法再达到自我认可。

第三，延缓型。这类大学生正在经历同一性危机，积极地思考各种可能的选择和探索自己的价值定向，但还没有达到最终的承诺。这类大学生在上中学时只顾埋头读书，对自我思考较少。进入大学以后，才发现生活和学习的天地很宽广，课程学习只是一部分，他们才开始反思“我究竟是怎样的人”“我为什么是这样的人”等问题。在这样的反思中，他们常常为自己只会学习、不懂生活而认为自己是个枯燥乏味的人，并且很可能发现自己即使在学习方面也不是出类拔萃的，因此而深感自卑自责。一些人经过痛苦的自我确认，逐渐发现了自己的特点和前进的方向，找到了理想我和现实我结合的最佳点，从而对未来充满信心。而另一些人还处在自我探索的困惑中，暂时无法找到理想我和现实我结合的交点，为此深感不安和痛苦。

第四，扩散型。这类大学生没有形成固定的承诺，也没有主动探索和形成承诺的意愿，处于同一性危机之中而不能成功地解决，对未来彷徨迷惑、不知所措，没有确定的目标、计划，是一种最不成熟、最低级的同一性状态。这种类型的大学生对现实自我不满，又认为理想自我难以实现，因此陷入对自我确认的困惑之中。他们往往表现得对一切事物或活动都心灰意懒，如因为害怕别人知道了自己内心的困惑和苦恼会嘲笑自己，或认为别人根本无法理解自己、帮助自己，所以就把自己的内心封闭起来，很少与别人倾心交流；因为无法确定明确的学习目标或学习的知识对未来有没有用，所以对学习不感兴趣，敷衍了事；因为觉得自己心境不佳，根本无法投入进各种活动，或者觉得这些活动没有什么意义，所以对活动不感兴趣，较少参加；等等。

知识链接

埃里克森的人格发展阶段理论

埃里克森（1902—1994），著名的发展心理学家和精神分析学家。他提出人格发展理论，把心理的发展划分为八个阶段，指出每一阶段的特殊社会心理任务；并认为每一阶段都有一个特殊矛盾，矛盾的顺利解决是人格健康发展的前提。各人格发展阶段所面临的矛盾与冲突如下：

1. 婴儿期（0—2岁）：主要任务是发展信任感，克服不信任感，体验希望的实现。

2. 儿童早期（2—4岁）：主要任务是获得自主感，克服羞怯和疑虑感，体验意志的实现。

3. 学前期（4—7岁）：主要任务是获得主动感，克服内疚感，体验目的的实现。

4. 学龄期（7—12岁）：主要任务是获得勤奋感，克服自卑感，体验能力的实现。

5. 青春期（12—18岁）：主要任务是建立自我同一性，防止同一感混乱，体验忠实的实现。

（6）成年早期（18—25岁）：主要任务是获得亲密感，避免孤独感，体验爱的实现。

（7）成年中期（25—50岁）：主要任务是获得繁殖感，避免停滞感，体验关怀的实现。

（8）成年晚期（50岁以上）：主要任务是获得完善感，避免失望、厌倦感，体验智慧的实现。

三、大学生常见的自我意识问题

（一）自我意识的矛盾与冲突

1. 自我评价与他人评价的冲突

大学生普遍存在自我评价偏高的现象。大学生精力充沛、思维敏捷，对自己的精力和能力充满着自信，再加上家庭和社会对他们比较偏爱，把他们视为“时代宠儿”“天之骄子”，使他们具有强烈的优越感和自信心，这可能会使大学生产生骄傲情绪，无根据地高估自己的能力。一旦接触社会生活，接触现实生活中的其他人，便发现自己并非想象得那样高明，身上光环的消失可能会使他们产生失落感。

2. 理想自我与现实自我的冲突

理想自我是个人想要达到的完美的形象，是个人追求的目标，它引导个体努力、奋进。现实自我是个人从自己的立场出发，对现实中自我各种特征的认识。在现实生活中，理想自我与现实自我总是存在一定的差距，合理的差距能够使人不断进步、奋发有为。但是，如果差距过大，就会造成自我意识在某些方面的偏差，进而导致心理上的种种困惑和心理健康问题的发生。

3. 独立与依附的冲突

大学生生理与心理的成熟使他们渴望独立，以独立的个体面对生活、学习与工作中遇到的问题。但由于长期的校园生活使他们社会阅历与经验相对匮乏，当应急事件出现时，却又盼望亲人、老师和同学能够替自己分忧。此外，大学生心理上的独立与经济上的不独立也形成了明显的反差。他们一方面迫切希望摆脱约束、追求自立，另一方面又不可能真正摆脱家长和老师的支持和帮助。特别是对某些独生子女来说，由于长期受到父母的溺爱，独立与依赖的矛盾在他们身上表现得尤为突出。

（二）常见的自我意识偏差

大学生处于自我意识发展的关键时期，自我意识正处于分化、统一的一个特殊阶段，在理想自我与现实自我、个人目标与他人要求、学习环境与社会环境之间的碰撞和冲突中，面临许多难以排解的心理矛盾和冲突，从而造成自我意识的偏差，严重影响大学生的心理健康。具体来说，大学生的自我意识偏差主要表现在以下几个方面。

1. 以自我为中心

以自我为中心指凡事以自己为中心，只顾自己的想法、感受和利益，很少或者根本不去考虑他人的感受和想法。大学生处于青年期，是自我意识完善的关键时期。这个时期的显著特征是把原来主要朝向外部的认识活动转向自己的内心世界，探索自己的内心活动。这就可能造成部分大学生考虑问题以自我为中心，而忽视他人或者客观情况，不能客观、全面地分析问题，当自我中心倾向与个人主义、自私自利等不良的思想意识或者过度自我的心理特征相结合时，就会表现出过分关心自己，过分考虑自己的个人利益，不顾他人的感受和需要，甚至出现盛气凌人的姿态，这样一来，他们难以赢得他人的信任和好感，造成人际关系不和谐。

2. 过度自卑

自卑是在自我否定的基础上产生的，即对自己缺乏信心，对自己不满和否定自己，目光总盯着自己的缺点、不足和失误。由于大学生的自我意识尚在发展过程中，心理尚未完全成熟，对自己的认知往往会出现偏差，因为某一方面（学习、衣着、举止、言语等）落后于人而自我评价过低、自愧无能，甚至感到自卑。如有的同学学习成绩暂时落后，就认为自己笨，不是学习的料，于是放纵自己，白白浪费青春年华；有的学生常因自己长得不够漂亮，或身材矮小、肤色黑一点、脸上有些青春痘而对镜感叹、苦恼；有的学生因为自己没有什么特长（琴、棋、球、书、画），看到其他同学在某一领域一展风采，自叹不如而自卑；还有的同学因家庭经济条件不好而感到抬不起头来；等等。一定程度的自卑心理是有益的，能促使个体努力改进不足。但过分的自卑则会击垮一个人继续努力的信心和勇气，导致个体一蹶不振，最终一事无成。

3. 自负

自负指个体自以为是、自命不凡的情感体验和情绪表现。自负不等于自信，与自信仅有一步之遥。自信是发自内心的自我肯定，是一种积极的自我评价。盲目、过分的自信就可能演变成自负。自负是一种不健康的心理，自负的大学生通常表现为：自命不凡、骄傲自大，看不起别人；有明显的嫉妒心，看不得他人超过自己、比自己成功；固执己见，明知别人正确时也不愿意改变自己的态度或接受别人的观点；人际交往模式和生活态度属于“我好，你不好”“我行，你不行”的类型，较难与他人达成妥协、求得他人谅解，最终会陷入孤独和郁闷。

4. 过度追求完美

人们都希望自己向着完美的方向发展，这是人类生来就有的本能，但注意不能过度，不然就会阻碍人们的自我适应。大学生过于追求完美指部分大学生对自己持有过高的要求，期望自己完美无缺，却不顾自身的实际状况。不能容忍自己“不完美”的表现，对自己“不完美”的地方过分看重，甚至把人人都会出现的、人人都会遇到的问题看成是自己“不完美”的表现。当这种不完美积累到一定量时，就会引发情绪障碍。

5. 过分逆反

逆反指在多种因素作用下，个体对一定的准则、规范或行为表现出反感、厌恶，从而产生抵触的心理。其实质是为了寻求独立、强调个人意志和自我肯定，而抵抗和排除在他们看来压抑自己的外在力量。一般来说，适度的逆反心理是青少年自我意识发展到一定阶段必然出现的正常现象，而且客观上有利于他们的独立。所谓适度的逆反心理，指逆反心理和行为表现的范围、强度、场合等较为适中，与其年龄阶段相符合。大学生处在向成年期过渡的时期，容易出现认知片面、情绪偏激。他们在摆脱对父母和长辈的依赖走向独立的过程中，有时会因过于寻求自我肯定而有意无意地把这些自己原来服从和尊敬的对象树立为自己的“敌人”，与之进行“斗争”。有强烈逆反心理的学生，对正面宣传做反面思考，对榜样和先进人物进行无端否定，对不良倾向产生情感认同。在内容上不分正确与错误、精华与糟粕，一概排斥；在手段上只是简单地抗拒，为了反抗而反抗；在行为上表现出越是不让做越是要做。过分的逆反心理会阻碍大学生学习新的或正确的经验，不利于大学生健康成长、成才。

第三节　大学生良好自我意识的培养

一、建立正确的自我认知

“人贵有自知之明”，全面而正确的自我认知是培养健全自我意识的基础。认识自我就是要全面了解自己各方面的信息，包括自己的身体、相貌等生理特点，自己的气质、性格、能力、兴趣、爱好、意志、品质等心理方面的特质，也要了解自己的长处和短处，自己与他人的异同点，了解过去与现在有什么不一样，发生了哪些变化，还包括自己在群体中的位置、在周围人际交往环境中的形象，以及自己的职业理想等。

（一）正确地认识自我

正确认识自我是形成健康自我意识的基础，在自我认识的过程中，既不应拔高自己、盲目自大，也不应贬低自己、妄自菲薄，需要分析自身的优势和不足，客观地认识自己。一个人如果能够对自己有一个全面、正确的评价，就能够扬长避短，根据自己的实际情况选择相应的目标并为之努力奋斗。

在日常生活中，我们对自己的判断和理解往往较多依赖小范围内的社会比较和别人对自己的评价。实际上这样形成的自我概念有很大的局限性，无助于人们适应更大的生活范围。要多方面、多途径地了解自己：既要从目前的生活环境了解自己，又要从自己的整个生活经验了解自己；既要了解别人对自己的评价、自己与他人的差别，又要了解自己成长变化的过程，逐渐形成清晰的自我认识；既要了解自己的能力、身体特征，又要了解自己的性格、品德，以便对自己有一个全面的了解。

知识链接

“乔哈里之窗”理论

“乔哈里之窗”理论（Johari Window Theory）由美国心理学者乔瑟夫（Joseph）和哈里（Harry）于1955年提出的，“乔哈里”之名源于两位提出者名字的组合。其基本观点是：自我认知可以分为4个不同区域，即开放区、盲目区、隐秘区、未知区。开放区即公开的自我，是个人和他人都知道的关于个人自己的信息。盲目区即盲目的自我，是他人知道而被个人忽视的关于个人自己的信息。隐秘区即隐藏的自我，是个人向他人隐瞒的关于个人自己的信息。未知区即未知的自我，是个人和他人都不知道的关于个人自己的信息，通常是潜意识或潜在需要。

表3-1　自我认知的四个不同区域

	自己知道	自己不知道
他人知道	公开我 （开放区）	盲目我 （盲目区）
他人不知道	隐藏我 （隐秘区）	未知我 （未知区）

（二）客观地评价自我

客观地评价自我指要平静而理智地对待自己的长短优劣、得失成败，乐观开朗，以发展的眼光看自己。首先，要正确对待挫折和失败。人生道路上既有鲜花也有荆棘，大学生要辩证地对待成功和失败。有些大学生拒绝接受失败的事实，一遇到挫折就悲观失望，彻底否定自己。大学生要对失败进行正确的归因，即归因到努力不够而非能力低下，由此激发不服输的斗志，依然勇于迎接未来的挑战。其次，要客观、正确地评价自己。常言道“金无足赤，人无完人”，大学生不仅要看到自己的优点，也不能否认自己的缺点，要全面、客观地评价自我。

（三）进行恰当合理的社会比较

他人是反映自我的镜子，是自我认识的重要参照系。大学生可以通过与他人进行比较，明确自己的位置。进行社会比较虽然是认识自我的重要方法，但不适当的比较可能会产生消极的结果。比如有的学生经常与知名高校的学生相比，发现差距，从而产生紧迫感和奋进感，激励自己更加努力，但也有可能带来自卑、自暴自弃；而有的学生和社会上一些无所事事、不求上进的青年相比，则看到了自己许多长处，增强了自信心，但也有可能造成自负。因此，在进行比较时，应注意选择那些与自己存在相似性、可比性的对象。另外，在比较时，要多关注后天主观的努力，而非不可改变的先天的客观条件，才能更好地认识自我。大学生还可通过与自己比较来深化自我认知，古人云“吾日三省吾身”，要常常以自身为参照，不断地自我反省。

思政课堂

青年大学生还应在时代中认识自我。当代大学生是新时代中国特色社会主义事业的建设者和接班人，承载着中华民族伟大复兴的历史使命，大学生应明确新时代的历史方位，把握当代中国的实际情况，从实际出发，找准自身定位。新时代的中国特色社会主义开启了新征程，中华民族将进行伟大斗争、建设伟大工程、推进伟大事业、实现伟大梦想，“四个伟大”构成了新时代中国特色社会主义的伟大实践，青年大学生应投身于中华民族伟大复兴的事业中去，奋进新时代、砥砺新担当、展现新作为。

二、培养积极的自我体验

（一）无条件接纳自我

积极悦纳自己就是无条件地接受自己的一切，包括好的、差的、优点、缺点等各方面，喜欢并接受自己，提高自我认同感。悦纳自我是培养积极自我体验的关键和核心。全面地看待自己的优缺点，每个人身上都有闪光点，每个人身上也都有缺点，不必苛求自己做一个十全十美的人。努力发现自己的“闪光点”、肯定自己的价值、对自己充满自信心和自豪感。同时，接纳自己的不完美是自信的表现，也是自我完善的起点。

（二）运用积极的自我暗示

根据美国积极心理学家塞利格曼（Seligman）的观点，学会对成败及顺境和逆境进行合理的解读，会给人带来积极的体验。事实上，我们看到那些具有乐观精神的人都善于把所谓的挫折或困顿看作暂时的或特定情况之下出现的，他们相信正面临的挫折和困顿定然存在有利于人成长和促进生命更美好的积极意义，相信自己只要拿出勇气、毅力、智慧，充满信心和希望地面对挫折或困顿，便能勇敢地走向新的生命层次。因此，为了避免自尊心受到伤害，不妨采用一些策略性的自我美化的暗示，如向下比较（比上不足，比下有余）、选择性遗忘（记住成功经历，忘记失败经历）、自利性归因（将成功归于自己的努力和能力，将失败归结于自己的不努力和运气不佳）等。

（三）调整自己的期望值

自我期望也称抱负，指一个人在做某件实际工作之前估计自己所能达到的成绩或目标。大学生体验到成功还是失败从根本上取决于他的期望水平。例如，同样是80分的考试成绩，对只求及格、“60分万岁”的学生来说，可能已是获得意外成功的惊喜，而对一心争第一、拿满分的学生来说，是难以接受的失败。

大学生正值青春年华，富于幻想，正在为自己的未来规划着美丽的蓝图，他们往往对自己的期望很高，甚至脱离现实。但是他们对生活中所遇到的坎坷估计不足，对自己的能力、知识水平也缺乏全面的认识，所以一旦遇到挫折，很容易悲观绝望。对大学生来讲，既不能没有期望或期望过低，也不能过分追求完美或期望太高。否则，一旦在现实生活中遭受失败和挫折，就很容易严重损害自尊。只有学会调控自己的期望值，建立适中的理想目标，把自我期望值与自己的现实情况密切联系起来，才能最终一步步走向自我完善。

（四）创造机会，获得成功体验

心理学研究表明，自信源于一点一滴的成功体验。成功的体验使人奋进向上，树立自信心，消除自卑感。对大多数人来说，成功的喜悦将成为个体强大的内在动力，成功将会带来更大的成功。要使不自信的大学生树立信心，成功的体验是至关重要的。

每个人都有自己的长处，也有自己的不足。大学校园里，活动丰富，每个人都可以在活动中展现自我风采；但是，要注意有所选择，不要盲目参加，以避免给自己带来不必要的失败体验。要根据自己的专长、兴趣参加适合自己的项目，展示自己的优势，证明自己的能力。

三、学会自我调控

自我调控是个体主动定向改造自我的过程，即主动改变“现实自我”以达到“理想自我”的过程。具体来说，自我调控是对自己的思想、意识、心理、情绪的外在表现及实际具体行为进行监督、分析、反省、修正、调节、控制的过程。自我调控充分反映了人的自我意识的能动性，帮助人们坚守目标、实现健康成长。有效自我调控包括以下步骤。

第一，结合实际情况确立合适的理想自我。

第二，增强自尊和自信。这是自我控制的激励因素。良好的自尊心、自信心能使自己有为实现理想自我而努力的强大动力，激励自己不断奋进。

第三，培养顽强的意志品质。对自我有效的控制，离不开坚强意志。对目标认识的自觉性、主动性，对现实目标的决心和排除干扰、克服困难的能力，对成功的态度和对失败与挫折的承受力，都是意志力的重要表现。

第四，提升自我管理的能力。增强意志力，就必须和目标结合起来，把远大的理想分解成一个个由近及远、由低到高、循序渐进的具体的、可以操作的子目标。自我管理是一门科学，也是一门艺术，是对自己人生和实践的一种自我调节，也是人生成功的催化剂。

四、不断超越自我

认识自我、接纳自我、调控自我，都是为了塑造自我和超越自我。对大学生而言，超越自我更是终身努力的目标。在行动上，无论对人对事，均应全力以赴，最大限度地发挥自己的能力。超越是一种境界，更是一个过程，是一个“新我、独特的我、最好的我”形成的过程。这个过程不是一帆风顺的，需要付出艰辛的努力和沉重的代价。大学生成为自我的过程，既是自我不断更新走向完善自我的过程，也是从个体“小我”不断走向社会“大我”的过程；是既注重自我又不固守自我，根据社会要求不断改造自我的过程。在这个过程中，既注重自我价值的实现，又要鼓励和帮助他人实现自我价值，还要与众人共同实现社会价值。总之，超越是一种过程，更是一种境界。只有坚持正确的方向，本着科学的态度，积极投身到社会实践中去，在实践中学习、创造和反思，才能辩证地看待社会，分析自我，把握自我，全面认识自我，不断超越自我，逐步走向成熟和完善的自我。

拓展资源

心理书籍推荐：《自卑与超越》

作者：[奥]阿尔弗雷德·阿德勒（Alfred Adler）著，曹晚红译

出版社：中国友谊出版公司

出版时间：2017年

推荐理由：《自卑与超越》不仅仅是一本心理学著作，它还是一个关于勇气、爱和成长的故事。每一位读者都可以从中找到自己的影子，感受到那种与自己对话的深深震撼。生活中，我们都会面临困境和自我怀疑，但只要我们拥有足够的勇气去面对和超越，无论多么强烈的自卑，都不是我们前行的障碍。让我们一同走在这条超越自卑、追求自我的旅程上，握紧那份对美好未来的信念和期待。

内容简介：阿德勒是个体心理学的创始人，人本主义心理学先驱，现代自我心理学之父。《自卑与超越》是阿德勒的巅峰之作，它入选了20世纪改变美国和世界的100本书，被认为是“现代人必读的心理学经典”。作者从探寻人生的意义出发，启迪我们去理解真实的生命意义。全书立足于个体心理学观点，从教育、家庭、婚姻、伦理、社交等多个领域，以大量的实例为论述基础，阐明了人生道路的方向和人生意义的真谛。

心理影片推荐：《心灵捕手》

导演：[美]格斯·范·桑特（Gus Van Sant）

上映时间：1997年

心理学看点：这是一部关于个体如何成为自己的电影。无论你是谁，无论你在哪里，都可以通过面对自己、接纳自己，最终找到自己的方向，实现自我回归。

剧情介绍：该片讲述了一个名叫威尔的麻省理工学院的清洁工的故事。威尔在数学方面有着过人天赋，却是个叛逆的问题少年，在教授蓝勃、心理学家桑恩和朋友查克的帮助下，威尔最终把心灵打开，消除了人际隔阂，并找回了自我和爱情。

本章小结

1. 自我意识是一个人对自己的认识，即个体对自己的身心状况与特征，自己与他人、与周围世界关系的意识。

2. 自我意识的结构包含自我认识、自我体验和自我调控。自我意识的内容包含生理

自我、社会自我和心理自我。自我观念包括现实自我、理想自我和投射自我。

3. 大学生自我意识的特点表现为：自我认知的广度和深度大幅增强，自觉性和主动性明显提高，自我评价能力提高且趋于客观；自我体验具有丰富性、波动性和敏感性；自我调控具有自觉性和独立性。

4. 大学生自我同一性分为达成型、早定型、延缓型、扩散型四种类型。

5. 大学生自我意识存在自我评价与他人评价冲突、理想自我与现实自我冲突、独立与依附冲突等矛盾。大学生常见的自我意识偏差包括自我中心、过度自卑、自负、过度追求完美、过分逆反等。

6. 大学生健全自我意识的塑造途径包括：建立正确的自我认知，培养积极的自我体验，学会自觉地自我调控，不断超越自我。

课后思考题

1. 试述大学生自我意识发展的特点。
2. 大学生常见的自我意识偏差有哪些？如何克服？
3. 结合自身实际，谈谈如何完善自我。

第四章

人格之韵　如诗如歌

——大学生人格发展与心理健康

奋斗锤炼本领，磨砺增长才干。新时代中国青年积极主动学理论、学文化、学科学、学技能，思想素养、身体素质、精神品格、综合能力不断提升，努力成长为堪当民族复兴重任的时代新人。

——《新时代的中国青年》白皮书

夫君子之行，静以修身，俭以养德，非淡泊无以明志，非宁静无以致远。

——诸葛亮

学习目标

了解人格的含义、特征及结构等相关知识，了解大学生人格发展与常见的心理偏差和心理障碍，掌握大学生健全人格的标准以及塑造途径和方法。帮助大学生认识自我、了解自己，引导他们树立正确的人生观和价值观，形成积极向上的人生态度和良好的个性品质，实现全面发展，争做优秀的社会主义建设者和接班人。

课程导入

一天，孔子的学生子路问："听到一个很好的主张，要立即去做吗？"

孔子答："家有父兄，怎能自作主张。"

冉求问："听到一个很好的主张，需立即去做吗？"

孔子答："当然应当立即去做。"公西华对此很不理解。

孔子说："冉求遇事畏缩不前，所以要鼓励他去做。子路遇事轻率，所以要加以抑制，使他谨慎。"

材料讲述了孔子因材施教的故事，冉求遇事畏缩不前，子路遇事轻率，描述的是孔子两个学生不同的人格差异。

世界上没有完全相同的两片树叶，也没有完全相同的两个人，即使是同卵孪生子也存在差异。什么是人格？人格的特点有哪些？作为特殊群体，大学生的人格特征有哪些特点？同时，处在人生观和价值观发展重要时期的大学生，该如何完善自身的人格发展？

第一节　人格概述

一、什么是人格

在日常生活中，有人性情急躁，易发脾气，喜怒形之于色，遇事不能三思而后行；有人说话、做事总是慢条斯理，不轻易动肝火；有人活泼好动、善交朋友，易适应环境；有人则喜欢独处、安静，少言寡语。这些不同的行为和心理都是不同人格的体现。

最早的人格概念，源于古希腊语的面具（persona）一词，指舞台上演员的面具，不同的面具体现了不同角色的特点和人物性格。如同我国京剧中的脸谱：红脸代表忠义，白脸代表奸诈，黑脸代表刚强。心理学沿用面具的含义，转意为人格。其中包含两层意思：一是指一个人在人生舞台上所表现出来的种种言行，即人遵从社会文化习俗的要求而做出的反应，人格所具有的外壳，就像舞台上根据角色要求所戴的面具，表现出一个人外在的人格品质；二是指一个人由于某种原因不愿展现的人格成分，即面具后的真实自我，这是人格的内在特征。

心理学家各抒己见，提出了上百种的人格定义。例如，艾森克（Eysenck）认为，人格是个体由遗传和环境决定的，实际的和潜在的行为模式的总和。卡特尔（Cartell）认为，人格是一种倾向，可以预测一个人在特定情境中的作为，是与个体的外显和内隐行为联系在一起的。我国心理学家彭聃龄对人格的定义是：人格是构成一个人的思想、情感及行为的独特模式，这个独特模式包含了一个人区别于他人的稳定而统一的典型心理品质。

一般认为，人格是一种心理现象，也称个性，反映了一个人总的心理面貌，是相对稳定且具有独特倾向性的心理特征的总和，是在长期社会生活实践中形成和发展起来的。人格包括气质、性格、能力、兴趣、爱好、需要、理想、信念等方面的内容，人与人之间显著的差别就在于人格。

二、人格的特征

人格具有以下几个方面的特征：

（一）独特性和共同性

“千人千面”，世界上也没有完全相同的两个人。人格的独特性指不同的遗传、生存及教育环境，形成了个体之间各自独特的心理和行为特点。所谓“人心不同，各如其面”，说明了人格的千差万别、千姿百态。另一方面，同一社会群体中的人又具有一些相同的人格特征，如同一年龄段的人具有该年龄段共有的人格特征，同一民族的人具有共同的文化传统和风俗习惯。

（二）稳定性和可变性

人格一旦形成，就具有一定的稳定性。人格的稳定性指个体的人格特征具有跨时间的持续性和跨情境的一致性。例如，一位性格内向的学生，在不同时间、不同场合都会表现出沉默寡言的特点，这就是人格的稳定性。而那些在行为中偶然发生的一时性的心理特性，则不能称为人格。但是，强调人格的稳定性并不意味着它在人的一生中是一成不变的。由于生活环境的变化，生理年龄的成熟，以及自我认识、自我控制的加强等，人格会产生一定程度的改变，这就是人格的可变性。

（三）社会性与生物性

人格是在一定社会环境中形成的，因此人格既具有生物属性，也具有社会属性。人格必然反映出一个人生活环境中的社会文化特征，体现出个人的社会化程度和角色行为。因此，人格具有一定的社会制约性，脱离了人类社会实践活动，是不可能形成人格的。

（四）功能性

当面对挫折与失败时，坚强者能发奋拼搏，懦弱者会一蹶不振。这说明，人格能引导行为，驱使人趋向或回避某种行为，寻找或躲避某些刺激。通过这种方式，人格在一定程度上会影响一个人的生活方式，甚至决定某些人的命运，是一个人人生成败的根源之一。

（五）整体性

人格的整体性指人格虽由多种成分组成，如能力、兴趣、气质和价值观等，但它们并不是孤立存在的，而是由多种成分组成的一个有机整体，具有内在的一致性，受自我意识的控制。人格的整体性表现在人格的统合性上。人格的统合性是心理健康的重要指标，当一个人人格结构的各个方面彼此和谐一致时，他的人格就是健康的；否则，就会出现适应的困难，甚至出现“分裂人格”。

三、人格的结构

人格是一个复杂的结构系统，人格结构系统包含认知、动机、气质、性格、自我调控等成分。气质与性格是人格的重要方面。

（一）气质

1. 气质的含义

生活中人们经常说起“气质”，如有同学评价身边同学“你气质很好”，这里所说的气质，主要指人的外表和体态所呈现的美好形象，和心理学中的气质是完全不同的。

心理学中的气质指人生来具有的心理和行为特征，也就是那些由遗传和生理因素决定的心理和行为特征。气质是人格结构中最稳定的，在早年就表现出来的，受遗传和生理因素影响较大，而受文化和教养因素影响较小，它是不以活动目的和内容为转移的、典型的、稳定的心理活动的动力特征，相当于人们日常生活中所说的脾气、秉性、本性等。

2. 气质的类型及其心理特征

气质类型指一类人所共有的气质特征的有规律的结合。由于气质特征的种类很多，它们的组合形式也是多种多样的。较为有代表性的气质理论有以下三种。

（1）传统的四种类型说

古希腊医生希波克拉底（Hippocrates）早在公元前400年就提出四种体液说。他认为，人体内有血液、黏液、黄胆汁和黑胆汁四种体液，不同的人体内占优势的体液不同，当某一种体液占优势时，就会表现出相应的生理和心理特点。大约在500年之后，罗马医生盖伦对希波克拉底的学说进行了发展，提出了“气质”的概念，据此他把气质分成四种类型：多血质，血液占优势；胆汁质，黄胆汁占优势；抑郁质，黑胆汁占优势；黏液质，黏液占优势。一个人身上哪种体液所占的比例比较大，他就具有和这种体液相对应的气质类型。虽然用体液解释气质的方法缺乏科学依据，但后来的心理学者发现，在日常生活中，确实能观察到这四种类型的典型代表。所以这四种气质类型的分类方法就被沿用下来了。

①胆汁质

胆汁质型又称不可遏止型或战斗型。这种气质类型的主要特征是直率热情，表里如一，精力旺盛；易感情用事，容易冲动，脾气暴躁。这种气质类型具有顽强拼搏的精神和坚强果敢的优点，但缺乏耐心和自制力，易急躁激动。这种气质类型的典型代表人物有《三国演义》中的张飞、《西游记》中的孙悟空、《水浒传》中的鲁智深等。

②多血质

这种气质类型的典型特点是：活泼好动，善于交际，喜欢交往；反应迅速，动作敏捷，思维灵活，在工作和学习上富有精力而效率高。这种气质类型的典型代表人物有《西游记》里的猪八戒、《红楼梦》里的王熙凤等。

③黏液质

这种气质类型的典型特点是：安静沉稳，喜欢沉思，其思维灵活性不足，比较刻板，反应缓慢，善于忍耐，具有内倾性。这种气质类型的典型代表人物有《西游记》中的沙僧等。

④抑郁质

这种气质类型的主要特点是：安静迟缓，有较强的感受能力，对外部环境变化敏感；易动感情，情绪体验深刻持久。在团体中，做事积极认真、努力向上、毫不懈怠，富有协调精神，但行为迟缓，怯懦、怀疑、孤僻，且优柔寡断。这种气质类型的典型代表人物有《红楼梦》中的林黛玉等。

（2）巴甫洛夫（Pavlov）的高级神经活动类型说

巴甫洛夫用高级神经活动的类型来解释气质。他认为，高级神经活动的基本特性，即兴奋和抑制过程的强度、平衡性和灵活性，而这三种基本特性的不同组合可以形成四种高级神经活动的类型。他首先按兴奋过程的力量把神经活动分成强的和弱的；其次把强的神经活动按兴奋过程和抑制过程的相对力量分成平衡的和不平衡的；最后把强而平衡的神经活动按灵活性分成灵活的和不灵活的。这样就得到了高级神经活动的四种基本类型：弱型、强而不平衡型、强而不灵活型和强而灵活型。巴甫洛夫认为高级神经活动类型与气质类型的关系是相对应的。

表4-1　高级神经活动类型与气质类型对照表

神经过程的基本特征			神经系统类型	气质类型
强度	平衡性	灵活性		
强	不平衡		兴奋型	胆汁质
强	平衡	灵活强	活泼型	多血质
强	平衡	不灵活	安静型	黏液质
弱	不平衡		抑制型	抑郁质

①弱型——抑郁质：敏感、畏缩、孤僻。

②强而不平衡型——胆汁质：反应快、易冲动、难约束。

③强而不灵活型——黏液质：安静、迟缓、有耐性。

④强而灵活型——多血质：活泼、灵活、好交际。

心理测试

气质类型测试

本测验由北京师范大学陈会昌教授编制，共60个问题，可以帮助我们大致确定自己的气质类型。作答要求：完全符合自己情况的计2分，比较符合的计1分，介于符合与不符合之间的计0分，比较不符合的计-1分，很不符合的计-2分。

注意：做题时，不要累计加分，每题记每题得分，回答时不要考虑应该怎样，而只回答你平时怎样。

1. 做事力求稳妥，一般不做无把握的事。
2. 遇到可气的事就怒不可遏，想把心里话全说出来才痛快。
3. 宁可一个人干事，不愿很多人在一起。
4. 到一个新环境很快就能适应。
5. 厌恶那些强烈的刺激，如尖叫、噪音、危险镜头等。
6. 和人争吵时，总是先发制人，喜欢挑剔别人。
7. 喜欢安静的环境。
8. 善于和人交往。
9. 羡慕那种善于克制自己感情的人。
10. 生活有规律，很少违反作息制度。
11. 在多数情况下心态是乐观的。
12. 碰到陌生人就觉得很拘束。
13. 遇到令人气愤的事，能很好地自我克制。
14. 做事总是有旺盛的精力。
15. 遇到问题总是举棋不定、优柔寡断。
16. 在人群中从不觉得过分约束。
17. 在情绪高昂的时候，觉得干什么都有趣；情绪低落的时候，又觉得什么都没有意思。
18. 当注意力集中于一事物时，别的事很难使我分心。
19. 理解问题总比别人快。
20. 碰到危险情境，常有一种极度的恐惧感。

21. 对学习、工作怀有很高的热情。
22. 能够长时间做枯燥、单调的工作。
23. 符合自己兴趣的事情，干起来劲头十足，否则就不想干。
24. 一点小事就能引起情绪波动。
25. 讨厌做那种需要耐心的工作。
26. 与人交往不卑不亢。
27. 喜欢参加热闹的活动。
28. 爱看感情细腻、描写人物内心活动的文学作品。
29. 工作学习时间长了，常感到厌倦。
30. 不喜欢长时间谈论一个问题，愿意实际动手干。
31. 宁愿侃侃而谈，不愿窃窃私语。
32. 别人总说我闷闷不乐。
33. 理解问题常比别人慢些。
34. 疲倦时只要短暂地休息就能精神抖擞，很快投入工作。
35. 心里有话宁愿自己想，不愿说出来。
36. 认准一个目标就希望尽快实现，不达目的誓不罢休。
37. 学习、工作同样一段时间后，常比别人更疲倦。
38. 做事有些莽撞，常常不考虑后果。
39. 老师或他人讲授新知识、新技术时，总希望他讲得慢些，多重复几遍。
40. 能够很快忘记不愉快的事情。
41. 做作业或完成一件工作总比别人花时间多。
42. 喜欢运动量大的剧烈体育运动，或者参加各种文艺活动。
43. 不能很快地把注意力从一件事转移到另一件事上去。
44. 接受一个任务后，希望把它迅速完成。
45. 认为墨守成规比冒风险强些。
46. 能够同时注意几个事物。
47. 当烦闷的时候，别人很难使我高兴起来。
48. 爱看情节起伏、激动人心的小说。
49. 对工作抱认真严谨、始终一贯的态度。
50. 和周围的人总是相处不好。

51. 喜欢复习学过的知识，重复做能熟练完成的工作。

52. 希望做变化大、花样多的工作。

53. 小时候会背的诗歌，我似乎比别人记得更清楚。

54. 别人说我“出语伤人”，可我并不觉得这样。

55. 在体育活动中，常因反应慢而落后。

56. 反应敏捷，头脑机智。

57. 喜欢有条理而不甚麻烦的工作。

58. 令人兴奋的事常使我失眠。

59. 老师讲新概念，我常常听不懂，但是弄懂了以后很难忘记。

60. 假如工作枯燥无味，马上就会情绪低落。

【评分方法】

气质类型	题号	总分
胆汁质	2、6、9、14、17、21、27、31、36、38、42、48、50、54、58	
多血质	4、8、11、16、19、23、25、29、34、40、44、46、52、56、60	
黏液质	1、7、10、13、18、22、26、30、33、39、43、45、49、55、57	
抑郁质	3、5、12、15、20、24、28、32、35、37、41、47、51、53、59	

【结果解释】

1. 如果一类或几类的得分超过20，则为典型的该气质。

2. 如果某一类或几类得分为10～20，其他各类得分较低，则为该类的一般气质。

3. 如果各类得分都在10分以下，但某类或几类得分较其余项相差5分以上，则为略倾向于该气质（或几类混合）。

4. 一般来说，分值越高，表明被试越具有该气质的典型特征；反之，分值越低，表明越不具备该类特征。

资料来源：李铮、姚本先：《心理学新论》，高等教育出版社2001年版，第291—293页，有改动。

（二）性格

1. 性格的含义

英语中的性格一词（Character）源于希腊语，意思是特点、特色、记号、标记。在现实生活中，性格既被用于标志事物的特性，也被用于标志人物的特性，是具有核心意义的心理特征。心理学中一般把性格定义为：表现人对现实的态度以及与之相适应的、习惯化的行为方式等方面的个性心理特征。在日常生活中，有的人勤奋，学习、工作认真努力，有的人懒惰，学习、工作拖延马虎、不负责，有的人谦虚谨慎，有的人狂妄自大，有的人对人热情，乐于助人，有的人孤僻冷淡，自私自利，这些不同的心理特征是人的性格差异。

2. 性格的结构

性格是一个复杂而完整的系统，它包含的各个方面具有各种不同的特征。性格结构一般分为态度特征、理智特征、意志特征、情绪特征四个方面。

（1）性格的态度特征

性格的态度特征指个体在对现实生活各个方面的态度中表现出来的一般特征。个体态度的对象是多方面的，因此性格的态度特征也是多方面的。例如，一个人对国家、集体、社会态度的特征，如爱祖国、爱人民、爱集体、诚实、正直、大公无私等；对工作的态度特征，如有责任心和进取心、敢于创新、认真细致等；对自己的态度的特征，如有自信、自尊、自强等。

（2）性格的理智特征

性格的理智特征指个体在认知活动中表现出来的心理特征。性格的理智特征也是多方面的，表现为各种不同的认知特点的差异。在感知方面，有的人不易受环境的影响，而能按照一定的目的主动地观察，属于主动观察型；有的则明显地受环境刺激的影响，属于被动观察型；有的倾向于观察对象的细节，属于分析型；有的倾向于观察对象的整体和轮廓，属于综合型；有的倾向于快速感知，属于快速感知型；有的倾向于精确地感知，属于精确感知型。在想象方面，有主动想象和被动想象之分，有广泛想象与狭隘想象之分等。在记忆方面，有主动与被动之分，有善于形象记忆与善于抽象记忆之分等。在思维方面，也有主动与被动之分，有独立思考与依赖他人之分，有深刻与肤浅之分等。

（3）性格的情绪特征

性格的情绪特征指个体在情绪表现方面的心理特征。在情绪的强度方面，有的人情绪强烈，不易于控制；有的人则情绪微弱，易于控制。在情绪的稳定性方面，有的人情绪波动性大，情绪变化大；有的人则情绪稳定，心平气和。在情绪的持久性方面，有的人情绪持续时间长，对工作学习的影响大；有的人则情绪持续时间短，对工作学习的影响小。在主导心境方面，有的人情绪饱满，经常处于愉快的情绪状态；有的人则经常郁郁寡欢。

（4）性格的意志特征

性格的意志特征指个体在调节自己的心理活动时表现出的心理特征。自觉性、坚定性、果断性、自制力等是主要的意志特征。自觉性指在行动之前有明确的目的，事先确定了行动的步骤和方法，并且在行动的过程中能克服困难，始终如一地执行，与之相反的是盲从或独断专行。坚定性指能采取一定的方法克服困难，以实现自己的目标。与坚定性相反的是执拗性和动摇性，前者一般不会采取有效的方法，一味地我行我素，后者则会轻易改变或放弃自己的计划。果断性指善于在复杂的情境中辨别是非，迅速做出正确的决定。与果断性相反的是优柔寡断或武断、冒失。自制力指善于控制自己的行为和情绪，与自制力相反的是任性。

以上性格结构的四个方面不是独立存在的，它们相互联系，相互影响，构成一个统一体，存在于每个人身上。要了解一个人，就应该对性格的各个方面进行全面分析，其中性格的态度特征和意志特征在性格结构中占主导地位。

（三）气质与性格的关系

在日常生活中，人们常常认为气质与性格是同一含义，实则它们之间既有区别又有联系。

1. 区别

从起源上看，气质是先天的，受遗传影响较大，具有自然性；而性格是后天的，受社会文化环境、教育等后天因素的影响较大，具有社会性。

从可塑性上看，气质的可塑性较小，变化较慢，改变也较不容易，“秉性难移”形容的就是气质；而性格的可塑空间较大，环境对性格的塑造作用尤为明显，对于已经形成的稳定的性格，改变也相对容易。

气质反映个体行为的动力特征，与其行为内容无关，气质无好坏之分。性格主要指行为的内容，表现为个体与社会环境的关系，有好坏之分。

2. 联系

气质会影响一个人性格的形成。气质可以依照自己的动力方式渲染性格特征，使性格具有独特的色彩。气质影响性格特征的形成或性格改造的速度。

思政课堂

"感动中国"人物江梦南——双耳失聪的清华博士

2022年3月，随着"感动中国人物颁奖盛典"的播出，湘妹子江梦南在无声世界中成功突围的故事走进了千家万户。从残障人士到感动中国人物，她到底是怎么做到的呢？

半岁时，江梦南双耳失聪，对她来说，人生的每一步仿佛都是"困难模式"，但她凭借着惊人的努力一路逆袭。从小几乎完全丧失听力的她，在父母的帮助下，通过读唇语学会了"听"和"说"，不仅没有失学，成绩还名列前茅。2011—2018年，江梦南在吉林大学药学院完成本科、硕士阶段的学习。2018年，考上清华大学博士。她成为家乡小镇上近年来唯一考上重点大学、最终到清华读博士的学生。据清华大学医学院博士生导师介绍，江梦南做的模型，其效果已经达到了世界级水准。江梦南的目标始终是明确的，那就是解决生命健康的难题。这个"90后"女孩"盛开"在无声的世界里。

"感动中国"颁奖现场，专属于江梦南的颁奖辞是："你觉得，你和我们一样，我们觉得，是的，但你又那么不同寻常。从无声里突围，你心中有嘹亮的号角。新时代里，你有更坚定的方向。先飞的鸟，一定想飞得更远。迟开的你，也鲜花般怒放。"

第二节 大学生的人格特征

一、大学生人格的基本特点

大学生人格正处于不断发展的重要时期，自我意识由矛盾、分化逐渐走向和谐、统一，人格呈现出不同特点。国内学者认为我国大学生的人格特点主要表现在五个方面。

第一，能正确认知自我。当今大学生对自我有较为清晰的认知，对自己的优缺点比较清楚明确，能看到现实自我与理想自我之间的差距，拥有乐观向上的生活态度。大多数学生有明确的奋斗目标，对未来充满信心和希望，并为之付出努力。

第二，智能结构健全而合理。大学生具有良好的理解力、思维力、观察力、注意力、记忆力和想象力，没有认知障碍。

第三，对社会环境的适应能力较强，积极进行社会活动。对外部世界的兴趣浓厚，爱好广泛，能积极参加社会活动，拥有和谐的人际关系。能容忍别人与自己不同的价值观和信念，能客观看待事物，避免主观臆断。

第四，富有事业心，具有一定的创造性和竞争意识。能把事业看成生活的重要方面，有较强的责任感和进取心，思想开放，勇于创新，独立性强，踏实肯干。

第五，情感饱满适度。情绪的稳定性与波动性、内隐性与外显性并存，情感丰富，积极的情感体验在生活中占主导。具有强烈的道德责任感，表现出诚实正直、谦虚谨慎、热忱勇敢等高尚品格。

二、大学生的人格偏差

（一）什么是人格偏差

人格偏差指偏离正常人的常模，在思维、情感、态度和行为上经常表现出与一般人不同的特征。这种状态介于健全人格与人格障碍之间，表现为人格发展的不良倾向。人格偏差即人格适应存在一些问题，但还没有定型，还可以通过加强认识和调整转变为正常人格。几乎所有的人都存在着某种程度的人格偏差，但只要这种偏差不影响生活、工作、社会交往，都可以看作人格正常。要认定自己是否有人格偏差，至少要满足以下几个条件：在思维、情绪或行为模式方面，至少在某一方面与群体有显著差异，这种差异是经常可见的；在人际关系上明显不和谐，且经常发生冲突或是异常冷淡；感觉自己的学习、生活或是发展受到了莫名的影响，经常有令人不愉快的感受，且没有明显的事由。

（二）大学生常见的人格偏差

1. 懒惰拖拉

懒惰是不少大学生为之感到苦恼并难以克服的一种人格异常，是意志活动无力的表现。懒惰是大学生积极进取、张扬青春活力的天敌。懒惰的人遇事往往想得多而做得少，缺乏毅力。拖拉是指可以完成的事而不及时完成，今天推明天，明天推后天。

导致懒惰拖拉的原因有：一是试图逃避困难；二是目标不明确；三是惰性在作怪。拖拉一方面耽误学习、工作；另一方面并没有使人因此而轻松，却往往导致心理压力、引起焦虑。克服懒惰拖拉的方法有：

（1）改变拖延的习惯——不找借口找方法。大家遇到任何问题都不要找借口。当找借口成为习惯，借口就会慢慢地腐蚀我们的人生。生活的赢家从来不找借口，而是去寻找解决的方法。

（2）提升做事专注力——聚焦全部力量。我们要努力专注于完成当前的阶段性目标，每次集中精力只做一件事情，并争取一次性把事情做好。

（3）立即行动不犹豫——1分钟行动法。我们做任何事情都不能犹豫，不要给自己犹豫的借口和时间。1分钟内赶快行动，真正的成功从立即行动开始。

（4）提前行动定期限——学会骗一骗自己。做事情之前可以把截止时间提前。比如，本来有一周时间，然后骗自己只有四天。也就是说，明天的事情今天做，今天的事情提前做。

（5）提升自身使命感——这是自己的事情。大家要明白，学习是自己的事情，不是别人的事情。我们要提升为自己负责的使命感和责任感。

（6）增强自身意志力——严格自我惩罚。当自己想拖延的时候，要增强自己的意志力。我们要时刻严格要求自己，如果不能完成任务就进行自我惩罚。

2. 羞怯

羞怯就是害羞和胆怯，主要表现为遇到特殊的人或处于特殊的场合时感到内心紧张，甚至恐惧，外在表现是面红耳赤、行为拘谨，甚至退缩。羞怯是害羞和胆怯的叠加，既害羞又胆怯。

羞怯的表现有：一是过于胆小被动、谨小慎微；二是过于关注自己；三是自信心不足。羞怯者特别注意自己在别人心目中的形象，总觉得自己时时处处在众目睽睽之下，于是表现得敏感、拘束。羞怯者对自己的社交能力、表达能力、做事能力，乃至自我形象缺乏信心，使本来可以做到、做好的事难以如愿。克服羞怯的方法有：

（1）及时发现自己的长处。要对自己做一个具体分析，找到自己的长处，发扬长处可以增强信心，特别是要多看到自己的长处，以增强信心。

（2）放下思想包袱。事实上每个人都有害羞心理，只是有些人善于调节，注意锻炼。金无足赤，人无完人。一个人说错话、办错事没什么可怕，也不必难为情，知错就改就好。

（3）不要太在意别人的议论。总把别人说的话放在心上便寸步难行，什么也不敢做、什么也不敢说了。只要自己看准的就大胆去做。无论你做得多好，也不可能人人称赞你。

（4）有意识地锻炼自己。胆量和能力是需要锻炼的，要敢于说出第一句话，敢于迈出第一步。一旦这样做了，你就会发现自己不仅有能力把事情干好，而且有潜力把事情干得更好。

3. 猜疑

猜疑指个体在生活中对他人言行的猜测和怀疑。合理的猜疑心理可以起到自我保护和预测未来的作用。但是，猜疑应该以事实为依据，或者说在确实能够找到疑点的地方才去猜疑。一个人如果对别人的言行习惯性地、过度地进行猜疑，会严重影响自己对事物的判断以及正常的人际交往，需要注意及时克服这种心理。猜疑的表现有两方面。一是在心理方面。猜疑心很重的人疑心也较重，并伴有无中生有的想法，对别人不信任。例如，有的同学见到几个同学背着他说话，就会怀疑他们在说他的坏话。猜疑心特别重的人会过分注意别人对自己的态度，别人随随便便说的一句话很可能被他琢磨半天，一旦发现任何对自己不利的疑点，就会不由自主地信以为真，压抑、无奈和愤怒等情绪便会随之而来。久而久之，自己经常处于压抑和愤怒等不良情绪之中。二是在行为方面。一般情况下，猜疑心很重的人会把敏感多疑的特点投射到其他人身上，认为其他人也非常在意自己的言行，因此为人处世小心谨慎，从不说一些模棱两可的话。克服猜疑的方法有：

（1）头脑冷静，识破猜疑。如果想克服猜疑心理，首先需要明确自己确实具有猜测和怀疑的个性，这是想改变的前提。在日常生活中，遇到猜疑其他人或事时，尽量保持头脑冷静，思考一下是不是猜疑心在作怪，最好能够当场识破自己的猜疑心理。

（2）克服自卑，树立自信。如果猜疑是由自卑导致，克服自卑就是从根本上克服猜疑心理的最有效方法。克服自卑的方法很多，常用的有积极自我暗示、客观分析自我、体验成功的感觉等。克服了自卑心理，自信心就会慢慢地树立起来。

（3）及时沟通，消除疑虑。面对不合理的猜疑，主动与被猜疑者及时沟通是有效解除猜疑的方法。这种方法不仅可以消除猜疑，更重要的是能够避免由误会导致的不良结果。沟通需要真诚，相互理解。

三、大学生人格障碍

案例阅读

马加爵的人格障碍

2004年2月23日，云南省昆明市发生一起4人被杀案件。作案者是云南大学生化学院生物技术专业2000级学生马加爵。案件发生的导火索是马加爵和舍友在一次打牌中发生争吵，对舍友怀恨在心。马加爵不能正确处理人际关系，因琐事与同学积怨，即产生报复杀人的恶念。经过周密的策划和准备，马加爵先后将4名同学残忍杀害。昆明市中级人民法院以故意杀人罪判处马加爵死刑。

马加爵的人格是有缺陷、有障碍的，即病态的人格和扭曲的性格。其性格表现为：表面朴实，内心却敏感多疑、极度自卑。渴望温暖、友爱，却不被人接纳，缺乏安全感。不能正确面对现实的差异，社会公平感严重缺失，仇视社会。马加爵有混合型人格障碍，属于分裂型和攻击型：前者特征是对人冷漠，言语表达怪异而可笑，在人际交往方面存在出明显缺陷等；后者特征是具有攻击性，脾气暴躁、易发火等。

（一）什么是人格障碍

人格障碍是一种严重的心理疾病，指人格发展的内在不协调，指在没有认知障碍或智力障碍的情况下，个体出现异常的情绪反应、动机和行为活动。这种行为模式明显偏离社会文化背景和一般人的认知方式，对个体的社会功能和职业功能造成影响。人格障碍与精神病是相互转化的，有严重人格障碍的人如果得不到及时有效的矫正，会成为精神病的高发人群。

（二）人格障碍的特点

人格障碍的形成与先天遗传、成长经历、心理因素、社会环境等因素有关。在成长过程中，不良的家庭教育，不良的伙伴和团体的影响，特别是父母关系不和谐、教育方式不当或父母患有精神疾病、人格障碍及刑事犯罪等，都可能使儿童较早出现人格异常。其基本特征如下：

1. 人格障碍一般开始于童年、青少年或成年早期，并一直持续到成年，乃至终身。患者一般在早年就有不同于大多数儿童的迹象，青春期前后开始变得明显。

2. 人格显著偏离正常，形成与众不同的行为模式，如情绪不稳、易激动，情感扶浅或冷酷无情等。

3. 社会适应不良。人格障碍患者自制能力差，易冲动，常与别人发生矛盾，人际关系紧张。

4. 多数患者对自身人格缺陷常无自知之明，否认自己的人格障碍，难以从失败中吸取教训，屡屡犯同样错误，害人害己。

5. 极端地猜疑和固执。在任何环境中，人格障碍患者都表现出猜疑、仇视、偏颇的看法，并且嫉妒心极强。

6. 人格障碍患者意识状态和智力都没有明显缺陷，可与精神病性障碍相区别。

以上是人格障碍患者的基本特征，但并不是每个患者都具有所有特征，有的只具有其中的几项。

（三）大学生常见的人格障碍

1. 偏执型人格障碍

偏执型人格障碍是一种以猜疑和偏执为主要特点的人格障碍。特点是：广泛猜疑，常将他人无意的、非恶意的，甚至是友好的行为误解为敌意或歧视；或无足够根据，但怀疑会被人利用或伤害，因此过分警惕与防卫；将周围事物解释为不符合实际情况的“阴谋”；易产生病态嫉妒；过分自负，若有挫折或失败则归咎于他人，总认为自己正确；好记恨他人，不能宽容他人的过错；脱离实际地好争辩与敌对，固执地追求个人不够合理的“权利”或利益；忽视或不相信与自己想法不相符的客观证据，因而很难以通过说理或事实来改变自己的想法。

2. 冲动型人格障碍

冲动型人格障碍是一种以行为和情绪具有明显冲动性为主要特点的人格障碍，又称为爆发型或攻击型人格障碍。特点如下：有不可预测和不考虑后果的行为倾向；行为爆发时，难以自控；不能控制适当的发怒，易与他人争吵、发生冲突，尤其是行为受阻或受批评指责时；情绪反复无常，不可预测，易爆发愤怒和暴力行为；做事无计划，缺乏预见性和坚持性；人际关系强烈且不稳定，几乎没有持久的友人；有时有自伤行为。

3. 强迫型人格障碍

强迫型人格障碍是一种以要求严格和完美为主要特点的人格障碍。特点如下：做任何事情都要求完美无缺、按部就班；不合理地坚持别人也要严格地按照他的方式做事，否则心里很不痛快，对别人做事很不放心；犹豫不决，常推迟或避免做出决定；常有不安全感，反复考虑计划是否得当，反复核对检查，唯恐疏忽和差错；拘泥细节，甚至生活小节也要程序化，不遵照一定的规矩就感到不安或要重新做；完成一件工作之后常缺乏愉快和满足的体验，很容易悔恨和内疚；对自己要求严格，过分沉溺于职责义务与道德规范，无业余爱好，拘谨吝啬，缺少友谊。

4. 自恋型人格障碍

过分自恋的人往往以自我为中心，情感易变化，为人处世容易感情用事。特点如下：缺乏同情心，感情肤浅，不能体会他人的感受；自我评价不切实际，爱听表扬，忌讳批评，对批评的反应是愤怒、羞愧或感到耻辱；喜欢指使他人，要他人为自己服务；认为自己应该享受他人没有的特权；过分自大，对自己的才能夸大其词，希望引人注意；对无限的成功、权力、荣誉、美丽或理想爱情有强烈的幻想。患有自恋型人格障碍的人通常因为自幼受到过度的宠爱、天赋较高，对自己极有信心，以为自己战无不胜，他们会不停地谈论自己的功绩和杰出的品格，期望得到别人的爱慕和忠诚，以确定对自我的评估，而这种夸大的自我评估，最终导致他们生活在虚幻的完美世界里。

5. 回避型人格障碍

回避型人格又叫逃避型人格，其最大特点是行为退缩、自卑，面对挑战，多采取回避态度或无法应付。有回避型人格障碍的人被批评指责后，常常感到自尊心受到了伤害而陷于痛苦之中，且很难从中解脱出来。他们害怕参加社交活动，因为担心自己言行不恰当被人讥笑讽刺，即使参加集体活动，也常常躲在角落里沉默寡言。在处理问题时，往往表现得瞻前顾后、左思右想，可能终于下定决心，却错失了解决问题的时机。日常生活中，他们总是安分守己，从不做那些冒险的事情，除了每天按部就班地工作、学习和生活外，很少去参加社交活动，因为他们觉得自己精力不足。

6. 依赖型人格障碍

依赖型人格障碍是日常生活中常见的人格障碍，他们对亲近与归属有过分的渴求，这种渴求是强迫的、盲目的、非理性的，与真实的感情无关。依赖型人格的人宁愿放弃个人趣味、自己的人生观，只要能够找到一个依靠，时刻得到他人对自己的温情就能够心满意足。依赖型人格的这种处事方式使得他们越来越懒惰、脆弱，且缺乏主动性和创造性，由于处处委曲求全，依赖型人格障碍患者会产生压抑情绪。

7. 表演型人格障碍

表演型人格障碍是一种以过分情感化和用夸张的言行吸引别人注意为主要特点的人格障碍。这类人感情多变，容易受别人的暗示影响，总是渴望得到领导、长辈、同学或同事的表扬和敬佩，爱出风头，积极参加各种人多的活动，常以外貌和言行的戏剧化来吸引他人。他们常感情用事，用自己的好恶来判断事物，喜欢幻想，言行与事实往往相去甚远，总是过于夸张。

8. 反社会型人格障碍

反社会型人格障碍者最明显的行为特征是其行为不符合社会规范，妨碍公众的利益，不负责任，对撒谎、欺骗、伤害他人等行为习以为常，在做了违法乱纪的事情后，缺乏内疚、罪责感，也无羞耻之心，还强词夺理，为自己的错误辩解。对人冷酷、粗暴、不诚实；有时挑起事端，斗殴、攻击他人；不会吸取教训，即使惩罚也难以让其悔改；智力水平一般，还有一部分人甚至表现得有见识、有才能，能够赢得他人的好感和信任，但危害性极大。

需要注意的是，人格障碍的诊断需要专业的精神科医生才能做出，不能仅根据个人行为就判断某人有病。同样，人格障碍的治疗也需要专业机构来进行。

阅读资料

俄国作家列夫·托尔斯泰，在青年时期曾有过一段放荡的生活：不好好读书，考试不及格，教师把他降了级；他赌博、借债，到处闯祸。但不久，他就醒悟了，对自己十分不满。他认为，自己的放荡行为等于禽兽。他把自己的错误一一罗列出来。

这一反省，犹如晴天霹雳打在他身上，他决心结束放荡的生活。于是，托尔斯泰跟他的哥哥来到高加索，在炮兵队里当了一名下级军官，并逐步走上了文学创作之路。经过多年的努力，终成一代文学巨匠。

知耻而后勇，从一个纨绔子弟转变成为文学巨匠，列夫·托尔斯泰先是认识到自己原有行为的错误，随后采取多种方法优化人格品质，最终实现了对自我的超越，很好地实现了个人的价值。在此过程中，准确的自我认识、持之以恒的自我监督和自我管理对托尔斯泰人格的转变起到了决定性的作用。

第三节　大学生健全人格的培养

一、什么是健全人格

健全人格是一种对人格模式的理想化设计，是人们在自己心目中塑造出来的最完善的人格典范，是人格所应达到的最高境界。健全人格的设定，从人生远景上回答了做什么样的人的问题，提供了一种人格追求的最高典范和做人的“楷模”。健全人格是时代精神的凝聚。不同时代的思想家都在塑造、提升着自身的人格。中国古代儒家的创始人孔子，视“圣人”为健全人格。“圣人”是能为民解难的人，是“博施于民而能济众”者。孟子则主张“富贵不能淫、贫贱不能移、威武不能屈”为健全人格。健全人格也是民族精神的表现，它突出地体现了该民族的文化理想和人生追求。

二、大学生健全人格的标准

大学时代是人格发展与完善的最佳时期，也是人格定型的关键期。因此，大学生应抓住机遇，通过个体、家庭、学校和社会等多种渠道培养自己的健全人格。其中，自我教育是大学生塑造健康人格的核心。

（一）正确的自我意识

能正确地认识自己，积极地开放自我，同时对自己、自己与周围环境的关系有比较客观和实事求是的认知，这是形成健全人格的首要条件。有正确自我认识的大学生，能较为充分地认识自己，以客观的眼光来看待自己的优点和缺点，而且对此做出理性的评价和分析。在学习和生活中，提出符合自身条件的要求和期望。在完成自己制定目标的过程中，不对自己过分苛刻，更在乎过程而不是刻意追求结果。即使目标一时达不到，也能泰然处之而不怨天尤人。同时，在日常的生活和工作中能较好地控制自己，保持着谦虚、谨慎、乐观的态度。

（二）良好的情绪调控能力

良好的情绪调控能力有利于培养大学生健康的人格，它标志着人格的成熟。能较好地控制自己的情绪，对个体生理和心理都有很大的帮助。积极的情绪能提高大学生的学习和生活效率；反之，消极的情绪会使人的活动效率降低，长期累积甚至可能导致疾病。所以，大学生要在生活和学习中常常保持积极向上的心态，以客观合理的方式来解决各个方面带来的消极情绪，要富有幽默感和创造性。

（三）和谐的人际关系

与他人交往时，对己不卑不亢，对人宽容大度，既能容人之长也能容人之短；尊重、理解、同情他人，既能取悦他人，又能自我接纳；能正确处理互助与竞争的关系，有与集体休戚相关、荣辱与共的情感，并积极谋求个人与集体的共同发展。人格健全者，在日常交往中既不随波逐流，也不孤芳自赏，能使自己的行为与朋友、同学协调一致，建立和维持和谐的人际关系。

（四）良好的社会适应能力

社会适应能力反映了人与社会的协调程度，人的社会适应能力是在社会化过程中不断发展的。人格健康的人能和社会保持良好的接触，以一种开放的态度主动关心社会、了解社会；观察所接触到的各种事物和现象，看到社会发展的积极面和主流。在认识社会的同时，能够使自己的思想、行为跟上时代的发展，与社会的要求相符合，表现得能很快适应新的环境。

（五）乐观向上的生活态度

积极的人生态度是人类在社会实践中获得的本质力量的表现。人格健全的大学生，态度积极乐观，有正确的人生观与价值观，能够理性地分析各种生活事件，头脑中的非理性观念较少，人格独立，自尊自信；对前途充满希望和信心，对自己所从事的工作和学习都抱有浓厚的兴趣，即使遇到困难和挫折，也能勇敢面对，不畏困难；具有自我发展、自我塑造与自我完善的能力，能够充分激发自身创造力，发现生命的意义并选择有意义的生活。

总之，人格健全的人，其人格的各个方面是统一的、平衡的。上述标准不仅是我们衡量人格健全的尺度，也为青年学生改善自己的人格提供了明确的努力方向。

三、塑造大学生健全人格的途径

人格不是一成不变的，具有较强的可塑性。人格中的性格、能力、动机、兴趣、信念等因素主要是在后天环境中形成的，经过坚持不懈的努力，这些因素大都可以得到优化，而大学时期是优化人格的最佳时机。一方面，相较于中学生，大学生具备了成熟的自我意识，能准确认知自己人格中的长处和不足，有着很强的优化自身人格特点的需要。另一方面，大学生具有良好的自我管理、自我约束能力，能够主动采取行动，不断完善人格。大学阶段以后，人格品质相对成型，人格特点趋于稳定，人格的可塑性大大降低，人格的优化将成为困难的事。因此，大学生应抓住人格完善的“关键期”，积极主动地塑造健全人格。

（一）学习传统文化，树立正确的人生观、价值观和世界观

中华优秀传统文化对塑造当代大学生的健全人格具有较强的现实意义。当代社会是传统与现代并存的社会，大学阶段是一个人的人生观、价值观与世界观形成的关键阶段，所以大学生要在学习先进科学文化知识的同时，汲取优秀传统文化的精华，确立正确的人生观、价值观和世界观，使自身能站得高、看得远，正确地体察和分析客观事物，做到冷静而稳妥地处理事情；同时，保持乐观的态度，进而塑造健全的人格。

（二）正确认识自我，培养悦纳自我的态度

自我意识是人格中最核心的成分。心理学研究表明，对自己的认识和评价与本人实际情况越接近，表现自我防御行为就越少，社会适应能力就越强。相反，自卑感过重的人或对自我过于夸大的人，常会感到紧张焦虑而导致心理问题的产生。

当今社会充满着竞争与压力，机遇与挑战，大学生处于这个时代，应该学会客观、全面地认识和评价自己，既不要自我膨胀，也不要自我贬低，既要善于发现自己的长处，也要敢于面对自己的短处，用理性的思维和智慧的头脑来认识自我和社会。

（三）提高受挫能力，体验自我效能感

人生逆境，十有八九。无论是谁，在人生道路上都会遇到大大小小的挫折。正如巴尔扎克所说，挫折就像一块石头，对害怕它的人来说是一块绊脚石，对勇敢的人来说是一块垫脚石，会让人看得更高、更远，不被眼前的困难吓倒。因此，当代大学生不应惧怕挫折，而要“越挫越勇”，不断从挫折中汲取经验，超越自我。

（四）融入集体，建立良好的人际关系

集体是个人展示人格的平台。大学生来自五湖四海，同学们的生活习惯、思维方式等都存在差异，只有相互包容才能和谐相处。在人际交往中，首先要秉持平等交往的态度，学会求大同、存小异，相互尊重、彼此接纳，创造一种宽松、和谐的合作氛围。例如，与宿舍同学相处时，要善于换位思考，多一些沟通和谅解，少一些埋怨和猜疑。同时，提高生活自理能力，注意个人卫生，培养良好的生活习惯。

（五）参加校园活动，培养积极健康的生活方式

人格的形成与环境有着十分密切的关系。人格心理学家阿尔波特（Albert）认为，人格=遗传×环境。学校的教育环境既包括校园、宿舍、设施等显性环境，也包括校风、学风等隐性环境。其中，校园文化活动是以学生为主体的一系列行为活动，如系列讲座、文体活动等。这些活动内容丰富多彩、形式多样，能使年级各异、专业不同、性格爱好多样的学生交流感情，协调人际关系，陶冶情操，培养能力，使大学生在活动中不断认识自我、完善自我。

一把钝斧，只有经过打磨，才会变得锋利；一块璞玉，只有经过雕琢，才能显示它的华贵。每个人都是天生的雕塑家，都在不停地“雕刻”着自己的人格。大学生在“雕刻”自身人格的同时，也在打造明天的命运。

时代寄语

2024年，习近平总书记寄语新时代青年，强调：“广大青年要继承和发扬五四精神，坚定不移听党话、跟党走，争做有理想、敢担当、能吃苦、肯奋斗的新时代好青年，在推进强国建设、民族复兴伟业中展现青春作为、彰显青春风采、贡献青春力量，奋力书写为中国式现代化挺膺担当的青春篇章。”新时代中国青年应积极投身中国式现代化实践。青年是社会上最富有活力、最具创造力的群体，广大青年要紧紧抓住实现现代化这一奋斗目标不动摇，深刻把握历史机遇、切实担负历史使命，坚持以实现中华民族伟大复兴为己任，继续发扬敢担当、能吃苦、肯奋斗的精神，勇于解放思想、勇于求索创新，主动到实践中去，到人民群众中去，到基层一线去，在国家发展实践中展现青春作为。

青春逢盛世，奋进正当时。新时代青年要为强国建设、民族复兴伟业踔厉奋发、挺膺担当，到祖国和人民最需要的地方建功立业，用使命与担当谱写新时代青年的人生华章。

拓展资源

心理书籍推荐：《感谢自己的不完美》

作者：武志红

出版社：中国华侨出版社

出版时间：2021年

推荐理由：本书是改变千万年轻人生活的一本书，它试图帮助人们解决内心深处的焦虑和困惑。作者说，接纳黑暗，打开生命的通道；真实生活完美，悲伤是完结悲剧的力量；多数时候，我们爱的不是这个人，而是自己在这个人身上的付出！如果你累了，找不到方向了，翻开这本书，做一次深入心灵的探索，相信你会接纳自己的不完美，活出自我。

内容简介：作者从心理学的角度出发，告诉我们，人生所遇到的一些问题，在成长过程中有着积极的作用，我们应该接纳它们，并感谢它们，让我们越来越坚强，体验更多生命的无限精彩。这本书分为多个部分，每一部分都结合案例，逐个分析人们面临的常见问题。作者指出，阻碍我们成长的并不是自身的不完美，而是因为我们不肯承认自己的不完美。我们应该接纳自己的不完美，因为正是这些不完美让我们越来越强大，离梦想越来越近。

心理影片推荐：《美丽心灵》

导演：[美]朗·霍华德(Ron Howard)

上映时间：2001年

心理学看点：妄想型精神分裂症，以及爱在精神分析治疗中起到的决定性作用。

剧情介绍：这是一部关于一个真实天才的极富人性的影片。主人公的原型是数学家约翰·福布斯·纳什。纳什早年就做出了惊人的数学发现，开始享有国际声誉。但纳什出众的直觉受到了精神分裂症的困扰，使他向学术上最高层次进军的辉煌历程发生了巨大改变。面对这个曾经击毁了许多人的挑战，纳什在深爱着的妻子艾丽西娅的帮助下，毫不畏惧，顽强抗争。经过了几十年的艰苦奋斗，他终于战胜了这个不幸，并获得了诺贝尔奖。这是一个真人真事的传奇故事。

本章小结

1. 人格是一种心理现象，也称个性，它反映了一个人总的心理面貌，是相对稳定、具有独特倾向性的心理特征的总和，是在长期的社会生活实践中形成、发展起来的。人格包括气质、性格、能力、兴趣、爱好、需要、理想、信念等方面的内容，人与人之间显著的差别就在于人格。

2. 气质是人生来具有的，由遗传和生理因素决定的心理和行为特征。气质没有好坏之分。

3. 性格是人们在生活过程中形成的对现实的稳定态度以及与之相适应的习惯化的行为方式，是一个人比较稳定的、独特的心理特征，也是具有核心意义的心理特征。

4. 大学时代是人格发展、完善的最佳时期，塑造大学生健全人格可以从树立正确的自我意识，培养良好的情绪调控能力、社会适应能力，有效运用优良的知识和智能素质等方式开展。

课后思考题

1. 了解自己的人格特点后，如何利用和发展？

2. 负面的人格特征是否可以改变？如果可以改变，有哪些途径？

3. 人格与我们的学习和生活之间存在怎样的联系？不同人格特征的人怎样才能融洽相处？

第五章

心有日月　履践致远

——大学期间生涯规划及能力发展

青年志存高远，就能激发奋进潜力，青春岁月就不会像无舵之舟漂泊不定。正所谓“立志而圣则圣矣，立志而贤则贤矣”。青年的人生目标会有不同，职业选择也有差异，但只有把自己的小我融入祖国的大我、人民的大我之中，与时代同步伐、与人民共命运，才能更好实现人生价值、升华人生境界。离开了祖国需要、人民利益，任何孤芳自赏都会陷入越走越窄的狭小天地。

——习近平

凡事预则立，不预则废。

——《礼记·中庸》

学习目标

了解大学生活的特点，掌握大学生职业生涯规划的制定，了解在大学期间需要发展的能力目标，能够合理规划利用时间，把社会主义事业发展和个人发展目标结合起来，做出科学的职业生涯发展决策，不断适应时代发展对大学生提出的多元能力要求，实现自我价值和社会价值的统一。

课程导入

小A是一名计算机科学专业的大学生，他有着很强的学术兴趣和热情。但随着时间的推移，他开始感到压力大和焦虑。小A总是告诉自己“我还有很多时间”，经常等到作业截止日期的前一天才开始着手做作业，最终匆忙完成作业，质量不高。后来，小A开始制定详细的学习计划，但他却很少按照计划执行。他经常将学习时间推迟到“明天”，导致计划总是无法完成。尽管期末考试临近，但他仍然选择先做其他事情，比如玩游戏或看电影，而不是复习课程内容，但同时期末考试犹如重重的石头压在小A的心上，小A玩也玩不好，学也学不进去。

从中可以看出，小A虽然对计算机科学有兴趣，但缺乏具体职业目标和生涯规划，并未根据自己的能力制订切实可行的学习计划，做好时间管理，常常感到压力大和焦虑。他倾向于推迟任务，告诉自己还有足够的时间，但这种拖延行为最终影响了作业的完成质量和学习效率。此外，他虽然制订了学习计划，却往往不能按计划完成，暴露出他时间管理能力的不足。

小A的案例强调了在大学生活中整合生涯规划、能力提升和时间管理策略的必要性。那么。什么是生涯规划，怎么进行规划？大学期间需要具备什么能力，如何增强这些能力？如何做好时间管理？我们一起来探索。

第一节　认识大学生活和生涯规划

一、大学生活的特点

大学生活与中学生活相比，最大的特点是要求大学生自主独立，不论衣、食、住、行，还是学习、交友，乃至认识社会和人生，都需要更多地依靠自己的知识、能力去思考、判断、选择和行动。大学阶段在生活、学习、人际关系等方面都发生了变化，有以下几个特点。

（一）独立自主面对大学生活

进入大学之后，生活上最大的变化，就是远离父母开始独立生活住宿、吃饭，凡事都要靠自己处理，经济开支也需要自己把握。这是成长的一个关键时期。很多人就是在这个时期开始从真正意义上长大成人。独立是健全人格的重要内容，只有依靠自己的力量去面对并解决生活、学习、工作方面的种种问题，学会自己调整心态，才能彻底完成心理上的“断乳”。很多人之前在家里都是衣食住行等一切由家长来安排，自己只需要安心学习。进入大学后，所有的事情都要由自己去安排和处理，要想将学习、生活、财务等方方面面都安排非常妥当，就必须培养较强的独立生活能力。

（二）灵活应对学习要求

大学阶段的学习，知识的广度和深度大大增加，专业方向基本确定，需要发挥学习的主动性、创造性。大学里除了公共科目、学科基础课和专业课等必修课，各专业还开设选修课，同学们可以根据个人兴趣和能力选修相关课程，自由支配学习时间，学习的自主性大大增强。大学里获取知识的渠道更加多元，熟练利用图书馆和互联网搜集资料和掌握信息，成为大学生必备的技能。广泛涉猎相关知识的能力，是大学阶段学习的重要特点。

大学的学习更多是学生自觉开展的，没有了老师无处不在的督促，没有了家长每时每刻的检查和提醒，也不会有密集的考试。但是正因为如此，才更需要大学生养成自觉的学习习惯。大学的学习相对中学的学习而言，更注重能力的培养和思维的锻炼。

（三）积极应对人际关系

来到大学，同学关系和师生关系都发生了巨大变化。从各地来的大学生素昧平生，组成新的班级、宿舍，脾气、习惯各不相同，有些大学生甚至难以适应，难觅知音；而师生关系也不像中学时那么亲密了，变得非常松散。

在大学，要学会尊重他人的生活习惯和价值观。几个同学一起生活，如果他人的生活方式有碍你的生活（如夜间刷视频影响你的休息，未经允许随便动你的东西等），需要委婉地提出意见。要想处理好同学之间的关系，还要做到对人宽、对己严，切忌以自我为中心。在平时的生活中，做到“三主动”：主动与同学打招呼，主动和同学讲话，主动帮助别人。在帮助别人时，不要过于计较别人能不能、会不会报答你。此外，要主动去做一些公共的工作，以增加同学们对自己的好感，同学间的关系自然会融洽。

二、大学期间的生涯规划

（一）生涯规划与职业生涯规划

生涯规划，是对个人所从事的学习、工作、娱乐等生活模式进行的长远规划，它通常建立在个体对自我全面、深刻的认识的基础之上。它既包括职业生涯规划，也包括学生时期的规划及退休后的规划等。大学生生涯规划指大学期间的规划及毕业后一两年之内的职业生涯规划。

职业生涯规划，又称职业生涯设计，指一个人与组织相结合，在对职业生涯的主观、客观条件进行测定、分析和总结的基础上，对自己的兴趣、爱好、能力和特点进行综合分析与权衡，并且能综合时代特点和自己的职业倾向，确定最佳的职业发展目标，并为实现这一目标做出行之有效的计划或安排。职业生涯规划一般包括这几个方面的内容：基本资料、规划目标、可行性分析、综合分析、成功标准、主要差距、职业发展年度规划（方案）。对大学生而言，就是在走向社会前，在充分了解自身兴趣爱好、认真分析个人性格特征的基础上，结合自己的专业特长和知识结构，结合现实环境和长远规划，对将来从事工作所做的方向性的方案。

（二）大学期间生涯规划的主要内容

大学生涯规划是一个系统的过程，旨在帮助学生为未来的职业和个人发展做好准备。它首先要求学生进行自我认识，了解自己的兴趣、能力和价值观，然后基于这些认识设定短期和长期的目标。学生应规划自己的教育路径，选择合适的专业，积极参加实习和研究项目来提升实践能力。同时，学生需要探索不同的职业道路，建立职业网络，并学会如何展示自己的专业形象。此外，生涯规划还包括时间管理、心理准备、健康与福祉以及财务规划等方面，这些都是为了帮助学生在大学期间以及毕业后能够顺利过渡到职场或继续深造。

在大学期间，学生还应该培养持续学习的态度，树立终身学习的理念，以应对不断变化的世界和职场需求。通过这样的生涯规划，学生可以为自己的未来打下坚实的基础，为实现个人目标和职业梦想做好准备。

（三）大学生生涯规划的意义

对大学生来说，生涯规划有助于其树立正确的人生观、价值观和就业观，明确人生的发展方向，自觉提高综合素质，发挥自身潜能，主动适应社会需要，提高就业能力，从而实现自己的人生价值。

1. 有助于大学生树立正确的人生观、价值观和就业观

高校毕业生是国家宝贵的人才资源，是实现中华民族伟大复兴的主力军。大学生应该以科学的方法来正确地、全面地认识自我，了解社会对人才的需要，将个人理想和追求同国家的需要紧密结合起来，做好生涯规划，树立正确的人生观、价值观和就业观，确定自己的发展方向与目标。

2. 促进大学生明确职业发展目标

生涯规划有助于大学生通过对自己的综合优势与劣势的分析．通过对外部职业环境和社会发展形势的了解，评估个人目标与现状之间的距离，学会运用科学的方法，设定明确的职业发展目标，采取切实可行的计划和步骤，不断提高自己的综合素质，从而实现自己的理想。

3. 鞭策大学生努力学习和工作

生涯规划制定出来之后，大学生对自己的未来就有了明确的认识，为了把职业发展目标变为现实，便开始制订行动计划，分析在行动过程中会出现的各种困难，为目标的早日实现而努力。每个人都有理想，对未来充满着憧憬。一般来说，职业发展目标是有吸引力、令人向往的。完成职业生涯规划，不能靠别人，只有靠自己脚踏实地、一步一步扎扎实实去创造条件。在现实生活中，我们不难发现那些在学习和工作中勤奋的人，都是有远大理想和职业发展目标的人；那些学习和工作懒散的人，都是胸无大志和没有

前进目标的人。职业生涯规划像动力机，催促着人们奋进。

4. 有助于大学生充分发掘潜能

做好职业生涯规划，可以帮助大学生正确地认识自我，客观地分析自己的专业特长、兴趣爱好、个性特征、已有的优势和潜在的能力，以便对自己的职业发展进行合理定位，充分发挥自身各方面的潜能，知道自己更适合从事什么样的工作，自己将来有可能在哪些方面获得成功，到最适合自己发展的地方去建功立业。

5. 提高大学生的就业能力

目前，就业形势日益严峻，劳动力市场的总量矛盾和结构性矛盾日益突出，大学生要想实现充分就业，在竞争激烈的社会中脱颖而出，就必须提高就业能力。职业生涯规划要求大学生分析就业形势，了解就业政策，熟悉就业程序，自觉学习和掌握就业知识和就业技能，提高就业能力，主动就业，勇于面对竞争，最终成功就业。

（四）大学生生涯规划的制定步骤

1. 自我评估

认识自己、了解自己，对自身条件做到全面正确的分析和评估，是进行职业生涯设计的基础，也是职业生涯设计的难关。不对自己的兴趣、特长、性格、学识、技能、智商、逆商、道商、价值观念、管理协调能力作出全面分析评价，是不能作出正确的职业选择的。同时，认识自己也是一件很困难的事，尤其是能认识自己的短处则更加困难，不能准确地认识自己的长处、短处，不能“兴其利，改其弊”，也是无法实现自己的职业目标的。

大学生应清楚地认识自己，对自己的兴趣、爱好、特征、能力、价值观，特别是对自己的潜能进行分析。在进行自我分析时，诸多因素与职业有关，但对个体而言，主要应考虑个人的性格、兴趣、能力和气质，以及自己所喜欢的专业。

2. 生涯机会评估

每个人的人生目标只有在符合社会这个大环境要求的前提下才能实现。在制定职业生涯规划时，要分析自身条件，充分了解所处环境的特点，掌握职业环境的发展变化情况，明确自己在这个环境中的位置以及环境对自己提出的要求和创造的条件等，并结合本专业的就业形势、社会需求程度、未来职业发展要求等可能影响事业发展的外部力量加以衡量、评估，积极地利用有利的客观条件，灵活规避不利条件，使职业生涯规划具有科学性和可行性。只有对环境因素进行充分了解和把握，才能在复杂的环境中避害趋利，使职业生涯规划具有实际意义。环境因素评估主要包括组织环境、政治环境、社会环境和经济环境。

3. 选择职业

每项职业都要求从业者具备一定的条件，比如知识、技能、体力、品德和心理素质等，而每个人各方面的条件又都是各不相同的，对职业的选择就必然会有所不同。所以，只有认识自己、把握自己，才能做出切合实际的职业选择。在进行职业选择之前，要结合自身特点、社会的需求选择职业，找出一种发展潜力大、在未来若干年中有着较高的社会需求的职业。这就要求同学们对整个社会的发展趋势做出准确的判断，了解社会发展对人才需求的总体要求，对自己将要选择的职业和每一个职位的名称、职责、工作环境、工作程序、工作内容以及对从业者的兴趣、资质、身体条件、受教育程度等方面的各项要求做一个总体的分析。同时要根据国家政策的调整，对自己将来所从事的职业、行业做出一个总体评价，这要求我们了解时事、查询书籍、浏览网站、咨询专家，进而才能做出准确判断。

4. 确定目标

人生必须有目标，有了明确目标，我们才知道要往哪里走。正如人们常说的那样，“你今天站在哪里并不重要，关键是你的下一步走向哪里”。目标的选择是职业生涯发展的关键，坚定的目标是追求成功的强大动力。职业生涯目标是职业生涯设计的核心之一。在确定好人生目标及职业长期发展目标之后，将其进行分解，一般可分为人生目标、长期目标、中期目标和短期目标。其中，短期目标又分为年目标、月目标、日目标。大量的事实说明，明确的目标是人生成功的动力之一，它可以引导人们去努力追求、拼搏，而不清楚或很不清楚自己的目标的人常常会无所事事、一事无成。在充分了解职业的外部环境及其内涵，同时对自己的各种因素有充分认识之后，结合自己所学的专业知识，对将来要从事的职业做出正确的抉择，确定自己的职业方向。

5. 制订计划

在确定职业生涯目标后，就要制定相应的行动方案来落实，就是把目标转化为具体的实施方案和措施，包括拟定实施方案（如长期方案、中期方案和短期方案等）、平衡职业目标与其他目标（如生活目标、家庭目标等）之间的关系等。制定周详的行动方案，就是将前面几个步骤中列举出的职业、职业需求、个人特点、客观环境等要素制作成相应的表格或用文字叙述出来，形成直观材料，并对照该材料，按照时间顺序制定相关程序、注意事项、控制手段等内容，以此形成一套具体完备、灵活有效、可行性强的职业生涯规划方案。如有的同学一进校门就想要攻读硕士、博士学位，因此，从入学就开始做准备。首先，必须确定考研方向，找到该专业的辅导材料及书籍，认真学习英语、政治等。从大一、大二开始就把该专业的基础课程学好，与相关专业的老师或学校联系，打有准备之仗。有的同学一入校就确定自己将要考国家公务员，那么在校期间要锻炼自己的组织管理能力，多参加和组织各种活动。

6. 评估、反馈和调整

职业生涯规划具有动态性特点，是一个持续不断的探索过程。影响职业生涯规划的因素很多，有的变化因素是可以预测的，而有的变化因素则难以预测。在这样的状态下，要使职业生涯规划行之有效，就必须不断地对职业生涯规划执行情况进行评估。首先，要对年度目标的执行情况进行总结，确定哪些目标已按计划完成，哪些目标未完成。然后，对未完成的目标进行分析，找出未完成原因及发展障碍，制定相应解决障碍的对策及方法。最后，依据评估结果对下一年的计划进行修订与完善。一般来讲，大学生对自身和外界环境了解不充分，最初确定的职业生涯目标往往比较模糊或抽象，有时甚至是错误的。经过一段时间的摸索后，有意识地回顾自己的言行得失，可以检验自己的职业定位与职业方向是否合适，在实施职业生涯规划的过程中，自觉地总结经验、吸取教训，评估职业生涯规划。通过不断地反馈与控制，修正对自我的认知，纠正最终职业目标与分阶段职业目标的偏差，保证职业生涯规划的有效开展，增强自己实现职业目标的信心。职业生涯规划内容的修订主要包括职业的重新选择，职业生涯路线的重新设定，职业生涯目标的修正，实施策略的变更等。

思政课堂

“用奋斗书写青春”：新时代中国青年王恒奎

我们一起来了解“90后”优秀青年代表人物王恒奎的事迹。王恒奎少年立志，通过坚持自主创新、用奋斗书写青春价值，以实干践行家国使命，彰显当代青年施展才干的舞台无比广阔，新时代中国青年在今日大环境的舞台中央敢为善为的精彩事迹，引发了广大网友的好评热议。

王恒奎，从少年读书时就品学兼优，17岁时成立了中国观赏石行业第一品牌磬石坊，他首次提出利用工业产业化创新模式发展文化产业，23岁时，他提出并成功推动了宿州地区非煤矿山资源的治理、整合、改革和农村道路安全与完整性的治理、保护和改革工作。26岁时，他勇于担当使命，为国家挽回重大利益损失，积极建功新时代。28岁时，王恒奎成功地为安徽皖北地区打造出“九顶山经济效应”和“灵璧嶂渠网红经济”，为皖北振兴的大局工作做出不可忽视的重要贡献。此外，2020年到2023年间，他积极引导地方舆论健康发展，为乡风文明及社会治理生态等方面工作做出关键贡献。

“心中有火，眼里有光”，作为肩负党和国家建设重任、承担为民服务之责的新时代中国青年，要勇做“扛起新时代奋进大旗的后浪”，为推动实现中华民族伟大复兴中国梦的新征程增光添彩、共铸辉煌。

团体心理游戏

我的生涯规划树

一、活动目的

帮助学生明确自己的价值观，思考“什么对自己最重要”这一问题；在提出自己的人生目标或者是职业理想的基础上，结合自己的年龄阶段和资源优势，列出自己在高中阶段或者今后的学习生活中为实现这一目标所做的多方面的努力，进行初步的自我生涯规划。

二、活动材料

A4图画纸、2B铅笔、彩笔。

三、活动步骤

1. 分组：每小组4～6人。并按小组分发活动材料，每人一张A4图画纸，一支2B铅笔，每小组一盒彩笔。

2. 教师引导学生进行身心放松。

首先请大家跟随音乐选择一个让自己比较舒服的姿势，慢慢放松自己的身体，让自己的心灵安静下来。做几个深呼吸，呼——吸——呼——吸——在这个过程中，外界的一切声响都有助于我们更好地放松自己，关注自己的内心。每个人都要有自己的人生方向，然后沿着自己的目标砥砺前行。每天试着给自己定一个目标，然后努力去做，一个一个地去实现。最终你会发现，原来你前进的步伐很快，理想也即将实现。

3. 教师指导学生进行“生涯规划树”的创作。

（1）画出树根。思考对自己而言生活中最重要的是什么，没有对错之分。请用几个词概括出来。

（2）画出树干。思考在高中阶段或者今后的生活中，我的主要目标是什么。用一句话概括。比如，“我想……”。

（3）画出树枝和树冠，每一个树枝代表一个阶段性目标。思考为了实现我的主要目标，我希望做到的阶段性目标是什么。

（4）在“生涯规划树”的创作过程中，可以根据自己的主观感受给自己的树涂上颜色。

4. 小组分享

（1）同学们在小组之间依次介绍自己的“生涯规划树”。在同学介绍的过程中，其他同学认真倾听，不要做任何判断和评价。

（2）教师随机选择几名同学分享自己的活动感受。

第二节 大学生能力发展

一、什么是能力

能力是直接影响活动效率，使活动顺利完成的个性心理特征。人在完成某项活动时，必须以一定的心理和行为方面的条件作为保证，这种基本的条件即能力。能力是和活动紧密相连的，离开了具体活动，能力就无法形成和表现。一个有绘画能力的人，只有在绘画活动中才能施展自己的能力；一个教师的组织能力，只有在教育教学活动中才能显示出来。我们只有通过活动，才能了解一个人能力的强弱。

能力是顺利完成某种活动应具备的心理特征，而不是顺利完成某种活动的全部心理条件。因为成功完成某种活动受许多主观因素的影响，如知识经验、性格特征、兴趣与爱好等，但这些因素都不直接影响活动的效率，不直接决定活动的完成，而只有能力才有这种作用，它是完成某种活动所必备的心理特征。例如，思维的敏捷性和言语表达的逻辑性，是直接影响教师能否成功地完成教学任务的能力因素。如缺乏这种因素，就无法顺利有效地完成教学任务。苏联心理学家克鲁捷茨基指出：“如果一个人能够迅速地和成功地掌握某种活动，比其他人较易于得到技能和达到熟练程度，并且能取得比中等水平优越得多的成果，那么这个人就被认为是有能力的。”

二、大学生需要具备的能力

大学，是进入社会前的缓冲区，你可以在大学时代品味人生百态，着力塑造自我，培养自己做一个知识与能力兼备的人。成功等于能力加人脉，不断地增强能力是获得成功的前提。在21世纪竞争激烈的今天，大学生必须具备哪些能力才能在这个时代脱颖而出？当代大学生无论在职场还是自己创业都需要具备以下几个方面的能力。

（一）时间管理能力

时间组成生命的要素，时间等于生命，浪费时间就是浪费生命。事实上，许多大学生都不懂得珍惜时间，不会高效利用时间。人生的意义在于最大限度地实现自身的价值，为社会贡献自己的力量。我们把时间管理做好了，就能够为整个社会创造更多的财富和价值。一个成功人士的时间表是以秒为单位来安排的。大学生从大学期间起，就应该充分重视“时间”的价值。许多大学生在虚度时光，以玩网游为代表的最浪费时间的活动在大学里随处可见，而这恰恰不是大学生最该做的事情。

（二）口语和书面表达能力

一流的人才不一定拥有一流的口才，但拥有一流的口才一定是一流的人才。口语表达能力的好坏决定着在社会交往过程中处于主动还是被动的状态。好的口才，可以帮助我们在商业辩论和谈判中拔得头筹，提高我们的竞争力。然而，许多大学生几乎每天都在同机器交流、寄情于网络，说话的机会越来越少。有的大学生对条理清晰、目的性明确的“说”甚至是能避就避。因此，必须从观念上产生危机意识，在大学里着力培养自己的口才，多给自己创造登台的机会和当众演说的机会，在朋友聚会或是聊天时多发表一些独到的见解，这些都有助于口语表达能力的提高。

大学生的书面表达能力直接反映其整体素质。有些大学生笔杆子功夫急剧退化，写作能力下降，这不能不引起足够重视。思想观念的表达，科研成果的表述，都离不开文字。培养观察能力、提高记忆力、发展思维能力、开拓想象能力、增强意志力是提高大学生书面表达能力的重要方法。平时要多看、多写，还要有生活积累。大学生要从口头表达和书面表达两个方面提升自己。

（三）人际交往能力

人际关系大师戴尔·卡耐基（Dale Carnegie）曾说过，一个人的成功，15%靠专业知识，85%靠人际关系。社交能力就是与他人相处的能力。具备一定的人际交往能力，是大学生进入社会、顺利就业的需要，也直接影响着大学生的身心健康、个人发展和综合素质的提升。以下几种方法有助于提升大学生的人际交往能力。一是以诚待人，以责人之心责己、以恕己之心恕人。与人交往时，你怎样对待别人，别人也会怎样对待你。二是培养真正的友情。三是具备一定的团队精神和良好沟通能力。四是善于从周围的人身上学习。在班级里，在社团中，多观察周围的同学，尤其是那些交往能力特别强的同学，看他们是如何与人相处的。五是提高自身修养和人格魅力，可以有意识地去选择和培养一些兴趣爱好。

（四）心理调节能力

良好的心理调节能力是每一位成功人士的必备品质。遇到喜事，不要沾沾自喜；遇到困难，不要一筹莫展。在走向社会之前，大学生应该好好利用大学这段宝贵的时光，培养自己对待问题的冷静态度，提高心理调节能力，对人、对事时刻保持平和的心态。有问题要及时解决，有心事可以找人倾诉，失败了是长见识，成功了能让你更自信。

（五）自主生活能力

自主生活是所有学生大学入门的第一课，大学生应具备良好的自主生活能力。自主生活能力的培养依赖生活习惯的培养，因此，要首先养成良好的生活习惯，从一日三餐到宿舍卫生，再到衣着打扮等日常生活的方方面面，这些细节体现着一个人的素质高低，更体现了一个人对待生活的态度。我们上大学为了什么？为了更好地生活。不要让这个目标成为一句空喊的口号，从现在做起，从点点滴滴做起。

（六）创新能力

创新，是一个民族的灵魂。与时俱进，是时代赋予大学生的使命。因循守旧、循规蹈矩地对待生活、对待事业，最后的结果就是停滞不前。要想在千百万求职大军中成为幸运儿，一定要具备一定的创新能力。大学生一定要做到多看、多听、多想，其中最重要的就是“多想”。面对一个问题，有没有更好、更合理的解决方案？如果已经有了解决方案，你能否提出一个更好的？在大学，有兴趣的同学可以积极参加一些创新大赛，比如机器人设计大赛、软件创新大赛等。拿奖不是目的，重要的是这些活动确实能够锻炼一个人的思维水平、创新能力和实践能力，而这些经历对培养创新能力是至关重要的。

（七）数字素养

中央网络安全和信息化委员会印发的《提升全民数字素养与技能行动纲要》指出，数字素养是数字社会公民学习工作生活应具备的数字获取、制作、使用、评价、交互、分享、创新、安全保障、伦理道德等一系列素质与能力的集合。

提升大学生的数字素养和技能，除了要掌握认可度较高的由数字意识、计算思维、终身学习能力、数字公民社会责任、数字化学习与创新、数字安全、数字隐私、数字伦理等方面构建的数字素养基本框架，还可以尝试一个通用的数字素养的提升方法。第一，多看。数字技术日新月异，要关注国家相关部委、领先企业在数字经济、数字技术方面的新战略、新规划、新产业、新业态、新模式，做到跟数字世界信息和语言同步。第二，多学。要学习5G、大数据、人工智能、区块链、云、物联网等数字技术的知识，这样你在面对一些热点概念（比如元宇宙、NFT、东数西算等）时，就能看看清事物和现象的本质，找到适合自己的参与方式。第三，多思。在数字经济时代，不仅仅企业需要数字化转型，人也需要数字化转型。要构建数字思维，善于运用各方面的数据帮助自己用数字的方式去发现和思考，帮助自己进行正确决策。第四，多用。要理解数字技术在数字生活、数字工作、数字产业化、产业数字化等领域的应用场景，并尝试用数字技术来解决你面对的问题。

（八）独立思考和解决问题的能力

现代企业招聘关心的不是你目前能做什么，而是你能学会做什么，也就是你的学习能力的强弱。而学习能力的强弱主要取决于独立思考、分析和解决问题的能力。大学生在大学期间应该着重培养自己这方面的能力，它是衡量人才最重要的指标之一。在日常学习和实际工作中，遇到问题时不要急于求助于他人或是查阅资料，首先要冷静下来，学会将问题分解，通过解决每个小问题最终解决大问题，一定要相信自己有能力解决，并勇于尝试，不怕失败。可以自己试着提出多种解决办法，然后从中选择一种最好的方案，即便最后没有想出一种最优的解决办法，但是在这个过程中对思维进行的独立思考训练也很有价值。

（九）理财能力

理财能力是个人管理财务的能力，包括预算、储蓄、投资、消费等方面。理财能力是大学生必备的一项重要技能。以下几点方法可以帮助大学生培养理财能力。一是树立理财意识。了解什么是理财、为什么要理财。理财不仅仅是为了花钱，更是为了规划未来，确保未来能够得到想要的东西。二是建立正确的消费理念，理性消费，认识到储蓄和投资的重要性。学校可以开展一些活动，让学生了解如何做出更好的消费决策，从而更好地管理自己的财务。三是设定目标和制定预算。明确自己的理财目标，并为实现这些目标制订可行的预算计划。了解个人收入和支出，合理规划每月的开支和储蓄计划。三是尝试开拓额外的收入渠道。课余时间做一些兼职，如家教、实习、内容创作等，以增加收入。选择与自己专业或兴趣相关的兼职，有助于提高个人能力。也可以尝试自己创业，开启属于自己的事业。比如可以选择在线创业，如开设网店、提供咨询服务等，但一定注意控制风险。

三、大学生能力的培养途径

大学生能力的培养是多方面的，涉及知识掌握、技能提升和个人发展等多个层面，这对大学生未来的成功是至关重要的。下面是一些有关大学生能力的培养途径。

（一）课程学习

课程学习是大学生的首要任务，是实现自己的理想、进一步发展自己专业领域特长和爱好的重要途径。课程学习不仅是大学生获取专业知识的重要途径，也是培养其学习能力、创新能力、自主学习能力以及职业规划能力的重要平台。通过课程学习，大学生能够系统地提升自己的综合素质和能力，为未来的学习和工作打下基础。大学生应积极投入各类课程的学习，在课堂上认真学习专业知识和理论，积极与老师同学交流互动，认真听讲，记好笔记，促进自身专业能力的提升。在课程学习的过程中，遇到不理解的地方可以去请教老师或者自行搜寻相关的学习资源，进行补充学习。

（二）社团活动

大学是一个多元的环境，学习成绩固然重要，个人的综合素质、社交能力、团队协作能力等方面同样要予以重视。参加社团可以让大学生在这些方面的能力得到锻炼。社团本质上是有共同兴趣爱好的大学生聚在一起的一个组织。参加社团，可以提升学生各方面的能力，如领导能力、沟通能力、团队合作能力、组织能力等；可以结交到各个专业和年级的同学，扩大朋友圈，有助于建立友谊，交流学习经验。另外，大学生通过参与社团可以接触到各类社会实践机会，了解社会舆论和社会问题，增加社会经验。总而言之，参加社团能够为大学生提供宝贵的学习和成长机会，对大学生能力的提升起着重要作用。

（三）竞赛参与

大学里每个学期都有各种各样的竞赛。有的学生一听到“竞赛”就会感到胆怯自卑，认为自己没有足够的实力参与，不敢参与、害怕失败。实际上，竞赛并没有那么可怕，也没有那么难。为了在竞赛中能拿出好作品，要精心准备，在课下多抽出时间来进行专门学习，向专业老师请教，经过努力，一定可以完成一件不错的作品。参加竞赛不仅是一种锻炼，更是一次挑战自我的机会。在参赛的过程中，可能会经历许多挑战，但正是这些挑战让我们变得更加坚强和勇敢。通过参加竞赛，我们可以逐渐培养自己的自信心，提升自己的技术能力和沟通表达能力。参与各类竞赛也能够提高学生的应试能力和思维灵活性。学生需要在有限的时间内解决竞赛中的各种问题，这需要灵活的思维和逻辑推理能力。这些能力对学生将来的学习和工作都是非常有用的。具体来说，学生需要快速理解问题，迅速判断重点，并在时间的压力下做出正确的决定，这样可以帮助学生在未来的其他考试与竞赛中保持冷静和理性，发挥最佳水平。

（四）学术研究

很多同学有这样的疑惑：为什么别人能在学习的同时发表论文或取得科研成果，但自己却好像没有这样的机会？或者是看到了这样的机会却因为忍受不住科研的枯燥望而止步。大学期间的学术研究需要学生有一定的耐心，并具备肯吃苦、刻苦钻研的品质。制定研究目标、设计实验、收集和分析数据、撰写研究报告等，对大学生未来的学术生涯或进一步的研究工作都是非常重要的。在这个过程中，有机会与其他团队成员合作，共同解决问题，有助于培养团队合作能力和领导才能。成功完成一项有意义的研究课题并发表相关成果，可以赢得相关的声誉和认可，对申请研究生项目、奖学金或未来的就业机会都非常有帮助。

（五）体育锻炼

体育锻炼是提高身体素质的有效途径，通过有氧运动、力量训练等方式，可以增强心肺功能、提高肌肉力量、增强关节灵活性、提高身体协调性等。体育锻炼可以帮助大学生释放压力，调节情绪。在运动过程中，大脑会释放一种叫“内啡肽”的物质，它可以使人产生愉悦感、减轻疼痛感，缓解焦虑和抑郁等不良情绪，更好地应对学习和生活中的挑战。体育锻炼往往需要团队协作，在篮球、足球等团队运动中，每个成员都需要发挥自己的特长，与队友密切配合，有助于培养团队精神和协作能力。体育锻炼需要长期坚持，这对培养大学生的自律和毅力具有重要意义。在运动过程中，每个人都会遇到困难和挫折，但只有坚持不懈，才能取得进步。

（六）自我学习

你到底是在自我学习还是自我感动式学习？有这样一些同学：他们起床很早，并早早地去了图书馆学习，然后学习到深夜才回来，但是他们的考试成绩可能并不理想，问学到什么知识，他们也说不上来。他们看似很努力，学习时间很长，实则在过程中做的是与学习无关的事，像是看小视频、回消息，浪费了大部分光阴，实际学习时间却很少。在大学学习生活中，能够有效地自我学习是非常重要的。

进行自我学习，要制订合理的学习计划。规划好每天的学习内容和时间，明确目标，并根据自身情况合理安排时间和任务的优先级。要创建良好的学习环境，选择一个安静、舒适、没有干扰的学习空间。要学会分段学习和休息，因为长时间连续学习会使注意力和效率下降，建议每隔一段时间休息一下进行伸展活动或做一些轻松的活动，以恢复精力。要采取主动学习方法：主动参与学习活动，例如主动提问、笔记、练习题等，加深对知识的理解和记忆。要及时制定学习目标和检查进展，明确学习目标，将目标分解为小任务，并及时检查自己的学习进展，及时调整学习策略。要控制时间浪费，减少或避免将学习时间浪费在社交网络、手机游戏和电视等娱乐活动上。学会自我学习，能够增加大学生的自律和坚持性，培养良好的学习习惯，保持积极的学习态度，持之以恒地学习。

案例分析

土豆与晋升

两个大学生毕业了，分配到一个公司去工作。两年过后，公司老总提拔了A大学生当副科长，B大学生心理不平衡了，找到老总。老总非常有耐心，说：“别急，你先帮我干一件事吧。你到街上隔壁的自由市场上去，看看市场上在卖什么东西，回来跟我说一声。”小B去了，过了一会儿就回来了：“老总，市场上有个农民推了个手推车，在卖土豆。”老总问：“这一车土豆大概有多少斤呢？”“我去问一下。”小B噔噔下楼了，过了一会儿回来了：“老总，一车土豆有300多斤。”老总问：“它大概多少钱一斤呢？”“噢，这个问题我还没问，老总，那我去问一下。”小B又噔噔下楼了，过了一会儿回来了。“老总，八毛钱一斤。”老总看他跑得汗水都出来了，端一杯热茶过去：“小B，你坐下休息一下。”接着把提了副科长的小A叫过来，说：“小A你到隔壁市场上去看一下在卖什么东西，回来给我讲一下。”小A就去了，过了一会儿回来了。“老总，有个农民推着一车土豆在卖。”老总问：“大约有多少斤重啊？”“老总，顺便问了一下，300斤多一点。”“多少钱一斤呢？”“老总，我也顺便问了一下，八毛钱一斤。”老总说：“全部买了，他卖不卖？”“老总，我顺便问了一下，六毛钱一斤他就卖。”老总说：“叫他来，我们都买了。”“我已经叫到门口了，只等你发话他就进来。”小B看到这里，不说话了……

思考：这个故事展示了小B和小A在哪些能力方面的差异？

第三节 大学生时间管理

一、什么是时间管理

时间管理是为了提高时间的利用率和有效性而对时间进行合理的计划和控制、有效安排与运用的过程。时间管理包括提高时间观念，自觉珍惜时间；选定目标、制订计划，确定时间消耗标准；利用多种方式方法，使时间消费合理，并千方百计地节约时间，合理利用时间，总结时间消耗经验，找出浪费时间的原因并予以克服；应用现代系统和定量方法来控制自己的时间等。

大学生的时间管理指以提高大学生课余时间利用率和有效性为目的，应用科学的原则和一定的策略，对大学生自身的时间进行合理分配、有效利用的管理活动。其目的是使大学生学会自我管理，成为时间的主人。

大学生的学生角色内在地规定了他们不仅要上好课，更重要的是要充分利用大学时光进行自主学习，注重自身良好生活习惯与学习习惯的养成，为今后的人生做好规划。对于课余时间，也需要从整体上进行指导与规划。尤其是大学新生，正处于从高中到大学的过渡时期，时间管理对他们有着更为重要的价值。科学合理地利用业余时间，选择有意义的闲暇方式，有利于大学生在业余时间获得有效的休息，促进身心健康，提高综合素质。

二、大学生时间管理现状

严进宽出是中国高等教育的特征之一，这种方法原则上比较合理，能够给予大学生更多的自我空间。但是中学阶段的强压式教育，使他们几乎没有自我管理的机会，加之家庭教育的局限，一旦拥有绝对的自主权，不免导致各类问题的产生。

（一）对时间价值感的认识不足

大学生的时间价值感是其对成长价值的稳定的认识、态度和观念，直接影响时间监控度和效能。大部分大学生有一定的时间价值感，知道时间与自身发展的关系，也能意识到时间的有限，但能够做到深入思考的却很少，大多局限在教条式的认识，在提高思维水平与知识广度，以及自我实现等方面缺少必要的实践。

（二）时间的分配利用不合理

就时间分配来说，许多大学生在学习与娱乐活动的平衡上有所偏差。第一，大学生忽视课堂组织时间，不当行为普遍存在，比如睡觉、玩手机等。部分学生对网络上瘾，他们将大量时间用在网络游戏或网络聊天等方面，甚至有些学生只要有时间就泡在网上，长此以往会丧失时间感，将大量时间白白浪费掉，最终导致失去自制力、荒废了学业。第二，课外学习时间利用不足，并且存在功利化的倾向。与基础教育阶段相比，课堂讲授内容增大、讲解减少，自修时间增加，是大学学习的显著特点。因此，利用课外学习去消化和补充相关知识，在大学生的日常学习中是非常必要的。第三，时间分配缺乏规律。学习是一项高强度的脑力劳动，对大学生来说更是如此，有规律的休息是必要的。然而实际上大学生休闲时间挤占休息时间的情况较明显，看电视剧、玩游戏、上网是晚睡的主要原因。个体睡眠不足或无规律，会导致注意力不集中、处理问题的灵活性、敏感性随之下降，久而久之，会出现记忆力减退、生理免疫功能降低，甚至滋生心理疾病。

（三）时间管理目标性的缺失

大学生经过高考，进入了相对自由的大学生活，往往容易迷失方向。他们的学习生活顿时变得没有目标，原本指向高考的学习动机现在不知道该指向哪里了。他们对学习的价值开始产生怀疑，有的学生甚至怀疑自己多年来学习的价值。以上种种现象会造成大学生目标缺失、价值观不清，以至于产生郁闷、空虚、焦虑等不良心理。

目标与时间管理息息相关，很多学生在日常学习生活中之所以不能有效地调节各类时间的运用，主要原因在于没有确定明确的目标。目标是个人根据自身的特点和环境的变化做出的关于未来某种结果的预设，能否完成目标，需要学生一步步地去探索。但现实中很多大学生缺乏把目标具体化的行动，即只管制定目标，至于怎样到达目的地、实现目标，则表现得很随意。亚当·马奇克（Adam Marchick）说过："对一生进行充分规划永远都是一个好想法，但一定要记得写下来的时候要用铅笔，而且手边还要有块橡皮。"大目标是由一个个小目标组成的，循序渐进地设定自己所要达到的目标是必要的。对时间管理能力较弱的学生来说，在面对很多事情的时候，他们往往不能按照事情的紧急程度和重要性进行安排，或者去抱怨那些突如其来的事情。俗话说"好记性不如烂笔头"，进行时间管理不能全靠个人的想象，这具有很大的随意性。准备一个备忘录或记事簿是必要的，写出来本身就具有督促和监督的效果。

（四）拖延现象存在普遍性

拖延是一个怪圈，很多人明知道自己有拖延的毛病，却难以改掉。个别追求完美的学生可能害怕失败，从而犹豫不决，不愿意开启任务，最终导致拖延；课程安排过密或任务量过大，也可能会让学生感到压力过大，从而选择逃避；对一些不感兴趣或认为无聊的任务，又会觉得没有动力，从而选择推迟。一些学生打着"明日复明日，明日何其多"的旗号，认为即使推迟也不会有太大影响，从而导致拖延。总之，拖延行为蔓延在大学生活中的各个角落，"能拖就拖"也成为个别学生的处事原则。

拖延行为的危害不言而喻。第一，拖延会导致学业任务的延误，影响学习效率和学习成绩。学生可能因为拖延而没有足够的时间准备考试或完成作业，导致成绩下降。第二，当任务截止日期临近时，学生可能会感到极大的压力和焦虑，影响心理健康。第三，长期的拖延行为可能会影响个人的职业发展，因为拖延可能导致错过重要的职业机会或未能按时完成工作任务。第四，拖延行为可能导致时间管理能力下降，学生可能无法合理规划和分配时间，导致生活和学习的节奏混乱。第五，拖延行为可能形成恶性循环，即拖延导致任务延误，延误又导致更多的拖延，形成一个难以打破的负面循环。

（五）缺乏时间管理方法与技巧指导

没有了父母的严格管束，没有了老师的具体要求，大学生对自己的时间具有了较高的掌控力。因此，合理安排时间，主动进行规划，成为大学生的必然需要。但调查发现，真正能习惯性做时间计划和安排的大学生不到两成，而对时间规划缺乏理性思考的大学生有近四成。尤其在目标的设定上，大学生存在根本性的认识不足和行动的缺乏。有些大学生甚至不知道有时间管理，既难以形成时间管理意识，又无法学习与掌握时间管理方法与技巧。以至于在大学里，置身如此宽松自由环境，他们却无法有效掌控生活与学习，更无法运用时间管理方法与技巧去规划自己的时间，对时间的利用处于一种混乱状态。同时从另一个方面也可以看出，时间管理还没有得到普遍重视。

三、大学生时间管理的方法

大学生尚未全面融入社会，对所学专业前景知之甚少，加之现实与理想的差距，导致有的大学生对大学四年的学习任务与规划十分迷茫。他们对今后从事的职业也是懵懂而困惑，导致学习目标迷失。于是，在大学相对自由的时间中没有方向与动力，茫然无措，个别学生的时间管理行为出现混乱，长此下去，其行为结果必然带来发展受阻的巨大代价。因此，培养良好的时间管理能力对大学生未来发展的意义十分重大。

（一）养成自主学习习惯

大学生要从以下几个方面来培养自主学习习惯能力。第一，掌握多样化的学习策略。上课认真记录并及时整理听课笔记，提高主动性与听课效率。第二，拓展课外知识，掌握更多信息。大学生应该有意识地养成收集、整理、分析和消化各种信息的学习策略，通过利用图书馆资料、网络资源来逐渐提高自主学习能力。第三，培养理论应用实际、解决实际问题的能力。通过专业实习、社会实践等活动来提高分析问题、解决问题的能力。第四，养成虚心学习与求教的习惯。学生在自主学习时难免会遇到困难，此时应虚心学习他人经验或充分利用各种资源，必要时可以求助于别人，这是重要的自主学习策略。第五，在学习计划中培养学习的自控力。明确学习目标，激发学习动机，制订可行的学习计划，并不断鼓励自己坚持落实计划。培养自主学习习惯，有助于提高自主意识水平和自我评价能力，掌握科学的学习方法，不断培养和增强自控力。同时，这也有利于增强当代大学生的社会责任感。

（二）探索学习目标与规划职业生涯

目前，我国高校中存在部分大学生学习目标不够明确、日常学习中缺乏具体可行的学习计划的情况。学习目标的模糊导致我国大学生在择业过程中普遍存在自我认识不足、职业意识淡薄，以及不能科学制定个性化职业生涯规划等问题，这必然对其将来职业发展产生重大影响。因此，基于大学生学业成就与未来发展，对其个人而言，应积极采取以下改进措施。

第一，有效提高自我认知水平，增强环境分析能力，提高自我认知水平，对自我进行全面客观的分析与定位。进行自我剖析，从而更清晰地认识与了解自己，更准确地为自己定位。自我剖析的内容包括自己的价值观、兴趣、爱好、特长、性格、学识、能力、智商、情商，以及协调、组织管理和活动能力等，即认识自己，明确自己想做什么、能做什么。

第二，不断提高自身综合素质，增强职业竞争能力。职业生涯规划是为了让大学生有意识地准备未来职业所必需的素质与能力的一种规划。在个人的职业生涯规划中，大学生必须努力提高自身素质，增强职业竞争力。通过不断地集中学习和积累，选择适合自己的科学学习方法，持续不断地努力，掌握广博的综合知识与能力，建构合理的专业知识结构，有针对性地培养职业所需要的实践能力。

第三，制订学习时间管理计划，践行职业生涯规划。职业生涯规划是大学阶段的一个长期目标，不是一朝一夕就能实现的。在长期目标的职业生涯规划中，不断推进其进程对实现个人职业发展意义重大。职业生涯规划在于不断实现短期目标，这需要制定相应的阶段学习时间管理计划与方案。更重要的是，要有严格执行计划的行动意志和毅力，不断激励自己，控制与检查计划实施情况，客观地调整与评价自己，进一步增强自我时间管理能力，提高主观能动性，把职业生涯规划落实到大学学习与实践之中。

（三）掌握时间管理策略

第一，制订合理的学习时间管理计划书，并经常检验计划的完成情况。合理的计划能够让人体验到自己的效率，而不合理的计划会让人在未能落实计划时懊恼不已，形成心理负担。计划书让人在忙碌中合理分配时间与精力，不至于在忙碌中遗漏计划，起到备忘录的作用。

第二，正确运用时间管理策略。合理调配计划实施过程中的优先顺序与轻重缓急，在学习时间管理计划制订之初，根据个人情况进行客观而合理的成功预测与战略分析，注重计划完成的时效，然后再专心致志地严格执行时间管理行为，否则，会影响到整个学习计划的成败。

第三，注意学习时间管理中的“留白”，注意学习与生活的平衡。“留白”指在学习时间管理中留有时间的空白，即学习时间管理中的一种弹性制度，它使得计划能在一定时间期限内的自我调控下最终实现。“留白”的原因在于，大学生除学习外，还有丰富多彩的课外生活，如果因一味严格固守计划，或者学习时间管理失于遵守与调整，导致学习与生活失衡，必然会影响到个人的身心健康与发展。因此，学习时间管理中要有一定的“留白”，以更好地落实学习任务。

第四，适当的自我激励并及时地弥补计划。学习是一件需要沉下心做的事情，时间管理是大学生持续的学习规划，必须进行适当的自我激励，在学习处于低潮或者是身体疲惫时，不断地给自己动力与信心。当学习时间管理行为被其他事情中断时，则需要及时弥补。这样，才能养成和保持时间管理的良好习惯，并在学习时间管理中，不断实现个人的学业成就与未来发展。

（四）掌握科学的用时方法

提高大学生业余时间管理能力，除了树立正确的时间观念，还应该注意用时方法的掌握：

第一，分清轻重缓急。对于自己要做的事情，应分清轻重缓急，具体可进行如下的排序：重要且紧急的事情必须立刻做；重要但不紧急的事情应该当成紧急的事去做，而不是拖延；紧急但不重要的事情只有在优先考虑重要的事情后再做；既不紧急也不重要的事情放在最后。

第二，善于做时间记录和用时分析。记录是节省时间的良方，学生们经常会花费大量的时间查找地址、电话、资料、证件等，如果能够对时间的利用做分类记录，并经常进行用时分析，就可以节省很多宝贵的时间。

第三，对自己的时间进行规划。大学生应加强在时间消费中的计划性，要舍得花一点时间来规划和安排自己的时间。时间对每一个人都是公平的，规划能够提高时间利用的效率。

第四，集中精力做好重要的事情。要做就做好一件事，由于一个人的注意力是有限的，目标过多会让我们分散精力、失去重心，因此，建议大学生集中时间和精力，坚持把重要的事情放在前面做好。

第五，充分利用琐碎的时间。做大事情往往需要大块的时间，而小事情完全可以在琐碎的时间内完成，这是开发时间潜力的一个行之有效的方法，就餐时、课间休息时、饭后的时间都可以用来安排工作、交流思想等。

（五）注重时间管理技能的培养

大学生的时间管理技能是可以通过训练提高的。第一，为大学生推荐大量有关时间管理方面的书籍。第二，指导大学生学习时间管理技能，使其时间利用率不断提高，进而提升他们对时间管理的信心。第三，组织时间管理效率高且经验丰富的优秀大学生，开展交流活动。第四，开设有关大学时间管理专题的选修课与讲座，学习时间管理理论与实务。第五，教师有意识地运用时间管理技巧，培养一批得力学生干部，使之在实践锻炼中掌握时间管理方法与技巧，为其身边同学树立典范。

拓展资源

心理书籍推荐：《自控力：斯坦福大学广受欢迎心理学课程》

作者：［美］凯利·麦格尼格尔（Kelly McGonigal）著，王岑卉译

出版社：文化发展出版社

出版时间：2014年

推荐理由：你是否总是减肥、戒烟失败？打算去看书、背单词，却打开了游戏？总

是停不下刷抖音的手，不到最后一分钟不开始工作？你知道怎样做才是正确的，但就是身体跟不上意识，所以你很苦恼，想改变现状却又束手无策。增强自控力的有效途径，在于弄清自己如何失控、为何失控。本书会帮助你分析原因，告诉你为何至今还没有成为更好的自己。

很多人称本书能够“改变一生”。缺乏自控力是完成目标的最大绊脚石，无论何时，只要你想做出改变或者完成目标，不妨看看这本书，来训练和提升你的自控力。

内容简介：作为一名健康心理学家，凯利·麦格尼格尔博士的工作就是帮助人们管理压力，并在生活中做出积极的改变。多年来，通过观察学生们是如何控制选择的，她意识到关于自控的很多看法实际上妨碍了人们取得成功。例如，把自控力当作一种美德，可能会让初衷良好的目标脱离正轨。所以，麦格尼格尔要求学生了解影响自控的生理学基础、心理陷阱和各种社会因素。麦格尼格尔吸收了心理学、神经学和经济学等学科的最新洞见，为斯坦福大学继续教育项目开设了一门名为“意志力科学”的课程，参与过这门课程的人称其能够“改变一生”。这门课程就是《自控力》一书的基础。

本书为读者提供了清晰的框架，讲述了什么是自控力，自控力如何发生作用，为什么自控力如此重要。它能帮助我们认清自己的目标，增强自控力，并做出改变一生的决定。

心理影片推荐：《中国合伙人》

导演：陈可辛

上映时间：2013年

心理学看点：创业道路上充满着艰辛和困难，不惧困难、不畏挑战，坚持不懈地追逐自己的梦想，并为之努力奋斗！

剧情介绍：影片以真实而感人的故事情节讲述了三位主人公从20世纪80年代到21世纪初大变革背景下从相识、相知到共同创业，最终实现梦想的励志过程。影片以独特的视角展现了当代中国青年在追寻梦想的道路上所经历的种种挑战与机遇，以及他们如何在困难中坚守友谊，共同迎接未来、实现“中国式梦想”的故事。不仅让观众感受到友情的力量和梦想的魅力，更激发了人们对于追求梦想、坚守信念的勇气和决心。

本章小结

1. 大学生活最大的特点是大学生要自主独立，不论衣、食、住、行，还是学习、交友，乃至认识社会和人生，都更多地依靠自己去思考、判断和行动。大学生要认识大学生活的特点，制定符合自身特点的生涯规划。

2. 职业生涯规划，又称职业生涯设计，指一个人与组织相结合，在对一个人职业生涯的主观、客观条件进行测定、分析和总结的基础上，对自己的兴趣、爱好、能力和特点进行综合分析与权衡，并且能综合时代特点和自己的职业倾向，确定其最佳的职业发展目标，并为实现这一目标规划出行之有效的计划或安排。大学生应当在大学期间不断扩充自身的各项能力，不断塑造自我，实现高水平的自我发展。

3. 大学生能力的培养是多方面的，涉及知识掌握、技能提升和个人发展等多个层面。可以通过课程学习、社团活动、竞赛参与、学术研究、体育锻炼、自我学习等途径来培养。

4. 在大学期间，时间管理是一项至关重要的能力。它可以帮助我们更好地平衡各种任务和活动，提高学习效率，减少压力，并为未来的职业生涯做好准备。

课后思考题

1. 试述大学期间生涯规划的主要内容。
2. 当代大学生应具备哪些能力？
3. 从自身实际情况出发，你将如何进行时间管理？
4. 简述大学生生涯规划的意义。

第六章

学如弓弩　才如箭镞

——大学生学习心理

“玉不琢，不成器；人不学，不知道。”知识是每个人成才的基石，在学习阶段一定要把基石打深、打牢。……要通过学习知识，掌握事物发展规律，通晓天下道理，丰富学识，增长见识。人的潜力是无限的，只有在不断学习、不断实践中才能充分发掘出来。

——习近平

学而时习之，不亦说乎？

——孔子

学习目标

了解学习的本质及心理机制，充分认识大学生学习活动的基本特点，熟练掌握学习的方法和策略，积极培养良好学习状态，珍惜宝贵的青春年华，坚持理想，脚踏实地，既勤于学习、善于学习，打牢知识功底、积蓄前进能量，又勇于探索、勇于突破，不断认识科技世界新领地，立志报效祖国、服务人民。

课程导入

捡石头

一位巴格达商人在匆匆赶路。走啊走，到了半夜时分，四周黑漆漆的，什么也看不见。忽然，山沟里传来一个陌生的声音：“捡几块石头吧，这可是个难得的机会呀！”商人将信将疑，不过，他还是弯下腰捡了几块，然后继续往前赶路。他又走啊走，终于在天亮时分走到了城里。他无意中想起了那几块石头，忙拿出来看看。他掏出一块，呀，是金刚石！再掏出另外几块，不是红宝石就是绿宝石！商人兴奋极了，可又十分后悔，当时为什么不多捡一些呢？

学习就好比捡石头。从来到这个世界开始，我们就是在学着怎么在自己的人生道路上捡拾有意义的石头。知识就好比是金刚石，是它帮助我们破解人生之路上的一个个难解之谜；经验、成功、失败等，就是那红宝石、蓝宝石、绿宝石，是它们帮助我们从幼稚走向成熟。捡拾对自己有用的石头本身就是一个学习的过程！

第一节 学习心理概述

学习伴随人的一生，是一个终身的过程，正所谓“活到老，学到老”“吾生也有涯，而知无涯”。学习不仅是个体成长成才的基本条件，更是个体生存和发展的必要手段，持续用心学习还可以带来无限的希望与可能，也是力量与快乐之源。习近平总书记时常强调学习的重要性，多次发表重要讲话，推进全民终身学习。那么，什么是学习呢？学习的心理机制是怎样的？

一、什么是学习

提起学习，很多同学会想到上课、自习、考试等场景，其实，学习发生在生活的方方面面。

广义的学习指人和动物在后天生活过程中经过练习或经验而产生的行为或行为潜能比较持久的变化过程，也就是说有机体以经验方式产生的对环境相对持久的适应性心理变化。广义的学习有四个要点。第一，学习的发生是由经验引起的，这种经验是后天形成的，与先天所具有的本能相对应。第二，经验所引起的改变可以是外显行为上的，也可以是内隐行为或内部过程的，但都是比较持久的变化。第三，并不是所有的行为变化都意味着学习的存在，生理成熟、疲劳、创伤、药物等因素也可以引起行为变化，但不能被视为学习。第四，学习是动物和人共有的心理现象，动物和人在学习和认知过程上存在相似之处，在具体表现和复杂性上有所不同。

狭义的学习特指学校学习，指学生在教师的指导下，有目的、有计划、有组织、系统地掌握前人的知识、技能，开发智力和各种特殊能力，培养个性和思想品德的过程。狭义的学习有两个显著特点。一是学习内容上，学生以学习前人积累的间接经验为主，而不是以直接实践为主。因此，它可以避免人类认识活动中的许多曲折和错误，直接接受人类经过千百次实践获得的认知成果。二是学习形式上，学生的学习是在教师的指导下进行的有目的、有计划、有组织、系统地掌握知识和技能的活动，在这种教育情境中进行的学习活动更有效率。

二、学习的理论

几十年来，关于学习理论的提出与争论一直是教育心理学界的主题之一。由于学习过程本身的复杂性，教育心理学中的学习理论流派纷呈，其中行为主义学习理论、社会学习理论、认知学习理论、人本主义学习理论和建构主义学习理论影响深远。学习探讨各派学习理论，可以从不同的角度和层面帮助我们理解大学生学习的本质和规律。

（一）行为主义学习理论

行为主义学习理论是在对动物学习进行实验研究的基础上，通过揭示动物学习过程中的一些外显的行为变化，进而推断人类的学习过程和规律，并据此总结出来的学习理论。在行为主义看来，学习就是刺激—反应（S–R）的联结。学习的过程就是获得这些联结或建立联系，学习的条件是不断得到强化。行为主义注重用外部条件来控制学习过程，因此，它们强调反复练习和复习的重要性，主张用外部的奖励与惩罚，即积极的强化来控制学习。

（二）社会学习理论

社会学习理论是由班杜拉（Albert Bandura）提出的。社会学习理论建立在严密的实验研究基础上，以人为研究对象，探讨行为模式的获得、储存和再现的过程。社会学习理论强调观察学习和替代性强化在获得新行为中的作用，认为学习就是学习者通过观察示范者的行为及其结果而获得某些新的行为反应模式的过程。班杜拉关于个体、环境与行为三者交互作用的理论，强调期望、信念、自我、效能等个体因素对行为的影响，强调认知因素对行为的调节作用和中介作用，更加全面地阐释了影响行为的因素。

（三）认知学习理论

二十世纪五六十年代认知心理学兴起，认知心理学家开始运用信息加工的观点来探讨学习的过程和规律。他们认为，学习不是简单的在强化作用下形成的刺激—反应的联结，而是有机体通过积极主动的内部信息加工过程形成新的完形或认知结构。早期格式塔学派提出的顿悟—完形学习理论建立在对动物实验进行研究的基础上，探讨的是广义的学习；到后期布鲁纳（Jerome Seymour Bruner）的认知—发现学习理论、奥苏贝尔（David Pawl Ausubel）的认知—同化学习理论、加涅（Robert Mills Gagne）的信息加工学习理论，探讨的主要是在教学情境下学生的学习，与教学结合更加紧密。

（四）人本主义学习理论

人本主义学习理论，是以人本主义心理学的基本理论为基础的。人本主义深信学习是人固有能量自我实现的过程，强调人的尊严和价值。人本主义学习理论的基本主张是：在学习目标上，要使学生成为完整的人、自我实现的人；在学习动机上，强调学习需要和内在学习动机；在学习内容上，强调对人生发展有意义的学习内容；在学习途径上，强调“从做中学”“从经验中学”，在真实的情境中学；在教学观上，主张以学生为中心，强调良好师生关系的建立，倡导“非指导性”教学模式。

（五）建构主义学习理论

建构主义学习理论强调学习是主体主动建构事物意义的过程。在知识观上，认为知识是人对客观现实的一种解释、假设，是不断发展的，并不是问题的最终答案；在学习观上，认为学习是在社会文化背景下，通过人与物、人与人的互动主动建构意义的过程，而不是直接接受现成结论的过程，强调学习的主动建构性、社会互动性和情境性；在学生观上，强调学生已有知识、经验、认知结构、兴趣需要等对意义建构的影响，因而主张学生是学习的主体；在教学观上，强调帮助学生从现有的知识经验出发，在真实情景中通过操作、对话、协助等进行意义建构。

三、学习的心理机制

学习的心理机制涉及人在学习过程中发生的心理变化和这些变化如何影响学习效果。心理学研究表明，影响大学生学业成绩的因素主要有学习动机、学习态度、学习策略、学习迁移等。

（一）学习动机

学习动机是激发个体进行学习活动、维持已引起的学习活动，并使行为朝向一定学习目标的一种过程或心理状态。学习动机是推动人们进行学习的直接原因和内部动力，支配学习者的学习行为，决定学习者的学习方向和学习过程，影响学习者的学习效果。

动机有高低之分。心理学家耶克斯（Robert Mearns Yerkes）和多德逊（John Dillingham Dodson）发现，人类的动机强度和活动效率之间呈倒“U”形曲线关系，动机过高或过低都会使活动效率下降，中等强度的动机最有利于问题的解决。动机的最佳水平随着活动性质（任务难度）的变化而变化，在比较容易的任务中，应保持较高的动机水平；在难度较大的任务中，应保持较低的动机水平。

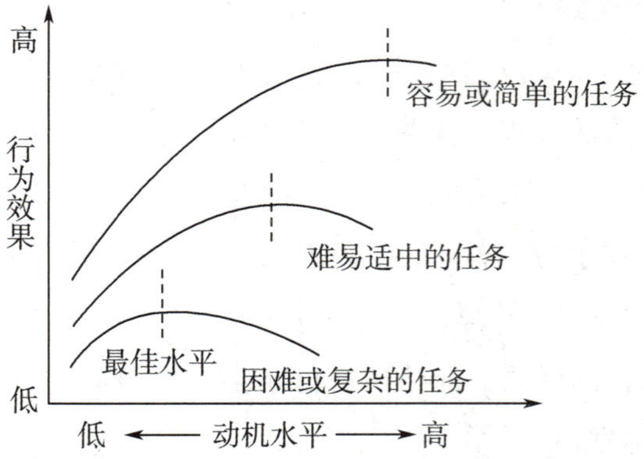

图6-1　耶克斯—多德逊定律

动机有内外之分。内部动机指人们对学习本身的兴趣所引起的动机，动机满足在活动之内，不在活动之外，它不需要外界的诱因、惩罚来使行动指向目标，因为行动本身就是一种动力。外部动机指人们因学习活动外部后果而引起的动机，学习只是达到某一结果的手段，动机满足在活动之外。具有内在动机的人能够独立、自主并积极参与，有好奇心，喜欢挑战，能够坚持不懈地努力，忍受挫折与失败。具有外在动机的人只为了达到外在目的：一旦达到目的，动机就会下降；如果失败则会一蹶不振。

心灵故事

为自己而玩

一群孩子在一位老人家门前嬉闹，叫声震天，几天过去了，老人难以忍受。于是，老人出来给了每个孩子25美分，对他们说："你们让这儿变得很热闹，我觉得自己年轻了不少，这点钱表示谢意。"孩子们很高兴，第二天仍然来了，一如既往地嬉闹。老人再出来，给了每个孩子15美分。他解释说，自己没有收入，只能少给一些。15美分也还可以吧，孩子仍然兴高采烈地走了。第三天，老人只给了每个孩子5美分。孩子们勃然大怒："一天才5美分，知不知道我们多辛苦！"他们向老人发誓，再也不会为他玩了。

我们可以想想，自己在为谁而"玩"？人的动机分两种：内部动机和外部动机。如果按照内部动机去行动，我们就是自己的主人；如果驱使我们的是外部动机，我们就会被外部因素所左右，成为它的奴隶。

（二）学习态度

态度指一个人对人、事、物和某种活动所持有的一种接近或背离、拥护或反对的稳定的心理倾向性。学生的学习态度指学生在学习情境中表现出来的比较稳定的心理倾向。大学生的学习态度直接影响其学习行为和学习成绩。

学习态度包括三个维度：认知倾向、情感体验和行为倾向。认知倾向指学生在学习活动中对特定事物的价值判断，即带有评价意义的观念与信念。情感体验指对学习活动的情绪反应。情感是人的心理活动中最具动力性的因素，占有关键性的地位，教育家孔子曾提出“知之者不如好之者，好之者不如乐之者”，由此可见学习中情感的重要性。行为倾向，指个体在学习活动中表现出来的行为意向，与行为的预先安排或准备有关。

（三）学习策略

学习策略指学习者为了完成一定的学习任务与目标，提高学习效果和效率，有目的、有意识地制定的有关学习过程的复杂方案。学习策略具有主动性、有效性、过程性、程序性特征。一个人在做某件事时，使用最原始的方法，最终也可能达到目的，但效果不好，效率也不会高；若有意识地制订学习计划，管理好学习时做什么不做什么、先做什么后做什么、用什么方式做、做到什么程度等诸多方面的问题，效果和效率会有很大的改善。

麦基奇（Wilbert James Mckeachie）等人对学习策略的成分进行了总结，他们认为，学习策略包括认知策略、元认知策略和资源管理策略。认知策略是加工信息的一些方法和技术，有助于有效地从记忆中提取信息；元认知策略是关于自我计划、自我监察和自我调控的策略，包括对自己认知过程的了解和控制策略；资源管理策略是辅助学生管理可用环境和资源的策略，包括时间管理策略、学习环境管理策略、努力管理策略和学业求助策略。

（四）学习迁移

学习迁移也称训练迁移，指一种学习对另一种学习的影响，或习得的经验对完成其他活动的影响。迁移是学习的一种普遍现象。根据迁移的作用，几乎所有的习得经验都可以通过各种复杂的方式相互联系起来。个体习得经验后，在适当的条件下可以应用所习得的经验来解决某种问题；新习得的经验有时可以改变原有的经验结构；不同的经验之间重新组合，可以形成新的经验结构。诸如此类的经验之间的相互影响都可以被视为学习迁移现象。

迁移的产生不是自动的，而是受制于各种条件，影响迁移的主要因素有：相似性、原有认知结构、学习的心向与定势。相似性包含三个方面，学习材料之间的共同要素或相似性、学习目标与学习过程的相似性及学习情景的相似性。原有认知结构的特征直接决定了迁移的可能性及迁移的程度，主要表现在学习者是否具有相应的背景知识、原有认知结构的概括水平、认知技能元认知策略三个方面。心向与定势常常指同一种现象，即先于一定活动而又指向该活动的一种动力准备状态。应用有效的迁移原则，学习者可以在有限的时间内学得更快、更好，并在适当的情境中主动、准确地应用原有的经验，防止原有经验的惰性化。

第二节　大学生学习能力培养

联合国教科文组织出版的《学会生存》一书中有这样一句话：“未来的文盲，不再是不识字的人，而是没有学会怎样学习的人。”学习是在校大学生的首要任务，而学会学习则是学习的根本宗旨。为什么要学习？大学生学习有哪些特点？怎样提高我们的学习能力？

一、大学生学习的意义

心理学家弗兰克尔（Viktor Emil Frankl）告诉我们，寻求意义是人类的重要动机之一。当你觉得你现在所学的内容对你来说意义非凡、是伟大的工作时，你就会充满热情，也更能抵御诱惑，并主动把当前的学习和自己真正的理想联系起来。另外，思考学习意义的过程会让你重燃对学习的热情。我们认为，大学生学习的意义主要有获得立身之本、培养学习能力、促进心理健康、实现人生价值四个方面。

（一）获得立身之本

立身之本是一个人在社会上立足和发展的根本和基础。能力和知识是个体的立身之本，一个人的能力和知识水平决定了他能够承担的工作和角色，以及他能够在社会中所取得的成就和地位。而学习是获取知识和能力的主要途径。

（二）培养学习能力

学校不可能教给人们一生所需要的知识。每个人进入社会后，都要接受继续教育和终身教育，都必须有多次的知识和技能的补充和更新，才能胜任多种工作岗位和社会角色的需要。学习成为人们的终身需要和过程，学习不仅是学习知识本身，更重要的是通过学习知识，我们能够掌握科学的学习方法，培养自学能力和解决问题的能力。一个人为了不被社会所淘汰，就必须终身学习。

（三）促进心理健康

心理健康与大学生学习的成功是密切相关的，它们互为基础、相互影响。一方面，学习活动极大地影响大学生的心理发展；另一方面，心理健康状况也反作用于大学生的学习活动。

从生物进化的观点看，学习是人类适应环境的一种手段，它不仅可以提高现代人生存及适应社会的能力，而且对心理健康有一定的积极作用。学习能发展智力、开发潜能，能给人们带来心理上的满足，使人体验到愉快的情绪；学习活动也有助于建立正确的认知方式，培养健全的人格，建立和谐的人际关系，提高适应能力。因此，学习对心理健康具有积极的影响。同时，对大学生来说，学习也是一项艰苦的脑力劳动，在学习活动中常常消耗大量的心理和生理能量，如果处理不当，就会给心理健康带来消极的影响。

（四）实现人生价值

学习是个人成长和发展的重要途径。通过学习，我们能够不断提升自己的知识水平和技能，培养自信心和自我管理能力，能够明确自己的职业兴趣和方向。学习还能够培养批判性思维和创造性思维，使我们更好地解决问题和应对挑战。这些能力对个人职业发展和日常生活都是非常重要的。

努力学习文化知识，不仅能促进个人的成长，更是为国家的发展做出自己的贡献。青年是圆梦的主体，新时代青年必须持续不断地加强学习，努力用各方面的知识武装自身，成为国家建设的栋梁之材。

思政课堂

学习进行时：习近平讲给大学生的54句话

1. 年轻人很重要的一条，就是要学做有原则的人。
2. 我们每个人都要终身学习。
3. 学问学问，要学就先要问。
4. 上了岁数，回过头真诚地告诉你们，现在你们要好好学习，心无旁骛。
5. 所有的成绩都是背后夜以继日的努力沉淀出来的。
6. 多读书，读好书。
7. 学生要好好干，好好学，好好干就是好好学！
8. 能够在这里上学，最后成长成才，是你们抓住了机遇，机遇也选择了你们。
9. 既要读“有字之书”，又要读“无字之书”。
10. 人的潜力是无限的，只有在不断学习、不断实践中才能充分发掘出来。
11. 青年处于人生积累阶段，需要像海绵汲水一样汲取知识。
12. 特别是要克服浮躁之气，静下来多读经典，多知其所以然。

13. 素质包括德、智、体等，智商、情商都需要。
14. 青年人要锻炼好身体，为革命事业健康工作50年。
15. 勇于创新，敢闯新路，敢创新业。
16. 人生一年之春、一日之晨就是我们的大学时代。
17. 现在，青春是用来奋斗的；将来，青春是用来回忆的。
18. 虽然人生道路很长，但关键之处往往只有几步。
19. 专业要学得宽一些，基础要打得厚一些。
20. 认真做自己，专心做好自己。
21. 不要妄自菲薄，同时要自强不息。
22. 用实际行动报答亲人的养育之恩。
23. 成才之路就在脚下，要靠我们自己走。
24. 既要目光高远，也要脚踏实地，不要走捷径。
25. 在什么时间就要做什么事情，做什么事情都要脚踏实地。
26. 做人做事，最怕的就是只说不做，眼高手低。
27. 事情是一件一件做起来的，本事是一点儿一点儿长起来的。
28. 我在长期工作中最深切的体会就是：社会主义是干出来的。
29. 智叟何智只顾眼前捞一把，愚公不愚哪管艰苦移二山。
30. 广大青年人人都是一块玉，要时常用真善美来雕琢自己。
31. 人生的扣子从一开始就要扣好。
32. 立志要高，但起步要低。
33. 要立志做大事，不要立志做大官。
34. 希望同学们都能有与时俱进的就业观。
35. 一定要脚踏实地，在基层摸爬滚打后，终会脱颖而出。
36. 学成文武艺，报得我们13亿人民，报得我们的中华民族和我们的国家。
37. 大学生是祖国美好的未来，光明的未来。
38. 一代人要做一代人的事情，做一代人的历史贡献。
39. 用青春铺路，让理想延伸。
40. 追梦需要激情和理想，圆梦需要奋斗和奉献。
41. 希望同学们一定不负年华，把握青春。
42. 有信念、有梦想、有奋斗、有奉献的人生，才是有意义的人生。

43. 人是要有一点精神的，这种精神就是“四股气”：志气、勇气、正气和才气。

44. 大学生的理想信念和人生航向，从一定意义上就代表了我们这个民族、这个国家未来的走向。

45. 爱国，是人世间最深层、最持久的情感。

46. 个人再完美，也就是一滴水，而一个民族的理想就是大海。

47. 坚定不移听党话、跟党走，努力成长为堪当民族复兴重任的时代新人。

48. 用脚步丈量祖国大地，用眼睛发现中国精神，用耳朵倾听人民呼声，用内心感应时代脉搏。

49. 不断增强做中国人的志气、骨气、底气。

50. 以聪明才智贡献国家，以开拓进取服务社会。

51. 我衷心希望每一个青年都成为社会主义建设者和接班人，不辱时代使命，不负人民期望。

52. 每个青年都应该珍惜这个伟大时代，做新时代的奋斗者。

53. 中国梦是历史的、现实的，也是未来的；是我们这一代的，更是青年一代的。

54. 生逢其时，为之奋斗吧！看你们的了！

资料来源：《习近平讲给大学生的54句话》，新华网 http://www.news.cn/politics/xxjxs/2022-05/04/c_1128619357.htm，2022。

二、大学生学习的主要特点

大学生经过一路过关斩将的考试，终于进入大学。学习可能是大学生最熟悉的领域，然而大学的学习却和中学的学习有本质的区别。

（一）过程的自主性

大学生作为学习活动的主体，能调控自己的学习活动，积极主动地获取知识、培养能力和形成专业必需的各种品质。无论是学习内容、学习时间还是学习方式，大学学习都更加强调个体在学习活动中承担的角色，强调学习的自觉性和能动性，主要表现为大学生个体要自我调整学习目标、自我钻研学习内容、自我选择学习方法。

（二）内容的专业性

大学生从入校开始就有明确的专业指向和就业面向。大学生的学习活动是一种以掌握专业知识和技能为特征的社会活动，围绕如何使大学生尽快成为高级专门人才进行。大学生所学知识的系统性、逻辑性都是严谨、科学的，经过实践总结而形成；各专业之间在教学目标、课程设置、教学内容以及教学安排上存在较大差异，反映出强烈的专业要求和职业特征。

（三）运用的实践性

大学学习需要学以致用，突出实践性。培养大学生的实践能力和创新精神，是大学教育的目标和任务，也是社会发展对大学教育提出的客观要求。实践活动是大学生学习活动的重要组成部分，大学生除了掌握书本知识、完成课堂教学任务，更要参加社会实践活动，在社会实践中检验知识、丰富知识、应用知识，进而深化知识和发展知识。

（四）个体的差异性

大学生除了很多共性特点，在学习方面彼此间还存在差异性及个性化特征。同一批次录取或同年升级的大学生，在生理方面，主要表现为性别、年龄、身高、体质、感知觉等方面的差异；在心理方面，主要表现为知识结构、智力类型、兴趣、爱好、动机、情感意志等方面的差异。

（五）评价的多样性

在大学，学业成绩已经不是评价的唯一标准，学业成绩的高低并不完全决定一个人是否成功。学习成绩主要体现大学生多方面的能力，比如逻辑思维能力和语言能力。然而，人际沟通能力、领导管理能力、艺术创作能力、动手能力等却很难在考试中体现出来，而这些能力对一个人的成功也是非常重要的。

三、大学生学习能力的培养

学习能力是个体从事学习活动所需具备的心理特征，是顺利完成学习活动的各种能力的组合，包括观察能力、记忆能力、阅读能力、解决问题的能力等。学习能力受一定先天因素影响，但主要靠大学生在学习过程中获得和提升，大学生要注重学习能力的培养，充分开发自己的学习潜能。

（一）培养成长型心理模式

教育心理学家德韦克（Carol S. Dweck）发现，人们在看待能力、智力、创造力等个人特质时，往往表现出两种截然不同的心态和思维模式，而且通常是内隐的，她把这两种心态称为心理模式。其中一种是成长型，人们相信自己的能力和智力是可以改变的，是能够成长的；另一种是固定型，人们相信自己的能力和智力是固定不变的。

成长型心理模式的人更多地表现出对自身的信心，更愿意接受新的挑战，面对挫折更努力，更愿意从批评中学习，往往能取得很高的成就；固定型心理模式的人要么努力证明自己，要么为了避免失败只做自己擅长的事情，通常很早就停滞不前，无法取得原本有潜力的成绩。尽管这两种心理模式的差异是显著的，但这种差异本身也不是一成不变的，让自己的心理模式发生改变的前提，就是挑战自己的固定型心理模式，训练自己养成成长型思维模式。下面四种策略有助于培养成长型思维模式。

1. 相信越努力越聪明

首先我们需要记住“大脑神经可塑性”的概念。很多研究表明，我们的大脑结构并不是固定的，所以我们的能力也不是一成不变的。我们开始学习新知识时，信息在大脑内部神经元细胞之间的传递速度是非常缓慢的，但随着信息通过的次数越来越多，神经的传递速度也越来越快。

2. 重视过程胜于结果

当我们不断追求表现和成果，努力满足自己或外界设定的某些标准时，可能已经忽略了过程的美好、尝试的意义以及努力发展的技能。这时候，我们可以试着去看见事情本身的经过，引导自己思考：“这次结果虽然不怎么好，但我锻炼了……”“哎呀，我犯了个错。没关系，犯错是学习的一部分，下次怎么做更好呢？”

3. 重视努力而不是天赋

认知心理学研究发现，人们在学习一个新概念的时候，付出的努力越多，并且尝试用自己的话语去重新演绎它，或者尝试理解这个概念在不同语境下的不同意义，就越能牢固地掌握这个概念。因此，要培养成长型思维，我们不要否认自己的天赋、怀疑自己的能力，而是去思考，自己是否付出了足够的努力。

4. 多用“还没有”句式暗示自己

德韦克说，在任何固定型心理模式中使用“还没有”句式是一种重构思维过程的好方法。当我们在挣扎的时候，只需要提醒自己，我还没有掌握这项技能；当脑海中出现“这是天赋的原因”“我天生不擅长这个”时，试着换成“我现在还没有做好，但没关系，慢慢往这个方向努力，我就会越来越擅长的”。

（二）科学运用注意力

注意是心理活动对一定对象的指向与集中。为什么注意状态对学习效率有决定性的影响？原来，人在清醒的时候，每一瞬间都在注意着一种或几种外界事物，在大脑皮层中会形成一个优势兴奋中心，大脑皮层的其他部位则处于抑制状态。这样，被注意的事物就能够及时清晰地被反映，在大脑中留下深刻的印象。兴奋中心的强度越大，其他部位的抑制就越深。

注意是学习的窗口，没有它，知识的阳光就照射不进来。注意力的好坏并不是先天遗传的，而是靠后天的学习、培养和训练得来的。进行有意识的培养和训练，是提高注意力、培养良好的注意品质的前提。那么如何培养良好的注意品质呢？

1. 排除外界干扰

在学习中，外界有许多事情会刺激我们，干扰我们的注意力。克服外界干扰有很多方法，大家可以尝试以下两种方法：一是选择安静的学习环境，在图书馆或者自习室，减少外界的不良刺激；二是锻炼自己的意志品质，学会闹中取静的本领，即不管外界有什么干扰，都能够努力控制自己，不动摇自己的信念，不影响自己学习的决心和学习计划。

2. 排除内心的干扰

有时候环境很安静，但自己的内心可能有一种骚动、有一些与学习不相关的干扰自己的情绪活动。对各种各样的情绪活动，要善于将他们放下来，并予以排除。比如你担心一位生病的朋友，你可以在开始学习前打电话去问候他，或者抽时间去看望他，但等你坐下来开始学习的时候，就要百分百地投入。

3. 明确学习任务和计划

有明确的学习任务和计划，要求自己在规定的时间内完成学习任务，就会树立起学习的紧迫感，自觉地集中注意力，使自己保持良好的状态进行学习。学习任务和计划越具体，效果越好。比如，上午要学习英语，时间是几点到几点；其中几点到几点背单词，背多少个；几点到几点做阅读理解题，做几篇。

4. 丰富学习内容和方式

可以通过丰富学习内容和方式帮助我们维持注意力状态。首先，注意学习内容的交替和轮换。在同一项学习内容上，集中的精力久了，人就会感到疲劳，注意力容易涣散；但如果换一项学习内容，人又会振作起来，注意状态得到恢复。其次，应结合多种学习方式，将看、读、写、思、记交替进行，有利于注意状态的保持。

5. 克服注意力不集中

注意力不集中时可以采用一些技巧来克服，如凝视法和追问法。当思考问题时，可以将我们的视线停留在某一个具体点，这时我们的视野就会变窄，那些容易分散我们注意力的事物就不会干扰我们，随着意识范围变窄，就容易达到注意力集中的心理境界，这就是凝视法。追问法指当个体觉得自己的注意力即将或已经从眼前的书本上离开的时候，从书本中归纳几个问题，并连续追问自己，以便将思绪拉回来。

（三）提高记忆效率

记忆是在人脑中积累和保存个体经验的心理过程。运用信息加工的术语来讲，记忆就是人脑对外界输入的信息进行编码、存储和提取的过程。没有记忆，就没有经验的积累，也就没有心理的发展。同时，个人某种能力的出现，一种好的行为习惯的养成、人格特质的培养，也都是以记忆为前提的。

记忆连接着人们的心理活动的过去和现在，是人们学习、工作和生活的基本技能。记忆力强的同学学习效率高，能牢固掌握所学知识，而记忆力差的同学则学习效率低，学过的知识容易遗忘。记忆能力可以通过后天的学习和训练得到培养和提高。

1. 及时复习

为了提高记忆效率，复习要及时。遗忘是记忆的大敌，为了和遗忘做斗争，要根据遗忘的规律正确地、合理地安排复习时间，使已学知识在遗忘前加以巩固。对于刚学习的知识，头几天的遗忘速度很快，这几天应经常复习，以后遗忘的速度慢了，复习的次数就可以减少，时间间隔也可以拉长。

2. 超额学习

超额学习指基于一种材料的学习次数超过那种刚好能回忆起来材料的次数。众所周知，学习分量越多，记忆越困难。因此，在选择学习分量时提倡适当的过度，即超额。那么怎样的超额效果最佳呢？心理学研究证明，如果将刚能复述的学习材料的时间定为100%，那么最好的超额时间是50%，其学习总时间为150%。

3. 联系学习

人脑如同一架联想的机器，通过联想将内容相近、相似、相反或有因果关系的材料联系起来记，能够大大提高记忆效率。大学阶段的专业课程之间都存在一定的联系，这个学期的课程可能与上个学期某个课程的内容密切相关，所以大家在学习过程中要尽可能主动地思考，加深对所学内容的理解，主动与以前所学的知识相互联系。

4. 分散学习

分散学习与“集中学习”相对，指间隔一定时间分次进行的学习。根据大脑生理活动和遗忘规律，人们如果长时间单一地学习一门课或一种材料，就会产生催眠作用，引起人的睡眠；但在分散学习的情况下，大脑的兴奋性更高，会带来更好的学习效果。因此，不必追求大块完整的学习时间，而是要把学习材料分为几次来学习。

5. 检索学习

检索学习的核心理念在于通过主动检索信息来加强记忆和理解，强调学习者积极参与学习过程，不断地回顾和复习来激活记忆，并用自己的话语进行重述和解释，从而深度理解并掌握知识。检索学习过程中会出现“想不起来”或者“想起来的内容不够全面”的情况，是正常的，是我们记住知识的必由途径。

第三节 大学生学习心理调适

在金秋时节，我们满怀着对未来的憧憬与期盼，来到了大学校园，开启了我们的大学生活。与此同时，我们也可能遇到不同程度的心理适应挑战。在学习方面，我们可能会遇到哪些学习困惑？该如何积极、健康地调整自身的心理状态，以最佳的精神面貌迎接挑战呢？

一、学习适应不良

以下是某位同学给老师写的一封求助信的主要内容：

老师，我从大一开学到现在，仍然感觉自己未进入良好的学习状态，完全没有了高三时的学习激情。进了大学以后，学习情况发生了很多变化，老师不再手把手地教了，作业也少了，考试也少了。开始我还感到一种自由和放松，可是，自己很担心，这样下去能学到什么。自己想好好地学，却又发现不知道该怎么学了……

由中学过渡到大学，在学习方面存在着很大差异，如果不及时转变学习方式，很容易出现学习适应不良的情况。

（一）学习适应不良的原因

1. 心理准备不足

一部分学生事先没有充分估计到大学的各种变化，没有做好适应改变的准备，没有做一些恰当的应对措施；还是用原来的眼光原来的做法，来衡量新环境的人或事，进行新阶段的学习和事务，容易产生适应不良。

2. 学习方法固化

有些同学习惯于填鸭式教学、死记硬背，等待老师划重点，以书本知识为中心，难以适应大学学习中理论与实践并重，知识与能力同步发展，强调主动探索、参与的学习模式，容易产生学习适应不良。

（二）学习适应不良的调节

1. 端正认识

大学时期的学习和高中时期的学习有很大的不同，因而，从旧的学习方法向新的学习方法过渡，这是每个大学新生都必须经历的过程。尽早正确认识变化、做好思想准备，就能较好地、顺利地度过这一阶段，少走弯路，减小心理压力，促进学业成绩的提高。我们可以翻看专业培养手册，也可以主动请教老师和优秀的学长学姐，获取正确信息和好的学习经验、方法。

2. 确立目标

康德（Immanuel Kant）曾说："没有目标而生活，恰如没有罗盘而航行。"拥有合理可行的目标，往往能达到事半功倍的效果。关于目标制定，我们可以采用SMART目标制定法，具体而言：S代表Specific，即目标要具体清晰；M代表Measurable，代表目标是可测量的；A代表Attainable，指目标要有挑战性，同时要可以实现；R代表Relevant，指目标要和任务相关；T代表Time-bound，要求目标要有时间限制。根据以上五点制定的目标，清晰、合理、可行、可检验，可以帮助你更好地安排大学学习生活，收获满满。

3. 时间管理

美国的管理学家科维（Stephen R. Covey）提出时间管理四象限法则，以"紧急—不紧急"为横轴，以"重要—不重要"为纵轴，建立坐标系。将要做的事划分在四个象限内，再按照事情的轻重缓急，优先处理那些重要而紧急的事件。用好这个方法，可以帮助我们更好地制订计划，平衡学习与社团活动之间的关系，进而在时间管理上达到事半功倍的效果。

4. 调整心态

在遭遇学习适应不良的困扰时，怨天尤人是于事无补的。这时候，调整好自己的心态相当重要。事物都有两面性，如果你只看到消极的一面，路就会越走越窄。如果你能挖掘出事物积极的方面，并能用正确的心态面对，就会发现事情并没有你想象的那么糟糕。此外，适时向他人求助，倾诉自己的烦恼，也不失为一种调整心态的好方法。

5. 自主学习

大学学习不单是简单地接受灌输，尤其要培养自主学习意识、思辨精神和质疑精神。学会提问，学会反思，学会分析问题与解决问题，才是学习生活的正确打开方式。大学新生要做到课前预习，带着问题去听课，课上认真听讲，做好笔记，课后及时复习。还要学会利用资源，除图书馆有大量藏书和电子学习资源外，中国大学Mooc、学堂在线、智慧树网、哔哩哔哩等学习资源和平台的资源也非常丰富。

二、学习动机不足

大学生学习动机不足指学习没有内在的驱动力量，没有明确的学习方向，无知识欲求，厌倦学习。具体表现在：不愿意上课，不愿意动脑筋，不完成作业，学习拖拉散漫，怕苦怕累，并经常为自己的懒惰行为找借口；容易分心，注意力差，不能专心听课，不能集中思考；对学习冷漠、畏缩，常感到厌倦，对学校和班级生活不热心；把学习看成奉命的、被迫的苦差事，满足于死记硬背应付考试，不积极寻求一些适合自己的学习方法。

（一）学习动机不足的原因

1. 个人原因

中学时学习目的很明确，考上大学就感觉船到码头车到站，突然没有了远大的理想；对所学专业缺乏兴趣，被迫无奈学习；缺乏自我效能，学习自信心低，特别是错误归因，即将学习失败完全归咎于社会、家庭、学校，或归结于为自己运气不好等外部因素或其他不可控制的因素。

2. 家庭原因

学习动机是社会要求在学生头脑中的反映，个体学习动机的形成和结构受社会生活条件的制约和影响。社会要求首先通过家庭对学生产生影响，年级越低的学生，其学习动机受家庭的影响越大。父母的期望不切实际，缺乏家庭温暖，父母袒护溺爱，个别父母持有“不管学习好坏都有好工作，或无背景找不到工作等”错误观念等，都会影响大学生的学习动机。

3. 学校原因

大学的声誉、校园环境、专业的课程设置、教师的教学水平等，都会对大学生的学习动机产生影响。课程设置不当，教学方法陈旧刻板，学生短期内感受不到知识的价值；对学生赏罚不明、处理失当，学习环境设施不完备等也会影响大学生学习的积极性。

4. 社会原因

与家庭的影响相比，随着学生年龄的增长和逐渐成熟，社会影响也越来越大。社会价值观念以及社会的就业形势等，都会对大学生的学习动机产生影响。

（二）学习动机不足的调节

1. 制定学习标准

心理学研究及教学实践证明，学习标准定得过高或过低都不利于提高大学生学习的积极性。一般来说，学习标准以一个学生在其原有学习成绩的基础上增加20%为佳，实现该标准的时间以一学期为宜。

2. 探索适合自己的学习方法

好的学习方法并无固定的模式，每个人都应该结合大学学习的规律和自己的特点，制定学习策略，采取切实可行的改进措施，使自己真正学会学习。

3. 明确学习目的和意义

明确学习目的和意义是培养和激发学习动机的重要条件之一。当认识到自己学习的价值时，学习就有了责任心和使命感。只有当兴趣、奋斗目标与人生理想相结合时，个体才会从学习中获得乐趣，从乐趣发展到志趣，志趣才具有更大的自觉性和方向性，有更大的推动力量。

4. 注重培养学习兴趣

学习兴趣不仅具有促进学习的作用，而且在学习过程中会使人伴有愉快的情绪体验，有利于促进人产生进一步学习的需要。兴趣需要专注、实践和培养，我们可以放下对某事的成见，尽可能地投入到活动中，就更容易提高兴趣和做这件事情的乐趣。

心理贴士

对自己的专业不感兴趣，甚至产生心理排斥怎么办？

由于各种原因，确实有不少大学生对专业不感兴趣，甚至出现心理排斥的现象，严重的导致挂科、退学。面对这种情况该怎么办呢？

1. 分析原因。首先要知道我们所面临的问题其实是大学生中比较常见的，对自己学习的专业缺失兴趣，容易造成学习成绩不理想、学习状态欠佳等问题。接下来，仔细分析自己的情况，找出具体原因，这样才能更好地解决问题。

2. 尝试接纳。兴趣，特别是对专业学习的兴趣，有时候并不是非常明显。如一个法律系的学生对法律专业中的庭审辩护感兴趣，但对背诵法律条文没兴趣。每个专业都有其优势，也许等你深入了解之后，你就会产生兴趣。

3. 专业探索。通过专业学习、信息收集和社会实践，对自己当前的专业和想要转入的专业进行全面详尽的了解和体验。也可以借助一些相关的工具进行自我测试，比如霍兰德测评、MBIT性格测试等，提供一些参考依据，帮助我们找到适合自己的专业。

4. 转专业。如果在尝试进行提高对这个专业的兴趣之后还是没能达到理想的效果，转专业也不失为一个方法。可以去咨询辅导员或者教学秘书了解转专业的相关情况，也可以通过学校文件详细了解学校转专业的政策。

5. 考研。如果大学期间学习的专业并非自己特别喜欢的，锚定目标，跨专业考研也是一个不错的选择。虽说热爱可抵岁月漫长，但仍要坚持从实际出发，理性评估专业跨考的挑战和难度，适时地调整目标和方向。

三、考试焦虑

考试焦虑是一种比较复杂的消极情绪现象。一般来说，考试焦虑是在一定应试情境的刺激下，受个体认知、评价能力、人格倾向及其他身心因素所制约，以担忧为基本特征，以防御和逃避为行为方式，通过不同程度的情绪性反应所表现出来的一种心理状态。

大学考试虽然不像高考影响那样严重，但是考试种类多，如期末专业课考试、各种竞赛活动、英语等级考试、计算机等级考试等，仍然给大学生带来了许多压力，使其产生考试焦虑。适度的焦虑有利于考试。高度的焦虑只有同高度的能力相结合才能促进学习，而高度的焦虑同低能力或一般能力相结合往往会抑制学习。

（一）考试焦虑的原因

1. 考试本身

考试的重要性、难易程度、竞争程度等对学生的考试焦虑有影响。越是重要的考试，越容易产生考试焦虑，题目越难，越容易产生考试焦虑，竞争程度越激烈，越容易产引发考试焦虑。

2. 学业期望

一般而言，学业期望越高的学生，对学习投入的精力越多，越看重学业成绩，因而对考试失败的恐惧越高，越容易产生考试焦虑。而那些学业期望较低的学生，满足于60分，一般不会产生考试焦虑；但当学习期望较低的学生面临学业失败时，也可能会激发其考试焦虑。

3. 知识掌握程度

我们经常说，难者不会，会者不难。考试的难易是相对的。现在有一部分学生上课不认真，下课不复习，推崇考前一周效应，平时学习不努力，临阵磨枪匆忙上阵，面对考题感到任务太难，并产生考试焦虑。

4. 考试压力的传递

学生间的相互影响也会造成考试焦虑。如一些学生将升学作为重要的人生目标，考试前以发誓言、写战书的方式激励自己的斗志，人为制造紧张气氛，使部分学生感到升学失败可耻，整天笼罩在失败的恐惧之中。

5. 考试经验

大学生大都有考试成功的经验，而进入大学后，偶然的考试失败会加剧部分学生的考试焦虑，将过去的考试成功归于题目容易、运气好，而将大学的考试失败归结为自己不聪明、能力差，就会对自己失去信心，因而面临考试就会出现紧张焦虑。

（二）考试焦虑的调适

1. 正确对待焦虑

备考时产生焦虑情绪是一种正常反应，说明你很重视这场考试，很想考个好成绩，是我们认真对待考试的一种体现。要认识到焦虑的合理性，允许焦虑的适度存在，学会与焦虑感和平相处，而不是把焦虑看作一种威胁，与焦虑感斗争。

2. 端正考试认知

我们要意识到自我认识和评价是造成考试焦虑的关键，从而端正考试认知。明确考试只是衡量学习好坏的手段之一，考试成绩不能全面反映一个人的学习能力和知识水平，更不能决定一个人的前途和命运。大学里的考试并非一考定成败，它只是帮助检验你这段时间的学习效果，让你发现自己的不足，以明确今后改善的方向。

3. 调整抱负水平

学会恰当评估自己的能力，既相信自己的能力水平，又能实事求是，不做过高的期望。适当调整学习目标，进行准确的自我定位，多看到自己的进步和优点，促进自我接纳和自我尊重，考试焦虑就可以得到较好的缓解。

4. 学会自我暗示

自我暗示是影响潜意识、提高信心的有效的方式之一。当意识到自己出现“我做不到”“我还有很多知识没复习”等想法时，请回忆过往的成功经验，并用积极的想法来代替这些消极的想法。例如，“过去那么多考试都过来了，我可以的”“我已经掌握很多知识了，感到未知是因为我在不断探索”。

5. 认真学习备考

有的时候，紧张焦虑其实是因为我们没有做好准备，所以找到适合自己的学习方法，努力学习、好好复习是非常重要的。平时学习做到刻苦勤奋，考试时就会“艺高胆大”，充满信心；考前全面复习，尽量熟悉考试题型、时间、地点、要求等，就能做到心中有数、胸有成竹。

6. 合理宣泄情绪

考试前可以做一些能舒缓情绪的事情，例如绘画、听音乐、运动等，分散注意力以减轻焦虑。在日常复习的过程中，如果意识到自己开始出现焦虑情绪，可以向亲人或朋友诉说自己的担忧，求得他们的理解和帮助；也可以在一个适宜的地方放声大叫，来宣泄内心的负面情绪，从而缓解焦虑。

四、学习疲劳

学习疲劳是大学生学习活动中常见的问题之一，指在学习活动中学习效率逐渐降低，并伴有渴望停止学习活动的生理和心理现象。研究表明，凡是需要紧张注意、积极思维和加强记忆的学习活动，都容易产生疲劳。

学习疲劳可以分为生理疲劳和心理疲劳两种。生理疲劳主要是肌肉受力过久或持续重复伸缩造成肌肉痉挛、麻木，如眼球发胀、腰酸背痛、动作不准确、打哈欠等。心理疲劳的主要表现是感觉器官活动机能下降，注意力涣散，思维迟钝，情绪躁动、忧郁、易怒，学习效率降低。

（一）学习疲劳产生的原因

1. 学习不得法

产生疲劳是大脑需要暂停学习并进行休息的警告信号，是个体的一种保护性机制。马拉松式的学习，休息或文体活动不足，晚上熬夜学习，大搞题海战术，单纯靠延长学习时间，短期内可能会取得效果，但长期会造成身心严重的消耗，导致学习效率下降和学习疲劳的发生。

2. 学习压力大

学习压力大，心情长期紧张、焦虑。卡耐基说，忧虑、紧张和情绪不安才是疲劳产生的三大原因。紧张和焦虑消耗掉了许多本来应该用在学习上的心理能量，还会使许多同学学习起来眉头紧锁、双肩耸起、坐姿僵硬，把全身肌肉都动员起来去“用力”，这又在一定程度上妨碍了对大脑所消耗能量的及时补充，会进一步加速大脑疲劳。

3. 学习兴趣低

对某一学科学习不感兴趣、听课状态不好、课下作业不做、旧知识不复习、新知识不预习、“欠债”过多，会造成心理疲劳和大脑疲劳；学习负担重，总是达不到自己设定的目标，多次努力失败，怀疑自己的能力，挫败感严重，导致学习无快乐可言。

4. 脑营养不足

脑力活动是高级神经活动，必须有足够的营养，例如高蛋白、维生素、充足的氧气等，才能保证大脑的正常工作。即使吃了含有高蛋白的食物，趴在桌子上时间太长，呼吸短浅，氧供应不足，也会使大脑疲劳。

（二）学习疲劳的调适

1. 善于科学用脑

大脑两个半球具有不同的功能：左半球擅长抽象逻辑思维，主管计算、阅读、分析、书写等活动；右半球则擅长具体形象思维，主管想象、色觉、音乐、幻想等活动。如果一个人长时间从事一种活动，则容易引起疲劳。因此，可以根据大脑两半球的不同分工科学用脑，克服疲劳的产生。如革命导师马克思在写《资本论》时就常把做数学题当作一种消遣和休息。

2. 注意大脑休息

虽然说大脑的潜能是无限的，但工作和学习的时间太长或强度太大会使大脑疲劳，人们会感到昏昏欲睡，难以集中注意力，如果此时还不注意休息，就会出错或头痛，所以要劳逸结合，让大脑适时休息，提高工作效率。让大脑休息的方法有三种：一是睡眠或闭目养神的直接休息，二是身体活动的间接休息，三是转换学习内容的交替休息。

3. 加强大脑营养

科学合理的饮食可以促进身体健康，缓解学习疲劳。研究表明，大脑需要的营养成分主要有脂肪、蛋白质、糖类、B族维生素、维生素C、维生素E和钙，其中脂肪占第一位。因此，建议多吃含上述有营养的食物，如核桃、黑芝麻、小米、玉米、鸡蛋、瘦肉、新鲜蔬果等。

4. 做个头部按摩

头部按摩可以刺激头皮的神经末梢和经穴，有效松弛头部神经的紧张状态，促进局部血液循环。另外，每天坚持梳头3～5分钟，对解除疲劳和大脑皮层的紧张状态大有好处。选择个人比较能接受的力度，用十指指肚或指尖，从双眼眶眶上沿开始，顺着往后梳头，梳至颈后风池穴，反复数次，也可以用牛角或实木梳子代替手指。

5. 发呆5分钟

发呆是最简单的减压方式。研究者发现，心无杂念，脑子里什么也不想的时候，大脑中的α脑电波能够得到加强。这种特殊的脑电波可以抑制信息超载，让注意力和意念更加集中，从而改善情绪，减轻压力，缓解焦虑不安，还能加强记忆力，缓解疼痛，并提高免疫力。

拓展资源

心理书籍推荐：《为什么学生不喜欢上学？》

作者：［美］丹尼尔·T. 威林厄姆（Daniel T. Willingham），肖芬译

出版社：中国青年出版社

出版时间：2023年

推荐理由：上了这么多年学，你是怎么一步步讨厌上学习的？那些年，你铆足劲游过的“题海”对成绩真的有帮助吗？为什么你能记住动画片里的细节，却记不住书本中的知识？《为什么学生不喜欢上学？》可以回答你的问题。这是一本关于认知心理学的普及读物，也是一本教育心理学的入门书籍，书中的许多观点新颖而深刻。

内容简介：本书以“人类是如何思考和学习的”为线索，按章节依次阐述了大脑关于学习的10项基本运作原理，回答了诸如为何我们无须费力就能记住热播剧剧情却记不住知识等普遍的学习困惑，揭示了故事、情感、记忆、背景知识、练习在构建知识和创造持久学习经验中的重要性，帮助读者掌握思考与学习的关键，构建科学的学习体系。

心理影片推荐：《风雨哈佛路》

导演：[美]彼得·勒文（Peter Levin）

上映时间：2003年

心理学看点：成长型心理模式、自卑与超越

剧情介绍：本书讲述的是利兹的人生经历：父母吸毒，8岁开始乞讨，15岁时母亲死于艾滋病，父亲进入收容所。从17岁开始，用2年的时间学完高中4年的课程，获得《纽约时报》一等奖学金，进入哈佛大学学习。这是一个真实、努力的女孩的人生经历。整部影片的基调是励志向上的，其中也包含亲情与友情的力量。一个人如果想成长，外界的帮助固然重要，但自身的努力与坚持才是最牢固的基石。在漫漫求学路中，利兹从未停止她努力学习的脚步。她是那样渴望与那些优秀的学子站在一起，渴望站在阳光下，这种发自内心的渴望更加坚定了她学习的决心。而教育给了她这个机会，也给了她未来无限的可能。

本章小结

1. 广义的学习指人和动物在后天生活过程中经过练习或经验而产生的行为或行为潜能的比较持久的变化过程，狭义的学习特指学校学习。

2. 大学生学习的特点有过程的自主性、内容的专业性、运用的实践性、个体的差异性和评价的多样性。大学生可以通过培养成长型心理模式、科学运用注意力、提高记忆效率等方式增强学习能力。

3. 大学生可能会遇到学习适应不良、学习动机不足、考试焦虑、学习疲劳等问题，这些都是正常的。运用科学合理的方法积极调适，可以有效解决学习问题，提高学习效率。

课后思考题

1. 大学生学习的特点有哪些？

2. 如果出现学习适应不良，应该如何调适？

3. 结合自己的学习实际，思考自己学习中存在的优势和问题。并根据本章的学习，列出学习的调整计划。

第七章

理性平和　自信达观

——大学生情绪管理

中国青年面对困难不消沉、面对压力愈坚韧，2021年有关调查显示，88.0%的受访青年认为自己可以做“情绪的主人”。对未来发展的信心斗志、对美好生活的向往追求占据着中国青年的主流，自信达观、积极向上是中国青年的鲜明形象。

——《新时代的中国青年》白皮书

知止而后有定，定而后能静，静而后能安，安而后能虑，虑而后能得。

——《礼记·大学》

学习目标

掌握关于情绪的基础知识，包括情绪的基本概念、类型，明晰情绪与个体身心健康之间的密切联系；了解当代大学生的情绪特点，掌握积极情绪的类型、功能和培养途径；学会识别情绪，有效管理情绪，并通过不断的个人实践塑造稳定、健康的心理状态，形成积极向上的人生态度。

课程导入

成长的烦恼——来自大学生的内心独白

离开熟悉的成长环境，踏入全新的大学校园，面对陌生的环境、紧张的学习节奏、全新的生活方式以及复杂的人际关系，大学生难免会感到不适与苦闷。

小A，一位充满活力的外向型大学生，自述道：“我总是直来直去地表达自己的观点和感受，正因为这种直率的性格，有时会因为口无遮拦而无意中得罪他人。而且自己的情绪变化经常如同过山车般剧烈，时而热情洋溢、自信满满，仿佛整个世界都在自己的掌握之中；时而又会陷入深深的沮丧，对周围的一切都失去兴趣，甚至想逃避现实，不知该如何来排解自己内心的孤独和迷茫。”

小B，一名刚步入大学校园的新生，表示：“原本以为离开家乡后会迎来一片自由的天地，然而，新环境的种种不适让我倍感压力。气候、饮食、语言都与家乡截然不同，我经常感到无所适从。虽然自己也努力参与社团活动，竞选班级职务，试图融入新环境，但内心的焦虑和压力却如影随形。特别是每当考试临近，看到同学们都在积极地复习，自己反而会感到一种莫名的紧张和焦虑。”

小C，一位大三的男生，家庭环境的变故让他的内心承受了巨大的压力。他诉说：“父母离异后，我知道父亲一个人打工供我上学非常不容易，所以我经常有深深的愧疚感。为了减轻家里的负担，我拼命寻找兼职工作，几乎将所有的精力都投入到了学习以外的事情上。然而，这种忙碌的生活让我变得越发疲惫和焦虑，学习、生活变得不规律，对任何事情都失去了信心。”

其实，我们每个人都会像小A、小B、小C一样，经历各种各样的情绪波动。有时候，我们会因为一些小事而感到开心或紧张；有时候，我们又会因为一些无法言说的原因而感到迷茫和不安。那么，我们该如何更敏锐地察觉自己的情绪变化呢？我们是否了解自己的情绪状态和反应模式？我们能否准确地表达自己的情绪？更重要的是，我们能否掌握一些有效的方法来管理和调节自己的情绪？

第一节 情绪概述

一、什么是情绪

情绪是人类心理活动中不可或缺的重要组成部分，贯穿人的一生。它既是人们生活中的调味品，带来欢笑与满足，也可能成为心灵的负担，引发痛苦与折磨。在我们的日常生活中，无论是喜悦还是愤怒，快乐还是烦恼，这些内心体验均属于情绪的范畴。

情绪，是伴随着认知和意识过程产生的对外界事物态度的体验，是人脑对客观外界事物与主体需求之间关系的反应，是以个体的愿望和需要为中介的一种心理活动。当客观事物或情境符合主体的愿望和需求时，会引起积极、肯定的情绪；不符合时，会产生消极、否定的情绪。情绪深刻影响着个体的思维、行为及生活质量，对于情绪，我们可以从以下三个维度进行把握。

首先，情绪伴随着明显的生理反应。在不同情绪状态下，个体的生理指标，如心律、血压、呼吸以及内分泌、消化系统等，均会发生相应的变化。这些生理反应是神经系统的自然反应，不受个体意识的直接控制，即便个体试图抑制或改变，情绪所带来的生理变化仍会自然发生。

其次，情绪是一种主观的内心感受和体验。不同的情绪状态会在个体的知觉和意识中留下深刻的印记，形成独特的内心体验。例如，受到伤害时的痛苦、朋友聚会时的快乐、面临危险时的恐惧、需求满足时的幸福、遭受欺辱时的愤怒以及失去亲人时的悲伤等，都是情绪在个体内心世界的具体表现。

最后，情绪会通过外在行为表现出来。情绪不仅影响个体的生理和心理状态，还会直接反映在个体的外在行为上。比如，面部表情、语态和行为过程等都是情绪的外在表现形式。通过观察个体的面部表情、体态行为以及声音语态等方面的变化，我们可以有效地了解个体的情绪状态。

二、情绪的类型

团体游戏

绘制情绪脸谱

请在纸上画出喜、怒、哀、惧四种表情，并思考自己在何时何地会体验到这种情绪，并补充完成下列相关句子。

当我________________时，我会开心；

当我________________时，我会发怒；

当我________________时，我会悲哀；

当我________________时，我会恐惧。

（一）情绪的基本分类

关于情绪的分类，在我国古代便有“七情说”，即“喜、怒、忧、思、悲、恐、惊”；现代心理学认为，人有四种基本情绪，即快乐、恐惧、悲哀、愤怒。基本情绪又叫原始情绪，指与生理需要相关联的内心体验，在人的幼年时期就已经形成了，带有先天遗传的特性，也是日常生活中最常见与最基本的情绪。

1. 快乐

快乐是一个人的愿望和追求的目的达成后产生的情绪体验。当我们的个人愿望得以实现、自身需求得到满足时，内心的压力和紧张会得到缓解，快乐便随之产生。快乐表现为满意、愉快、兴奋、狂喜等不同程度，与目标的重要性及实现的难易程度成正比。如果我们非常看重一件事情并为之努力最终实现目标时，我们体验到的快乐情绪就尤为强烈。

2. 恐惧

恐惧是一个人企图摆脱、逃避某种危险情景又无能为力而产生的情绪体验。恐惧情绪往往被视为不良的心理反应，可能会导致个体的认知活动受阻，思维迟缓，行动呆板，甚至过度、持久的恐惧会引发包括焦虑症（anxiety disorder）、恐惧症（phobia）及创伤后应激障碍（post-traumatic stress disorder，PTSD）等精神类疾病，然而，恐惧也具有一定的积极意义，它可以作为一种警诫信号，提醒个体在面对潜在危险时提高警惕，采取适当的行动以保障自身安全。

3. 悲哀

悲哀是一个人失去所盼望、追求的东西或心爱的东西时产生的情绪体验。悲哀包括遗憾、失望、难过、悲伤、悲痛等多种程度，主要取决于失去的事物对个体的价值和重要性。当因某些原因失去对自己来说非常重要的人、事、物时，我们就会感到非常悲哀。但悲哀也不总是消极的，它会使我们哭泣、释放紧张，不断反思，反而能够转化成为促使我们前进的动力。

4. 愤怒

愤怒是一个人所追求的目的无法实现或一再受到阻碍而产生的情绪体验。根据愤怒的不同程度，可以将其划分为不满、生气、愠怒、大怒、狂怒和暴怒等多个层次。在日常生活中，个体难免会遇到挫折、不公和不合理的事情，从而产生愤怒情绪。然而，关键在于如何合理地调节这种情绪，将其转化为积极的行动力量，如发愤图强，以实现个人目标。

在这四种基本情绪的基础上，人的情绪世界得以进一步拓展和深化，形成了众多复杂且丰富的情绪体验。这些复杂情绪，如爱、焦虑、羞愧、嫉妒等，都是基础情绪在不同情境下的组合与变形，共同构成了丰富多彩的情感世界。同时，随着个体的成长和社会化过程的不断推进，这些情绪体验逐渐与个体的社会文化背景相融合，形成更为稳定且复杂的态度体验，比如善恶感、责任感、羞耻感、荣誉感、幸福感等，这些情感都是基于基础情绪之上，通过个体与社会环境的互动和个体心理发展的成熟而逐渐形成的，不仅反映了个体与社会环境互动的结果，也体现了个体在成长过程中的心理发展和成熟程度。

（二）情绪的状态分类

依据情绪发生的强度、持续性和紧张度把情绪状态划分为心境、激情与应激三种形态。

1. 心境

心境是个体的一种微弱、持久，弥散性、感染性强的情绪状态，当形成一种心境时，它会“传染”至周围的一切事物，使我们在相当一段时间内保持同样的情绪状态，通俗地说，就是平时讲的心情。比如，当一个人心情舒畅时，看什么都会觉得乐观积极；而当一个人郁郁寡欢时，则神色沮丧，看什么都心烦。

2. 激情

激情是个体一种强烈、短暂、爆发式的情绪状态。处于激情状态时，人可能会变得意识范围狭窄，分析能力降低，无法有效控制自身行为，失去评价自己行为后果的能力。激情能够诱发积极或消极两个方向的行为表现，积极的激情能够激发人的潜能，激励人们奋发向上、斗志昂扬；消极的激情则可能导致理智缺失，给个体的工作、学习生活造成恶果。例如某些人因小摩擦，导致口角、斗殴、伤人，乃至殃及生命，都源于一时的激情冲动。

3. 应激

应激是一种由出乎意料的紧迫情况引起的极度紧张的情绪状态。人在应激状态下会引起机体一系列的生理性反应，如肌肉紧张度、心率、呼吸以及腺体活动都会发生明显的变化。这些变化有助于适应急剧变化的环境刺激，维护机体功能的完整性。在发生地震或者洪水车祸时，人们的反应就是一种应激反应。出现应激状态时，有的人急中生智、当机立断，集中全部精力应付突变；而有些人则张皇失措、手足无措，出现一些盲目重复的无效活动，这与人面临的情境及人对情境的认知评价和应对能力有关。所以，日常生活中，我们要适当进行中等强度的应激机制训练，以提高对外界刺激的反应敏感性，增强心理行为的灵活性。

三、情绪与身心健康的关系

课堂讨论

布雷迪的猴子

1958年，心理学家约瑟夫·布雷迪（Joseph Brady）进行了一个关于情绪和消化系统关系的实验研究。

在实验过程中，布雷迪将两只猴子分别固定在两把椅子上，并设置了一套电击装置。每隔20秒钟，猴子就会受到一次电击，导致它们不停地挣扎与尖叫。随后，布雷迪在猴子A所在的椅子上配备了一个开关，如果猴子A能在电击触发前准确按下开关，那么两只猴子都将避免电击；若按错，则都将受到电击。猴子B的椅子上并未安装此开关，因此它只能寄望于猴子A的操作，于是猴子A承担了触发开关的责任。在接下来的20天里，布雷迪每天重复进行这一实验，最终一只猴子患上了严重的消化道溃疡，而另一只则相对未受太大影响。

大家思考一下，哪只猴子会患上严重的消化道溃疡？

情绪在个体成长的各个阶段都发挥着重要作用，它在生物进化过程中得以保留，有助于个体在复杂多变的环境中生存、发展并有效适应。例如，快乐的情绪反映了我们对当前环境的适应性及需求的满足，而痛苦的情绪则揭示了生活的不足与亟待改善的必要性。总体而言，情绪的不断涌现时刻提醒我们关注自身生活与生存的健康状态，以寻求更佳的适应策略。

我国古代医学经典《黄帝内经》曾记载，“怒伤肝，喜伤心，思伤脾，忧伤肺，恐伤肾”，深刻揭示了情绪失调与身体健康之间的密切联系。现代心理学、生理学和医学研究成果表明：情绪对人的身心健康具有直接的影响。积极的情绪会刺激脑下垂体分泌激素，以达到最佳的机体平衡，这种平衡所产生的效力可能比世界上的任何药物都更加理想，能增强肌体活力，提高免疫力和康复能力，避免生理疾病的发生。过度的情绪反应和持久性的消极情绪不仅会让人的整个心理活动失去平衡，对心理健康产生极大危害，还会造成生理机能紊乱，导致各种躯体疾病。许多心因性疾病就与人的情绪失调有关，例如溃疡、偏头痛、高血压、哮喘、月经失调等。有的人患癌症与长期心情压抑有关。

众多研究表明，情绪良好的人不太可能患上抑郁症、社交恐惧症或焦虑症。他们往往是乐观的，更有活力、更热情，心理健康水平更高，更可能参与多样的社会性活动、娱乐活动和体育活动，不太可能出现各种不健康的行为，如吸烟、不健康的饮食、滥用药物或酒精成瘾。情绪良好的人也会有更稳定的人际关系、更低的自杀率以及对应激有更有效的应对。积极乐观的情绪状态是大学生保持身心健康、促进自身学习生活良好发展的客观保障，因此，在社会生活中，每个人都要学会做自己情绪的主人。

第二节 大学生积极情绪的培养

就大学生整体水平而言，在情绪特点上，他们表现为乐观活泼，热情开放，精力旺盛，积极向上。同时，由于大学生独特的社会地位、知识水平、心理成熟度和生理发育状况，他们又会表现出复杂的情绪情感反应和强烈的情绪情感体验。

一、大学生情绪的特点

（一）稳定性与波动性并存

随着年龄的增长，大学生的情绪日益趋于稳定，能够长时间维持对事物和行为的情绪反应，同时在情感依赖和联结方面展现出特定的倾向性和专一性。然而，与成年人相比，大学生的情绪情感仍然不够成熟，具有较大且频繁的变化，考试成绩的优劣、人际关系的亲疏、恋爱关系的成败等因素，都可能使大学生感到困惑和迷茫，进而引发情绪的困扰与波动，甚至出现极端化的倾向。

（二）外显性与内隐性并存

大学生的情绪仿佛是一幅丰富多彩的画卷，无论是喜怒哀乐、爱恨情仇，都能具体而生动地展现在他们的面部表情、语言表达和行为举止之中。但随着年龄的增长，思维独立性和自尊心的发展，大学生会根据不同的因素表现出不同的情感，有时会把自己真实的情感世界伪装起来，用一种与内心世界不一致的方式来表达，表现出内隐、文饰的特点。例如，明明讨厌某人却装作若无其事，甚至很亲热的样子，男女同学间明明有好感却表现出无所谓、冷淡或回避。

（三）冲动性与理智性并存

因知识水平和认知能力的提升，大学生对自身情绪的控制能力有所增强，能够理智地看待自己的情绪情感反应，但因为对外界环境较为敏锐，加之年轻气盛，易受群体影响，情绪很容易被激发，呈现急风暴雨般的冲动特点。大学生通常会对符合自身信念、观点和理想的事物产生强烈的正面情感，甚至表现出盲目狂热的行为倾向，一旦遇到与自身观念不符的情况，则会迅速产生否定和抵触情绪。有时在面对强烈的外部刺激时，可能无法有效控制自己的情绪，从而表现出失去理智的行为。例如，集体斗殴、离家出走、因情感受挫轻生等，都与大学生情绪的冲动性密切相关。

（四）阶段性和层次性并存

不同年级的大学生具有不同的情绪特点。刚入学的一年级新生，普遍面临环境适应、学习方法调整、新人际关系建立以及新目标设定等多重挑战，他们的情绪中既有自豪感与自卑感的交织，也有放松感与压力感的并存，新鲜感和念旧感不断交替，情绪易产生波动。随着年级的升高，情绪自控能力逐渐增强，对大学生活的适应能力也得到提升，情绪状态相对稳定。到了毕业阶段，由于面临毕业论文撰写、就业选择等重大事宜，承受的压力较大，消极情绪也较多。然而，即使是同一年级，由于社会背景、家庭环境以及个人要求、期望的不同，加之能力、心理素质的差异，每个人的情绪状态也会不同。例如，出身贫困家庭的学生往往承受着较大的心理压力，可能因学费、生活困难及家庭债务等问题而感到焦虑、忧郁；而出身富裕家庭的学生，虽然拥有优越的物质条件，但也可能因为与大学艰苦的学习和生活环境形成对比，产生厌学、缺乏生活目标等情绪困扰。

（五）矛盾性与复杂性并存

大学时期，正是处于多梦的年龄阶段，随着大学生活中各种社会需求的不断出现，大学生的情绪体验更加丰富，人类具有的各种情绪，几乎都可以在大学生身上体现出来。然而随着情绪情感活动、体验的增多，大学生又会表现出一些内在矛盾。他们既渴望独立，又存在着对他人依赖的需求；既对自己有所不满，又往往不愿承担相应责任；既渴望他人的理解与接纳，又不时地抗拒他人的关怀与干涉。

二、大学生积极情绪的培养

（一）积极情绪的含义

积极情绪是个体因为需要的满足而产生的伴有愉悦感受的情绪，它是心理健康的重要组成部分，对身体健康具有促进作用。心理学教授芭芭拉·弗雷德里克森（Barbara Fredrickson）在专著《积极情绪的力量》中，详细列举了积极情绪的十种形式。

喜悦：因意愿的满足或意外的收获而产生积极体验。

感激：因他人的好意或帮助而对他人产生的回报意愿。

宁静：在无压迫感的情况下专注而平和的状态。

兴趣：力求认识某种事物或从事某项活动的心理倾向。

希望：一种积极的动力和期待。

自豪：为自己或与自己有关的集体、他人所取得的成就、荣誉而感到光荣、骄傲。

逗趣：好笑的、滑稽的感受。

激励：因为看到别人的良好行为而激发你设立新的目标，让你产生做到最好的冲动。

敬佩：敬重、佩服。

爱：爱不是一种独立的情绪，而是上述所有情绪的组合，如果某一对象引发了你更多上述情绪，你就会趋向于它。

（二）积极情绪的功能

弗雷德里克森提出了积极情绪的拓展与建构理论。她认为，积极情绪可以拓展与建构人们的内在资源，内在资源又可以促使人们产生更多的积极情绪。

1. 积极情绪的资源拓展功能

（1）积极情绪使我们能够考虑在其他情况下看不见的可能性，拓宽视野，找到更多实现目标的途径。

（2）积极情绪能增强创造力。

（3）积极情绪可以增加开放性，增强对他人的信任。

（4）积极情绪有助于拓展人们对自己的看法，提高面孔识别能力，在自我和他人之间看到更多的联系，更愿意帮助他人，并且有助于消除人际偏见，促进人际关系的发展。

（5）积极情绪能够让我们感到与大自然的同一性，与自然更和谐。

2. 积极情绪的资源建构功能

（1）积极情绪能促使细胞的生长，建构健康的身体。

（2）积极情绪能够建构品格优势。

（3）积极情绪能够建构良好的心智习惯。

（4）积极情绪能够帮助人们拓展人际资源。

（5）积极情绪能够增强心理韧性。

（三）积极情绪的培养

1. 找寻生命的意义

我们要在日常生活中更加频繁地寻找积极的意义，将不幸以积极的方式进行重新定义。研究表明，那些能够以积极态度看待不幸的人，往往能更快地从哀伤中恢复过来。例如，当遭遇亲友亡故时，通过回顾亡故亲友的美好品质、珍惜健在亲友的关照等方式培养自己的积极情绪。我们也要珍视并享受当下的每一刻，用心体验生活的美好和丰富。

2. 描绘美好的未来

我们可以将美好的未来形象化，为自己设定清晰的目标，并想象实现目标后的喜悦和成就感，从而激发自己前进的动力。要对未来充满信心，积极寻求进步、迎接挑战，相信每一天都是新的开始。

3. 发挥自己的优势

我们要对自己的优势和短板有清晰的认识，正确评价自己，给自己适当的定位。面对现实，我们要扬己长、避己短，及时肯定自己的价值和能力，能够根据自身情况合理安排工作。当我们能够充分发挥自身的优势时，会感到更加自信、满足和幸福，有助于在工作和生活中取得成功。

4. 珍惜相处的时光

良好的人际关系是幸福的重要组成部分，与亲朋好友共度时光，分享彼此的喜怒哀乐，可以让我们获得更多的积极情绪。无论是性格外向还是内向的人，都应该努力与他人建立联系。研究表明，与他人相处时，即使只是假装外向，也会表现得更加大胆、健谈、自信，更加积极主动和充满活力。

5. 享受自然的馈赠

自然环境对我们的情绪具有重要影响。在明媚的天气里外出散步、欣赏风景或进行户外活动，都有助于提高我们的积极情绪。此外，接触大自然还能让我们感受到宁静与和谐，有助于缓解压力和焦虑，让身心得到充分的放松和滋养。

综上所述，通过培养积极情绪、发挥优势、与他人建立联系以及享受自然环境等方式，我们可以更好地追求幸福。同时，我们还需要认识到，幸福并非一蹴而就的过程，而是需要我们不断努力、探索和实践的过程。作为新时代的大学生，我们要树立远大的理想，培养不怕挫折、不怕困难、勇于担当、艰苦奋斗的精神，时刻保持慎终如始、戒骄戒躁的清醒头脑，积极寻求自己的目标，明确自己未来的方向，调适自己的情绪，保持积极向上的态度，迎接未来的挑战。

第三节　大学生情绪管理

一、大学生常见的不良情绪

（一）焦虑

焦虑情绪在大学生群体中尤为突出。学习方面，考试焦虑总潜伏在大学生身边，它源于大家对好成绩的无限向往，每当面临考试，便使人忐忑不安、紧张至极。不过，有时轻度的考试焦虑能够激励我们发挥出超常水平，应对各种挑战；而严重的考试焦虑会让我们在考试时心神不宁，导致考试成绩一塌糊涂，甚至让人厌学。除学习焦虑外，自我形象焦虑亦困扰着大学生。有的大学生对自己的外貌不满，认为自己未能达到社会所公认的“美女”或“帅哥”的标准。这种焦虑如果严重了，甚至可能导致青春期厌食症等严重疾病。

（二）抑郁

抑郁，是一种持久且难以自拔的心理状态，如同置身于沉重的大山之下。那些深受其困扰的人，犹如内心蒙上一层阴影，乌云遮住了阳光，生活变得黯淡无光，曾经热衷的事物也变得了无生趣，甚至对社交活动产生抵触，与人交往变得异常艰难。更为严重的是，在抑郁情绪剧烈波动时，部分人甚至会产生自杀倾向。因此，我们应高度重视身边的亲朋好友，一旦发现他们出现此类迹象，务必及时伸出援手。

（三）恐惧

恐惧，往往在面临危险或者紧张的时刻表现出来。对大学生而言，社交恐惧时常出现。有些同学在与人交谈时，紧张得如同小学生，甚至不敢抬起头，生怕他人洞察到自己内心的秘密，一旦察觉到有人注视自己，便立刻变得极不自在，总是选择默默地坐在教室后排，尽量远离那些繁华的社交场合。这些学生通常较为自卑，极度担忧他人对自己的负面评价。一旦紧张，便会面红耳赤、手脚颤抖，甚至出现恶心呕吐、尿频尿急等尴尬症状。因此，我们要勇于面对恐惧，努力克服。

（四）愤怒

愤怒，如脱缰之马，在事情没有按照我们的剧本上演或者梦想的小船说翻就翻时，猛然间在内心奔腾起来。这种情绪会让我们心跳加速、血压升高，更糟糕的是，愤怒还会偷走我们的理智，让我们的思维变得一团糟，行为也变得冲动无比，一不小心就可能闯下大祸。对大学生来说，情绪就像是个火药桶，一点点火星都可能引发大爆炸。有的同学就因为一句话不合，或者一件小事不如意，立马变得像只愤怒的狮子，咆哮着、挥舞着拳头。这样的火爆脾气，往往只会带来一连串的麻烦和恶果。

（五）嫉妒

嫉妒，是一种由他人优于自己引发的负面情绪体验，被视为美德的敌人。在大学生群体中，这种情绪普遍存在，表现为对他人学识、品行、荣誉甚至穿着的嫉妒，以及在他人不幸时产生的幸灾乐祸。嫉妒会扭曲心灵，妨碍真诚交往，降低学习效率，破坏人际关系的和谐，导致个体内心痛苦。要克服嫉妒，需拓宽视野和心胸，转移注意力，积极参与各种活动，学会欣赏他人的长处，建立正确的自我意识。在嫉妒的苗头刚出现时，应自我约束，不断消除嫉妒心理。

（六）冷漠

冷漠，总是悄悄潜伏在人们的心里，让人对他人和事物都变得冷淡漠然，缺乏积极的认识动机，意志衰退，情绪低落，对他人总是怀着戒备甚至敌对情绪，对别人的遭遇也是冷眼旁观、毫无同情心。个别大学生，面对学习、实习、各类活动，都像是被冷漠附身了一样，态度消极敷衍，心里总是想着逃避和抵制。冷漠是需要大学生克服的情绪困扰。

思政课堂

《静静地遍洒雨露》节选

有篇纪念周恩来同志的文章这样感慨："社会上有两种人：有的人总是觉得别人欠他什么，争斗，忌妒，抱怨，反社会，永不满意；有的人总是急人之急，想着为别人做点什么，静静地遍洒雨露。"周恩来无疑是第二种人的典型。

1931年，国民党"中统"二号人物张冲搜捕周恩来扑空后，竟在上海多家报纸刊发所谓周恩来等人"脱党启事"，企图以此涣散共产党党内团结。对这名曾悬赏8万大洋抓自己的敌人，周恩来却以国共合作大局为重，在西安事变谈判中以诚待之，在其赴苏联期间也尽行帮助。张冲被周恩来的人格魅力所折服，坚决赞成国共合作、共御外侮，两人成为肝胆相照的好友。

胸怀宽广、化敌为友、聚友成军，与人为善、以情感人、以心换心，团结一切可以团结的力量，是老一辈无产阶级革命家留给我们的精神财富与工作方法。直性子的许世友冒犯了毛泽东，毛泽东却推心置腹地对他讲，"单用鼻子闻，认不出好菜；光发暴脾气，找不到好朋友"。许世友被这份至诚深深打动，胸中的苦闷一扫而光，"从这一天开始，毛主席给了我新的政治生命"。心浮气躁无法领导众人，心存谦和人自相敬，厚德容人自有威望。

资料来源：《人民日报》，2018年4月2日第4版。

二、大学生情绪管理的方法

案例分析

小D进入大学后，逐渐发现自己难以适应大学的学习与生活节奏。由于自己性格内向，时常感到自卑，与同学和室友的交往也不多，长此以往，小D的情绪状态日益低落，常常陷入沉闷与忧郁之中。

后来，小D听说吃甜食能够改善心情，于是她开始每天吃一块蛋糕、喝一杯奶茶，完全拒绝不了甜食的诱惑。经过一段时间的尝试，小D发现自己花费了不少生活费，心情不仅没有改善，反而体重不断增加，这让本就不自信的她更加沮丧。大家想一想有什么办法可以帮助小D改变现在的情况。以往你有哪些成功改善情绪的经验或方法？当情绪失控时，应该如何寻求帮助？

大学校园是一个充满活力和朝气的地方，在这个微缩版的社会环境中，同学们不仅能够获取知识，更能在丰富多彩的生活中磨砺品格、增长见识。大学生们在这里体验着人生的喜怒哀乐，感受着青春的酸甜苦辣。在这个微型社会中，情绪管理成为一门重要的学问。大学生正处于青春期后期，情绪波动较大，情感体验复杂而丰富，面临着来自学业、人际关系、未来规划等多方面的压力，这些压力往往会引发各种情绪反应。因此，关注自己的情绪，并科学地管理情绪，成为大学生必须掌握的一种能力。

（一）合理宣泄情绪

如果我们深陷不良情绪又将它压抑在心底，很容易诱发身体和心理上的疾病，这时候就需要采用合理的方式来宣泄我们内心的苦闷与烦躁。

1. 哭泣宣泄

哭泣是人的一种本能，通过哭泣可宣泄掉一部分郁积的心理能量，缓解心理压力，放松身心。当内心憋得难受，又无法向他人倾诉时，不妨大哭一场，使情绪平静。不过哭泣也要注意场合，最好是在一个放松的环境中独自一人，或者是面对一个值得信赖的人大哭一场。

2. 运动宣泄

投身一段高强度的劳作或进行一场激烈的体育运动，可有效促进情绪的释放与疏导，达到情绪调控的目的。运动过程中，大脑会分泌出多巴胺，它能够有效传递兴奋与快乐的信息，促使我们重新找回良好的心理状态。这种科学的方式不仅有助于调节情绪，更能提升我们的身心健康水平。

3. 倾诉宣泄

在遭遇内心的委屈与苦恼时，师长、同学、亲人都是倾诉的对象，他们的理解与关怀能为我们带来精神上的支持。通过倾诉，我们可以真实地表达内心的感受，有助于我们厘清具体事件的来龙去脉，以更理性的态度看待问题。部分同学可能觉得自己不善言谈，或者担心将内心的烦恼与隐私全盘托出会缺乏安全感。这时，我们可以选择将情感诉诸文字，如写日记、写信等。随着内心的苦衷从笔尖流淌而出，我们的心情往往会得到平复。一段时间后，我们还可以回顾自己写下的文字，进行必要的删减或保留。此外，网络的发展也为我们提供了更多宣泄情感的途径。我们可以通过网络与网友交流思想，排遣心中的烦恼。在自己喜欢的网络空间中发帖、分享喜爱的歌曲，并关注他人对自己的倾诉如何回帖，同样是有效的情绪宣泄方式。

（二）身心放松训练

放松训练是一种通过练习学会在心理和躯体上放松的方法，可以帮助人们减轻和消除各种不良身心反应，如焦虑、恐惧、紧张、失眠等症状。

1. 腹式深呼吸

我国古代医学家早就认识到腹式呼吸的良好功效，创造了“气沉丹田”“吐纳”“龟息”等健身方法。唐代名医孙思邈对腹式呼吸十分推崇。

具体做法：在安逸静谧的环境中，穿着舒适宽松的衣物，吸气时腹部慢慢鼓起，嘴巴闭紧，用鼻子深长而缓慢地吸气，肺部不动。呼气时，最大限度地向内收缩腹部，胸部保持不动，气流从嘴里长长地呼出来。注意，此时是用嘴呼气，控制好呼吸的时间，重复多次。腹式呼吸其实就是找回本源，回到最初的婴儿姿态的过程。在练习腹式呼吸的时候，两手自然下垂放在腿的两侧，以站立或坐下练习比较好，切忌肩膀上抬，面部肌肉紧张。

2. 想象放松法

想象放松法是一种有效的身心调节技巧，它通过引导个体想象安宁、舒缓、愉悦的场景，达到放松身心的目的。在运用此法时，我们应充分调动各种感官，细致观察、聆听、嗅闻、触摸，仿佛身临其境。

例如，可以设想自己在校园的林荫道上悠闲漫步。晚餐后，夕阳西下，金黄色的阳光透过树叶的缝隙，洒满林荫小径。独自一人沉浸在这宁静的环境中，一天的劳累与收获交织成一种惬意的心情。步履轻盈，心无挂碍，气温适宜，空气中似乎弥漫着阳光的气息。此时，全身舒展，深呼吸，感受那份轻松与舒坦。我们还可以想象自己通过一次考试成功的场景，感受老师、同学们钦佩的目光和祝贺的话语，进而提升自信心和愉悦感。多读一些优美的古典文学名著和古诗词，想象其中的意境，也是一种有效的放松方式。

（三）主动控制情绪

除了宣泄和放松，学会主动地去控制情绪，对我们来说是最有效的方式。

1. 积极的自我暗示

通过积极的自我心理暗示和深入的自我对话，我们能够有效地掌控自身情绪，实现情绪的稳定与平衡。心理暗示对人的影响深远且广泛，它不仅关系到人的认知与判断，更直接作用于人的心理状态，塑造着我们的精神风貌。自我暗示可分为积极与消极两类，二者对人的影响截然不同。积极的自我暗示能够激发自信与乐观，使人在面对挑战时充满勇气和力量；而消极的自我暗示则会导致消沉与悲观，使人陷入无尽的自我怀疑与否定。

因此，我们应当积极运用正面的心理暗示，不断提升自身的心理素质。在工作、学习及人际交往中，我们应坚定信念，深信自己定能胜任并出色完成任务。这种积极的心理暗示能够调动我们内心持续不断的驱动力，激励我们不断前行、追求卓越。尤其对存在自卑情绪的学生而言，更应注重自我暗示的积极作用。可以时常在心中默念“我能行”“我会发挥得很好”“我一定能成功”等积极话语，或在纸上书写自我激励的座右铭，甚至可以在空旷之地大声呼喊这些积极的话语。这些方法对克服自卑、消除怯懦情绪具有积极的促进作用，有助于我们逐步走出心理阴影，迎接更加光明的未来。

2. 主动的心理换位

在现代社会中，人际关系复杂多变，沟通不畅和相互误解往往成为导致不良情绪滋生的主要原因。这些不良情绪不仅影响个人的心理健康，还可能对人际交往产生负面影响。因此，我们需要学会心理换位，站在对方的角度上思考问题，以缓解或消除这些不良情绪。

心理换位，顾名思义，就是要求我们在面对人际关系中的问题时，能够主动站在对方的角度去思考问题，设身处地地考虑对方的处境和感受。这种思维方式有助于我们更加深入地理解对方的行为和语言的意图，从而消除误解和偏见。

在实际生活中，心理换位的应用范围非常广泛。例如，在学校中，我们可能会遇到与同学意见不合的情况。此时，如果我们能够站在对方的角度思考问题，理解对方的立场和想法，那么我们可能会发现，其实对方的观点并非毫无道理，甚至可能有助于我们更好地完成工作。这样，我们就能放下心中的怨气，以更加平和的心态面对工作中的挑战。此外，在家庭中，心理换位同样重要。家庭成员之间的沟通和理解是维系家庭和睦的关键。当我们与家人发生争执时，如果能够尝试站在对方的角度思考问题，理解对方的感受和需求，我们就可能找到解决问题的办法，从而避免矛盾升级。

值得注意的是，心理换位并非一蹴而就的过程，它需要我们在日常生活中不断练习和积累。我们可以通过观察他人的行为和语言，尝试理解他们的想法和感受；也可以通过与他人的交流和沟通，不断提高自己的换位思考能力。心理换位作为一种有效的人际交往策略，能够帮助我们缓解或消除不良情绪，提高人际交往的质量。在日常生活中，我们应该学会运用心理换位的方法，以更加包容和理解的态度面对他人，共同创造一个和谐美好的人际关系环境。

知识链接

情绪ABC理论

情绪ABC理论是由美国心理学家阿尔伯特·埃利斯最早提出的。A指的是事情的起因（Activating events），B为当事人所持的信念（Belief）及自身对环境的评价，而C则指代个体在遭遇A事件后所展现出的情绪反应与后续影响（Consequence）。

该理论指出，A虽为引发C的诱因之一，但真正起决定作用的是B，即个体所秉持的信念。换言之，面对同一事件，持有不同信念的个体将产生截然不同的情绪反应与后果。以考试为例，两位同学同时惨遭失利，一位同学能泰然处之，另一位则可能陷入自责与痛苦之中。

埃利斯进一步指出，个体所持有的不合理信念（B）往往是导致情绪困扰（C）的根源。这些不合理信念通常具备三个显著特征：一是绝对化要求，即个体往往以自我意愿为出发点，对事物发展抱持过于绝对化的期待；二是过分概括化评价，即个体易将某次偶然的失败归咎于自身能力的不足，从而陷入自卑情绪；三是糟糕至极的结果预期，即个体对某些事件的结果持有过于悲观的预测，导致情绪上的过度反应。

在日常生活中，当我们处于情绪低落的困境时，不妨深入反思："我为什么感到不悦？是否是我的信念（B）出现了问题？"通过深入思考与调整信念，我们或许能够转变消极情绪，进而有效应对生活中的种种挑战。

拓展资源

心理书籍推荐：《伯恩斯新情绪疗法：临床验证完全有效的非药物治疗抑郁症疗法》

作者：[美]戴维·伯恩斯（David D. Burns）著，李亚萍译

出版社：中国城市出版社

出版时间：2011年

推荐理由：本书用简洁的语言向我们讲述了改变痛苦的沮丧情绪、改变虚弱焦虑的卓有成效的新方法，让人们迅速提振情绪，建立积极的生活态度。对那些想自己解决问题的人来说，本书是一本非常有益的进阶指南。

内容简介：本书是一套治疗体系，更是一整套的工具，向读者展示了快速、有效地克服日常不良情绪的治疗技术。在本书中，作者深挖抑郁背后的情绪根源，介绍了许多帮助人们迅速提振情绪、建立积极生活态度的方法；引导人们了解情绪波动的根源，避免消极情绪，防患于未然；同时，使人们学会克服内疚感，积极应对敌意和批评，摆脱对爱和赞同的依赖，战胜"无为主义"，预防令人痛苦的抑郁症复发，不断建立自尊，安全度过生命中的低谷。

心理影片推荐：《愤怒管理》

导演：[美]彼得·西格尔(Peter Segal)

上映时间：2003年

心理学看点：情绪智力的重要性，以及学习如何用更健康的方式管理和表达自己的愤怒情绪。

推荐理由：影片以幽默搞笑的方式揭示了情绪管理对个人生活的重要性，观众可以在欢笑中看到主人公如何从失败中崛起，如何在解决问题的过程中逐渐成长。影片巧妙地穿插了一些笑点和诙谐对白，让观众在笑声中反思自身情绪的表达和控制方式，向观众展示了如何以更健康的方式管理和表达自己的愤怒情绪，帮助观众更好地理解和面对生活中的情绪问题。

本章小结

1. 情绪是以个体的愿望和需要为中介的一种心理活动，包括快乐、恐惧、悲哀、愤怒四种基本情绪和心境、激情与应激三种状态。

2. 情绪对人的身心健康具有直接的影响作用。积极的情绪能促进身心健康，过度的情绪反应和持久性的消极情绪会对心理健康产生危害。

3. 通过找寻生命的意义、描绘美好的未来、发挥自我优势、与他人建立联系以及享受自然环境等方式，培养积极情绪。

4. 大学生情绪管理的方法，包括合理的宣泄，身心放松训练、积极的自我暗示、主动的心理换位。

课后思考题

1. 什么是情绪？大学生的情绪特点有哪些？

2. 你最近是否遇到不愉快的事情？你该如何进行控制和调节呢？

3. 情绪自我调节的心理学方法有哪些？

4. 通过本章学习，你的心理收获有哪些？

第八章

青春织网　时光谊语

——大学生人际交往

青年是国家的未来，也是世界的未来。在心与心的交流对话中汇聚青春共识。用笑容播撒温暖、用拥抱传递友谊、用心灵汇聚力量，共同搭建起“一起向未来”的桥梁。

——《新时代的中国青年》白皮书

爱人者，人恒爱之；敬人者，人恒敬之。

——孟子

学习目标

了解人际交往的定义，理解人际交往的阶段性及影响因素。掌握人际交往的基本原则，将人际交往的技巧运用到现实生活中。具备诚信、友善、公正的价值观念，努力构建和谐的人际关系，践行社会主义核心价值观。

课程导入

刘某，男，20岁，大三学生。该生自述从小性格内向，不善言辞。刘某的弟弟非常健谈，也很外向，他很羡慕弟弟。刘某平时不怎么说话，怕说错话得罪人，甚至有时候别人问他话他也经常不回答。大学期间，他朋友特别少，只跟同宿舍的两个同学接触较多。都大三了，班上还有几个同学不认识，与女生更是没有接触。内心感到非常孤独、苦闷，觉得自己就像行尸走肉，不知道自己活着有什么意义。

案例中的刘某，性格内向、缺乏自信，担心被别人否定，这是导致沟通不畅的主要原因。人际关系不融洽给刘某带来了一定的心理压力和困扰，影响了他的学习和生活。通过这个案例，我们可以认识到人际关系的重要性以及有效沟通的价值。大学生应掌握一定的人际沟通技巧，并培养自己的人际交往能力，建立和谐的人际关系。

第一节　人际交往概述

在大学生活中，人际关系是不可或缺的部分。大学生要建立良好的人际关系，具备团结合作精神，理解并尊重多元文化，并在实践中不断锻炼和提升自己的人际交往能力。

一、什么是人际交往

人际交往指人与人之间通过一定的方式进行接触，从而在心理上和行为上相互影响的过程。人际交往具有两个最主要的特征，即信息的交流和交往双方的相互作用。

人际交往必须有人们之间的信息交流，交流的信息非常广泛，如知识、经验的交流，需要、欲望、态度、情绪等的交流。没有信息的交流，交往就失去了存在的条件。

交往双方都是活动的主体。从信息论的观点看，在交往中发出信息者是主体，他所发出的信息内容，可以影响或改变信息接收者；信息接收者也是积极的主体，因为他不是被动地接受信息，他会注入新的信息，又反过来影响信息的发送者。交往双方的相互作用实现着对观念、思想、兴趣、心境、情感、性格特征等的相互交流和相互影响。

人际交往是个体社会化的一部分，交往的特点是人与人的相互影响。人在交往中总是拿自己的所作所为和周围人的期待进行比较，从他们的意见、情感 、要求中知道哪些该做、哪些不该做，把他人的行为方式、态度、价值观念等吸收过来，形成自己的个性。人总是在交往中不断调整自己的行为定向，使自己和他人更加相似一些，没有人际交往，人只能永远是一个生物的人而不能成为社会的人。

二、人际交往的发展阶段

人际交往的发展阶段包括定向阶段、情感探索阶段、情感交流阶段、稳定交往阶段。

（一）定向阶段

定向阶段是人际交往的起点，在人际交往中，人们对交往的对象具有很高的选择性。进入一个交往场合时，人们往往会选择性地注意某些人，而对另外一些人视而不见，或者只是礼貌性地打个招呼。对于注意到的对象，人们会进行初步的沟通，谈谈无关紧要的话题，这些是定向阶段的任务。在这个阶段，人们只有很表层的自我表露，比如谈谈自己的职业、工作、对最近发生的新闻事件的看法等。

（二）情感探索阶段

如果在定向阶段双方产生了继续交往的兴趣，就可能有进一步的自我表露，例如工作中的体验、感受、兴趣、爱好等，并开始探索在哪些方面双方可以进行更深的交往。在情感探索阶段，双方开始尝试建立更深层的联系，以便更全面了解对方，这个阶段的重点是建立信任，找到共同的兴趣点。

（三）情感交流阶段

如果在情感探索阶段双方谈得来，建立了基本的信任感，就可能发展到情感交流的阶段，彼此有比较深的情感卷入，谈论一些相对私人的问题，例如相互诉说工作、生活中的烦恼，讨论家庭中的情况等。这种情感的交流有助于增强双方的亲密感和归属感。

（四）稳定交往阶段

情感交流如果能够在一段时间内顺利进行，人们就有可能进入更加密切的阶段，双方成为亲密朋友，可以分享各自的生活空间、情感、财物等，自我表露更深更广，相互关心也更多。稳定交往阶段是人际交往中的一个重要里程碑，在这个阶段，双方已经建立起相对稳固的关系，彼此之间的交往也变得更为自然和频繁。

三、人际交往的意义

（一）人际交往是大学生自身成长的需要

人类的交往是人的一种本能行为，任何人都需要与他人进行交往以获得心理上的满足。大学生正处于个性成熟期，正常的人际交往对了解和丰富自我、促进身心健康是很重要的。美国人本主义心理学家马斯洛提出的需要层次理论把人类需要由低级到高级按序排列为：生理需要、安全需要、交往需要、尊重需要、自我实现需要。其中交往需要、尊重需要、自我实现需要是人类所独有的。交往需要是一个人愿意与他人接近、合作、互惠并发展友谊的需要，它是精神需要的重要内容。在大学生个人成长过程中，交往需要是很迫切的，也是个体心理正常发展的必要条件。青年期的大学生希望被人接受和理解的心情尤为迫切。德国心理学家斯普兰格尔（Eduard Spranger）说："在人的一生中，再也没有像青年时期有那样强烈地渴望被理解的愿望；没有任何人像青年那样处在孤独之中，渴望着被人接受和理解。"

人际交往是心理健康发展的必要前提，良好的人际交往是大学生肯定自我价值、促进身心健康的一种需要。善交往者，往往能在人际交往中获得很多。人只有不断扩大自己的社会生活范围，接触更多人和事物，才能正确地认识自己、接受自己。只有在交往中，我们才能更好地认识自己和他人，通过他人的反应、态度和评价，发现自己的长处与不足，找出自己与他人的差距，才能合理定位自己，扬长避短、取长补短，从而发展自己，完善自己。同时，人只有置身于活动中，在与人交往中，才会动脑思考，才能不断解决问题，从而锻炼和提高记忆力、思维力，甚至有所创造。在交往中，还会学会更好地与人相处，建立良好的人际关系。有的大学生在人际交往中往往不敢交往、不愿交往、不善交往，严重影响心理健康，影响自身综合素质的提高。长期缺乏交往，过于自我封闭，都会产生心理问题，严重的会导致个性变态，不利于个体自身发展。

（二）人际交往是大学生社会化过程中的重要组成部分

人是社会的人，相互交往是必然的。人际交往是大学生社会化过程中的重要组成部分。人要想在社会中生活，就必须学会适应环境，学习社会长期积累起来的知识、技能和行为规范，掌握处理人与人之间关系的本领，获得和发展自己的社会性。随着个体年龄的增长，这个社会化由外在教化转为个体内化，而内化的几种形式，比如模仿学习、主观认同、认识加工、角色扮演等，离不开实际活动，也离不开人与人的交往。

有些大学生在人际交往中存在缺陷与偏差，不能正常交往，这样是不能很好地实现个体社会化的。毕业后，有的人在工作中茫然不知所从，不会与人交往，有的感到社会很陌生、难以适应，结果造成心理上一些障碍。大学生要从生活中学到好多书上学不到的东西，与更多的人正常交往，很好地适应社会、改造社会、健全自身。美国社会心理学家巴克（J. Buck）说："人离不开人，他要学习他们、伤害他们、帮助他们、支配他们，总之，人需要与其他人在一起。"人际交往在历史发展中起着十分重要的作用，在个体社会化中占重要地位。现代社会对人才交往能力的要求愈来愈高，人际交往能力已成为现代人才的重要素质之一。大学生只有参加到活动中，正常交往，才能获得和发展自己的社会化。

第二节　大学生人际交往

一、大学生人际交往的基本特点

（一）交往动机的迫切性

处于青年期的大学生，随着生理、心理的逐渐成熟，交友需要日益迫切，对社会的参与意识更强。多数大学生希望自己有良好的人际关系和人际环境，入学后环境的改变，使得他们有迫切适应新环境、结识新朋友的需要，他们不愿意把自己封闭在一个狭小的个人小圈子里，而是迫切希望能够建立良好的人际关系。

（二）交往内容的多样性

交往内容指的是大学生的交往对象、渠道和手段等。现代大学生思想活跃，情感丰富，精力旺盛，兴趣广泛。他们常常跨班级、跨年级、跨专业、跨性别进行多方面的交往。与此同时，大学生还借助实习、实训及社会实践的机会逐步将交往范围进一步扩大。他们在建立和发展自己的人际关系时，除了直接面对面的交流外，电话、网络等方式已逐渐成为交往的主要形式。

（三）交往意识的自主性

自主性使大学生的交往具有较强的个人意识。大学生正处于人生发展的特定阶段，伴随着自我意识的分化与形成，大学生思维的独立性与批判性日益增强。他们开始用自己的眼光来观察、分析与认识世界，并渴望摆脱家庭、师长及一切权威的说教式束缚。这种鲜明的倾向形成了当代大学生人际交往的自主性特征。

（四）交往心理的复杂性

大学生处在个性发展期，心理各方面的发展尚不稳定，自我意识的增长与认知能力的发展仍不协调，有幼稚和浪漫的心理，也有孤独和自闭的心理。人际交往中有时情绪不稳定，易产生很多复杂心理，呈现出较大的波动性。

二、大学生人际交往的影响因素

（一）认知偏差

当代大学生的人际交往越来越复杂，人际交往的冲突往往不是由事件本身引起的，而是由大学生对人际关系及人际交往过程产生的认知偏差造成的。认知偏差主要包括三个方面。

1. 对自我的认知偏差

完整的自我认知包括对自己的身体状态、心理状况及社会关系三个方面特性的认知。全面而正确的自我认知能协调个体的人际关系，片面的自我认知则在一定程度上阻碍着人际交往。在人际交往中，大学生容易出现自我拔高和自我贬低两种认知偏差。具有自我拔高倾向的大学生喜欢高估自身的价值，孤傲清高、目空一切，随意贬低和轻视他人。具有自我贬低倾向者则往往看不到自己的价值，总认为自己处处不如人、事事不如意，妄自菲薄，行为畏缩，言辞甚少，甚至羞于与人交往。

2. 对他人的认知偏差

由于大学生的自我意识和思维发展尚未完全成熟，加之社会学、心理学方面知识的欠缺，许多大学生还不能够全面认识他人，客观评价他人的优缺点，常常出现对他人的认知偏差。比如，有些学生泛化交往对象的某种特点，失去了人际关系认知的相对性和全面性；有些学生甚至将别人对他的尊重和善意理解为藐视和漠不关心，将别人不愿谈论个人秘密的事情看作不真诚的表现等，从而失去了人际认知的参照性。

3. 对人际关系的认知偏差

进入大学之后，大学生的人际关系与中学时相比发生了很大的变化，很多学生感到不太适应，从而产生不正确的认知。如有的学生认为，大学的师生关系疏远，同学之间交往也很冷漠，在大学里根本找不到真正的朋友；还有的学生认为，人与人之间只有利益关系，不存在友谊和公平。这些都是不正确的认识，是对人际关系的认知偏差。

（二）人格特征的差异

所谓人格，又称为个性，是人在各种心理过程中经常地、稳定地表现出来的心理特点，包括气质、性格等。由于人们行为的个体差异很大、心理品质各异，因此人们对信息的反应是不同的。无论是气质还是性格，都直接影响其处事风格和交往行为。如不同气质类型的人在人际交往时对同一问题的处理方式是不同的，不同性格类型的人为人处世方面也大有差异。外向性格的人，活泼好动，乐观开朗，善于谈吐，但性情急躁，易引发冲突；而内向性格者，往往表现出对人冷漠，不善言谈。正是由于人格上的差异，大学生的人际交往中经常出现误解、矛盾和冲突，他们难以建立正常的人际关系，获得信息和情感的交流，进而造成恶性循环，使其缺乏交往的主动性，淡漠人际关系。

（三）家庭方面的原因

1. 家庭教育方式

家庭教育是一个连续的过程，大学阶段的家庭教育是以往各阶段家庭教育的延续，但是目前相当多的家长在子女考入大学后将更多的精力转移到提供经济支持上，而对子女的心理成长问题关注不够。另外，当今的大学生有很大一部分来自独生子女家庭，从小受到长辈的溺爱，由于被过度包办和代替，他们的生活知识和独立能力相对不足。特别是有的父母采取了不当的教养方式，只重视孩子的智力教育，而没有将培养心理素质渗透到其中，使他们除完成学习任务外，不参与其他事情，最终形成了以自我为中心的心理。这就导致有的大学生在人际交往中表现出自私自利、无责任感，形成了以自我为中心的交往倾向。

2. 家庭环境及经济状况

家庭是一个人最直接的生活环境，对一个人交往心理和行为有着较大的影响。不良的家庭环境会在学生心理成长最敏感、最关键的时期对他们造成负面影响，甚至在心里留下创伤，从而使他们产生封闭、防御的心理倾向。从小在暴力下长大的大学生，没有真正的成就体验，往往会自卑、内向、害怕犯错误，从而出现情绪化人际障碍；父母离异、家庭变故可能导致大学生出现“自闭”心理，不愿交往，不敢与人交往；从小缺少爱的学生，潜意识里会感到周围人都是敌对的，他们的自我防卫心理过重，自尊心过强，内心极度敏感，因此极容易为一些小事产生苦恼，甚至怨恨。另外，家庭经济条件也对大学生的为人处世、生活方式和价值观念产生一定的影响。贫困家庭的大学生，由于经济困难，与其他同学相比，他们在学习和生活方面受到很大限制，因而很容易在同伴面前感到自卑，这使他们成为大学生群体当中的默默无闻者，经常形单影只，甚至慢慢形成退避所有活动的不良行为模式。

三、大学生人际交往的基本原则

大学生人际交往的基本原则包括五个方面。

（一）平等原则

平等是人们进行交往的基本前提，也是大学生进行人际交往的重要原则。在人际交往过程中，如果没有平等待人的观念，就不可能建立真诚、密切的人际关系。由于自我意识的提高，大学生往往形成了强烈的自尊心，他们特别注重人格平等，任何以强欺弱、盛气凌人的做法，都将严重阻碍人际交往的进行。调查结果表明，那些优越感很强、喜欢显示个人特长或家庭背景的大学生，其人际关系较差，虽然能力很强，但由于不坚持交往平等原则，因此难以被他人接纳。

（二）尊重原则

自我尊重和尊重他人是尊重原则的两个方面。自我尊重就是在各种场合自重自爱，维护自己的人格；尊重他人就是尊重他人的人格、情感，承认他人的社会价值。由于主客观因素的影响，人与人在气质、性格、能力、知识等方面都存在差异，但每个人都有自己的尊重需要，都有自己的人格尊严，并期望在社会交往中获得他人的尊重。自我尊重和尊重他人能引发信任、坦诚等许多积极的情感，拉近彼此的人际距离，增强人际吸引力，这也会赢得他人的尊重。大学生渴望获得他人的认同和理解，在群体中提高自己的地位和威信，获得更多成员的信任和尊敬。但同时他们又具有很强的自我意识和自我独立感，容易过分强调他人对自己的尊重反而忽略自己对他人的尊重。生活的实践告诉我们，只有尊重他人的人，才能赢得他人的尊重。

（三）互利原则

从一定意义上说，人际交往的过程也是一个物质和精神的交换过程。既然是交换，那就意味着人际交往是一个互利互惠的过程。之所以讲互利互惠，是与人们的交往动机和交往目的分不开的。人们交往的动机在于使社会了解自己、承认自己，同时获得个体所需要的利益，交往所追求的目的就是维持一种“我为人人，人人为我”的互利关系。交往双方若在满足对方需要的同时，也得到了对方的报答，人际关系就能继续发展，若交往只想获得而不给予，人际关系就可能中断。互利互惠性越高，交往双方的关系就越稳定和密切；反之，交往双方就越疏远。所以，交往双方都必须遵守互利互惠的原则。这种互利互惠包括物质、精神、文化三个方面。对大学生来说，主要的是在精神、情感、文化方面的互相奉献。

（四）信用原则

信用，本是中华民族最古老的传统，它和忠诚一样受到人们的推崇。它要求人们在交往中要说真话，“言必信，行必果”。一个人能否守信用，可以通过相互交往得到检验。守信者，能交真朋友、好朋友；不守信者，只能交一时的朋友。交友取信的准则有四个方面：一是守信，有约必按时到，借物必按时还；二是信任他人，不乱猜疑；三是不轻易许诺，不大包大揽，实事求是；四是要有自信心，待人诚实，不搞虚假，不做表面文章，更不在背后搞小动作。

（五）相容原则

相容原则指在人际交往中，对非原则性的问题，对遇到的冲突、矛盾，要有耐心，持宽容忍让的态度，不要用“放大镜”来看待对方的不足，而应以豁达、宽容和开阔的胸怀来容纳别人的缺点。大学生个性鲜明，不可避免地会产生一些摩擦和矛盾，应坚持相容原则去化解各种矛盾或误解。当然，宽容并不是软弱、怯懦的表现，相反，它体现了人的涵养，是建立良好人际关系的润滑剂，能帮助我们赢得更多的朋友。宽容是一种美德，是一种心灵的升华和脱俗。宽容首先解放的是自己，真正获得主动的也是自己。

思政课堂

“密切合作，相得益彰”的有机化学创始人

弗里德里希·沃勒（Friedrich Wohler）是德国化学家，他与同行尤斯图斯·冯·利比希（Justus von Liebig）的合作与友谊，无疑是科学史上的一段引人入胜的趣话。这两位杰出的科学家性格迥异，却能够在科学研究的道路上携手并进，共同为化学领域的发展做出卓越的贡献。沃勒是一个温柔、平和、有耐心、有见识的科学家，他的性格如同他的研究一样，深入而细致。他注重细节，善于发现问题，对科学有着敏锐的洞察力。而利比希则是一个激烈、爽朗、勇敢、自信的人，他的性格犹如烈火，燃烧着对科学的热情和追求。这种性格上的差异，使得他们在合作中能够相互补充，共同克服各种困难。

他们的友谊始于对化学的共同追求和对真理的执着。在一次关于氰酸银与雷酸银的研究中，两人各持己见，互不相让。然而，正是这种争论，让他们更加深入地理解了化学的奥秘，也让他们更加珍视彼此的友谊。他们互相尊重，互相学习，一起在化学领域中开拓新的天地。他们的合作成果丰硕，共同发表了多篇重要的化学论文，为无机化学和有机化学的发展奠定了坚实的基础。他们的友谊也经受住了时间的考验，即使在沃勒遭遇家庭变故时，利比希也毫不犹豫地伸出援手，给予他精神上的支持和帮助。他们的合作与友谊，不仅为科学界树立了榜样，也向人们展示了什么是真正的友谊。他们用自己的行动告诉世人，无论性格如何迥异，只要有着共同的追求和目标，就能够携手并进，共同创造美好的未来。

沃勒与利比希的故事将永远铭刻在科学的殿堂中，成为后人学习和传承的宝贵财富。

第三节　大学生人际关系问题及调适

一、大学生人际交往困扰与调适

（一）大学生人际交往困扰

一般来说，大学生在人际交往过程中出现一些困难或不适应是难免的，但如果个体的人际关系严重失调，人际交往时常受阻，就说明存在着交往困扰。大学生常见的交往困扰主要表现在以下两个方面。

1. 认知困扰

认知困扰在大学生的人际交往中表现突出而常见，这是由青年期的交往特点决定的。一方面，青年期自我意识迅速提高，开始了主动交往，但其社会阅历有限，由于客观环境的限制使其不能全面接触社会、了解人的整体面貌，心理上也不成熟，因而人际交往中比较理想化。一旦现实与理想不符，交往就可能产生障碍，心理上容易出现创伤。另一方面，有些大学生常常忽视平等、互助这样的基本交往原则，以自我为中心，在交往中很少考虑对方的需要，这样的交往必定以失败告终。人际交往的目的在于满足双方的需要，是建立在互相尊重、互相体谅的基础上的，认识不到这一点，往往会陷入认知困扰。

2. 情感困扰

情感是影响人际交往的主要因素，情感的好恶决定着交往者今后彼此间的行为。交往中感情色彩浓重，是处于青年期大学生人际交往的一大特点。大学生交往中的情感困扰具体体现在以下几个方面。

（1）嫉妒

嫉妒指在人际交往中，通过与他人比较，发现自己在才能、名誉、地位或境遇等方面不如别人，从而产生的一种不悦、自惭、怨恨、恼怒甚至带有破坏性的复杂情感。嫉妒是一种消极的心理品质，表现为对他人的长处、成绩心怀不满，报以嫉恨，乃至行为上冷嘲热讽，甚至采取不道德的行为。嫉妒容易导致人际冲突和交往困扰。如有的同学在恋爱的竞争中失败，转而恶语中伤他人。法国大文豪巴尔扎克形象地说："嫉妒者比任何不幸的人更为痛苦，因为别人的幸福和他自己的不幸，都将使他痛苦万分。"嫉妒会吞噬人的理智，影响人的正常思维，造成人格扭曲。正如英国哲学家培根所说，"嫉妒是最卑劣最堕落的情欲，所以嫉妒是魔鬼本来的特质"。

嫉妒心理产生的原因主要有三个方面。①虚荣心强。虚荣是一种缺陷心理，为了补偿这种心理，就会产生嫉妒。②心胸狭窄。心胸狭窄的人容不得别人进步，看到人家在某些方面比自己强，心理就不平衡。③自私自利的个人主义。大凡好嫉妒的人总是凡事只想到自己，自己没有又不想让别人有，或者只许自己有而不许别人有，私心极重。

（2）自卑

自卑是一种过低的自我评价，是对自己不满意、轻视自己的一种忧虑、痛苦、无可奈何的情绪体验。有自卑心理的大学生在交往中常常缺乏自信、畏首畏尾，遇到一点挫折便怨天尤人；如果受到别人的耻笑与侮辱，更是甘咽苦果、忍气吞声。实际上，自卑的人并不一定能力低下，而是凡事期望值过高，不切实际，在交往中总想保持完美的形象，惧怕丢丑、受挫或遭到他人的拒绝与耻笑。这种心境使得大学生在交往中常感到不安，因而常将社交圈子限制在狭小的范围内。

产生自卑心理的原因主要包括四个方面：一是大学生自身存在着某种不如他人的客观因素，并在自我认知中夸大自己的弱点，如身材矮小、长相一般或学习成绩不好等；二是在前期交往中好胜心受到挫折，如恋爱失败，被人无端责备、疏远或冷落等；三是不能体验到集体的温暖；四是家庭的经济状况、父母的社会地位等，使得大学生产生自卑心理。

（3）自负与害羞、孤僻

自负在人际交往中表现为傲气轻狂、居高临下、自夸自大，过于相信自己而不相信他人，只关心个人的需要，强调自己的感受而忽视他人。与同伴相处，高兴时海阔天空，不高兴时大发脾气。与熟识的人相处，常过高地估计彼此的亲密程度，使对方产生心理防卫而疏远。无论是自卑还是自负，都是导致交往困扰的两个极端。

害羞在大学生人际交往中常常表现出腼腆，动作忸怩，不自然，脸色绯红，说话音量低而小，严重者怯于交往，对交往采取回避的态度。过多约束自己的言行，无法充分表达自己的愿望和情感，也无法与人沟通，造成交往双方的不理解或误解，妨碍了良好人际关系的形成。

孤僻也会导致交往困扰，具体表现为孤芳自赏、自命清高，结果是水至清则无鱼，人至爱则无朋，与人不合群，待人不随和；或是由于行为习惯上的某种怪僻，他人难以接受，这样从心理上与行为上与他人有着屏障，将自己封闭起来。

（4）猜疑

猜疑是一种由主观推测而产生的不信任的复杂情感体验。猜疑心过重的大学生在人际交往中常表现为生性孤僻、敏感多疑、小心谨慎、戒备心强、对人冷淡，完全处于一个自我封闭的心理防御的小圈子中，无端地怀疑别人在破坏自己的名誉、声望、形象，把别人的一举一动都与自己联系起来并看成是自己的阻碍。一旦遇到一些意外或不顺心的事，不是首先从自身找原因，而是怀疑别人在背后做了手脚。正如培根所说，“心思中的猜疑有如鸟中的蝙蝠，它们永远是在黄昏里飞的。猜疑确实应当制止，或者至少也应当节制的，因为这种心理使人精神迷惘，疏远朋友，而且也扰乱事务，使之不能顺利有恒。猜疑使为君者易行虐政，为夫者易生妒心，有智谋者寡断而抑郁”。

（二）大学生人际交往困扰的调适

1. 加强人际交往学习，增强对交往的认识

根据人际交往的逻辑顺序，大学生进行人际交往学习应注意三个方面。第一，从认知入手，即掌握正确的人际知觉，避免人际知觉中的首因效应、刻板效应、晕轮效应、近因效应等各种人际认知偏差，同时还要了解人际交往因素，如交往目的、交往程序、交往工具、交往情景、交往技巧等，以及人际吸引因素，如相似因素、互补因素、特质因素、仪表因素等在交往中的作用。第二，注重自身健康情绪和健全人格的培养。要有积极的人生追求，能够理性地适应生活，学会寻找身边的快乐。大学生还应学会控制、表达、发泄情绪的适当渠道和方式，变消极、冲突的情感为积极、健康的情感。第三，重视人际交往方法和技巧的培养。从交往心理角度来看，积极的自我暗示，能够减少不良的自我表象。交往中要让他人保住面子，要把每个人都看成重要的人物，使其尊严得到维护，自我价值得到承认，这是许多人的心理要求。不要试图通过争论使人发生改变，而要去发现和赞赏别人的优点。要坚持真诚待人，平等待人，宽容待人，求同存异，互助互利的交友原则。

2. 纠正交往认知偏差，提高交往心理素养

大学生在人际交往中不能客观、公正地评价自己，不能正确地看待他人的优势或

长处，不能正确地认识自己在交往中遭遇的伤害，从而产生自卑心理、嫉妒心理或报复心理，给正常的人际交往带来不利影响。要克服这些消极的心理障碍，首要的问题是纠正交往中的认知偏差，对人际交往有正确的认识。在交往中不仅要客观公正、合乎实际地进行自我评价，而且要能容忍别人在交往中的相对优势并有意识地、积极地取人之长，建立友善、互补的良性交往。要正确认识和分析自己在交往中所遭受的伤害，对于交往中对方的无意伤害，要能宽容、谅解；对于对方的蓄意中伤，也要学会冷静分析，忍耐、克制，并努力缓解矛盾或冲突，学会“以责人之心责己，以恕己之心恕人”。

3. 加强交往心理辅导，消除各自的交往困惑

针对大学生存在交往困扰或困惑，学校心理健康教育中心应进行人际交往团体辅导或小组辅导。小组辅导感染力强，体验深刻，影响广泛，效率高，还能减少顾虑，且效果易巩固，尤其适用于适应不良的人。此外，也可以采用角色扮演法，根据被辅导对象人际交往困扰的类型及辅导目标，有针对性地编写心理剧。在编好的心理剧中，让被辅导者扮演相关角色，或在生活中“扮演”与原来性格不同的角色，从而学会与他人交往。对性格过于退缩、经常压抑感情、不敢表达意见和受人欺负而不敢抗议的人，可采取信心训练法，帮助他们增强信心，让他们敢于坦诚自然地表达自己的感情或意见。这种方法主要用于增强自信心和社交能力，也称为社交技能训练。也可选用其他方法，如系统脱敏法，对矫治恐惧、焦虑来说是一种十分有效的自助方法；又如松弛训练法，通过肌肉放松以应对情绪上的紧张、不安、焦虑和气愤，达到精神上的放松。另外，在小组辅导中可以让大家自由结对，构建和谐的人际关系。

4. 创设交往平台，提高交往训练频率

人际交往是在各种社会关系构成的多种平台上进行的，人的社会行为都是在与他人或与群体发生关系的活动中改进和养成的，并以此为基础形成交往能力。学校的共青团、学生会是学生的集体组织，这些组织应该积极创设各种活动平台，为大学生提供健康丰富的集体活动。例如，举办心理卫生知识竞赛、演讲比赛、辩论会、团会等，开展丰富的校园文化活动及文体活动，让同学们参与其中，增加大学生之间的交流机会，培养他们积极的交往心理；也可利用节假日和教学实践环节深入工厂车间、田间地头等开展多种形式的社会调查，让学生广泛地与社会接触。班级是学校教育的基本单位，是学生学习、生活的主要依托，也是学生人际交往主要的场域。班级对学生的影响很大，能否形成良好的班集体影响到学生之间的交往和细腻相容度。良好的班集体的形成、集体目标的确定、人际关系的建立、活动的展开、行为规范的内化和正确舆论的形成等，这些要放到具体活动中来完成。只有组织各种活动，学生积极参与其中，人与人平等交

流，才能建立和谐的人际关系，促使大学生的健康发展。

5. 加强良好心态调整，确保交往顺利进行

从一定意义上说，大学生人际交往状况的好坏与交往双方的心理健康状况密切相关。要克服交往中的诸多障碍，确保交往顺利进行，自然要求交往者保持一种良好的状态。

首先，要对交往双方有正确的认识。既要有一颗平常心，把自己放在平常人的定位，避免居高临下的自傲心理，也要把对方视为普通人中的一员，以避免消极的自卑心理；当自己在交往中暂时处于劣势而他人身处相对优势时，能保持内心的平静，并视之为平常之事，有助于克服嫉妒心理；当自己在交往中遭受伤害或挫折时，能保持内心的平静并试图与对方心平气和地进行“对话”与“沟通”，有助于克服报复心理；充分地尊重、信任他人，并学会正确地、全面地了解他人，有助于克服猜疑心理。

其次，还要有稳定、健康并善于调控的情绪状态。我们知道，情绪对人际交往的影响极大。要克服交往障碍，不能忽视健康情绪状态的影响。当交往遇到困难甚至失败时，当自己遭受委屈甚至伤害时，不可冒失、冲动或感情用事，应该理智地克制和驾驭自己的情绪，缓解交往中的矛盾和冲突。感情脆弱、多愁善感、好猜疑、意气用事的情绪状态都是不利于人际交往的。

6. 掌握调适的方法，消除交往中的不良障碍

克服大学生在人际交往中的消极心理，必要的外在条件不可缺少，最关键的是交往者自身的内因，外因必须通过内因才能起作用。因此，必须引导大学生在交往中学会自我调适。常见的自我调适的方法主要有自我暗示法、转移法、合理宣泄法。

（1）自我暗示法

自我暗示法即交往者在交往过程中陷入困境或引发不良交往心理障碍时积极地进行自我提示、自我奖励的方法。如在交往中产生了羞怯、自卑心理时，要默默地鼓励自己；当发觉自己在交往中产生嫉妒或报复心理时，可暗自提醒自己。采取这种嫉妒或报复的消极心态与人交往，不仅会使交往陷入困境，更有损于自身人格的完善，于人于己有害无利。研究表明，在人际交往中经常地、适时地进行积极的心理暗示，对端正交往者对自身优势的认识、增强交往者的社交自信心并遏制消极的交往心理障碍很有益处。

（2）转移法

转移法即当交往陷入尴尬或困境时，采取转换视角或转移目标的方法。如发觉自己在交往中产生了嫉妒心理，不要老是将目光盯在他人优势或长处上，也不要总把注意力放在自己的劣势和不足上，要学会“退而求其次”，通过发现自己身上的“闪光点”和他人身上的不足或欠缺之处，达到平衡心态，遏制嫉妒心的发展。

（3）合理宣泄法

合理宣泄法即采取合适可行的发泄方式来排解内心消极或不快情绪的方法。大学生在交往中产生了严重的自卑心理或报复心理时，可以通过与他人直接交谈、倾诉等方式，把自己埋藏于心底的一些想法或真实感受，如“因为什么而自卑”“为什么伺机报复”等说出来，既争取了对方的理解和信任，又能帮助自己排解内心的积怨与不快，这对正常交往的顺利进行是十分重要的。

二、大学生人际交往技巧

（一）掌握语言艺术技巧

“良言一句三冬暖，恶语伤人六月寒。”这句话告诉我们交往时要注意运用语言的艺术。语言艺术运用得好，就能优化人际交往；相反，如果不注意语言艺术，往往无意间就出口伤人，产生矛盾。

1. 称呼得体

称呼反映出人们之间心理关系的密切程度。恰当得体的称呼，使人能获得一种心理满足，交往便有了良好的气氛；称呼不得体，往往会引起对方的不快甚至愤怒，使交往受阻或中断。所以，在交往过程中，要根据对方的年龄、身份、职业等具体情况及交往的场合、双方关系的亲疏远近来决定称呼。对长辈的称呼要尊敬，对同辈的称呼要亲切、友好，对关系密切的人可直呼其名，对不熟悉的要用全称。

2. 说话注意礼貌

正确运用语言，表达清楚、生动、准确，有感染力、逻辑性强，少用土语和方言，切忌平平淡淡、滥用辞藻、含含糊糊、干巴枯燥。语音、语调、语速要恰当，要根据谈话的内容和场合，采取相应的语音、语调和语速。讲笑话要注意对象、场合、分寸，以免笑话讲得不得体，伤害他人的自尊心。

3. 适度地称赞对方

美国心理学家威廉·詹姆斯指出：“渴望被人赏识是人最基本的天性。”每个人都希望别人赞美自己的优点，如果我们能够发掘对方的优点并进行赞美，对方会很乐意与你多交往。赞美能够释放出一个人身上的能量，调动人的积极性；赞美对方往往能有效增进彼此的吸引力，因为人都欢迎喜欢自己的人。但是赞美要适度，要有具体内容，绝不能曲意逢迎。真诚的赞美才能获得出乎意料的效果。

4. 避免争论

青年大学生喜欢争论，但争论往往是在互不服输、面红耳赤、不愉快，甚至演化成直接的人身攻击或严重的敌意中结束的，这对人际关系的负面影响是显而易见的。因此大学生要尽量避免争论，而要通过讨论、协商的途径来解决分歧。

5. 妥善运用批评

一般来说，我们在交往中应多用赞扬，少用批评，但并非不可批评，如果方法得当，掌握批评的艺术，也能产生积极的效果。批评时应注意不当众批评，间接委婉地提醒他人注意自己的错误，给人台阶，让人有面子。

语言艺术运用得好，就能吸引和抓住对方，从内容到形式适应对方的心理需要、知识经验、双方关系及交往场合，使交往关系密切起来。

（二）灵活运用非语言艺术技巧

非语言交往也是人际沟通的重要方式，是大学生必须掌握的一种沟通的技巧。这些技巧主要包括以下几个方面。

1. 眼神与沟通

眼睛是心灵的窗户。在人际沟通中，眼睛所起的作用是不可低估的。一般认为，在人际交往过程中，总是被动地与别人相识，当别人跟他打招呼时总是躲闪着对方目光的人，是较拘束、缺乏自信的人；听别人讲话和说话时，始终不敢直视对方眼睛的人，给人以他想隐瞒点什么的感觉。相反，在说话时注视对方眼睛的人，往往给人以自信和诚实的感觉。总之，眼睛是了解人、分析人的窗口，有着其他器官不可替代的作用和功能。大学生在交往中要注意观察对方眼神的变化，来了解对方的内心世界。

2. 仪表与沟通

在人际交往中，穿着打扮、举手投足等都会对交往对象产生影响。人际吸引的一个重要因素就是仪表吸引。确实，对于外貌美的人，人们会产生一种好感，心理上会产生一种亲切感，并给予肯定性的评价；对于外貌丑陋的人，人们会产生一种“莫须有”的不良感觉，心理上会产生一种排斥反应，并总是给予否定性的评价。当然，这里的外表外貌吸引，不仅指人的长相，还包括人的衣着打扮、仪表风度，特别是后者，仪表得体更能给人留下良好的第一印象。

3. 姿态与沟通

心理学研究表明，一个人整体姿态的状况和与之交往的人的关系有关。当一个人与他不喜欢的人交往时，他的整体姿态会比较紧张，似乎在提防发生意外；而在同一个他所喜欢的人交往时，他的姿态则会显得相当从容。在交谈中，身体微微前倾表示对对方感兴趣；双手抱胸，往往表示抗拒和冷淡。人际交往中，适当的姿态会促进人与人之间的交往。以握手为例，在交往中，握手已经成为一种常规性的礼节，但握手也有很多注意事项。

第一，要主动伸出洁净的右手；第二，要充满热情，握手的同时要注视对方的眼睛，要边握手边打招呼，不可漫不经心、东张西望；第三，用力要适度，既不能“蜻蜓点水”，也不能用力过度。

4. 时空与沟通

人际沟通是一个多渠道、多层次的综合系统活动过程。时间在人际沟通中也起着不小的作用。交往中的时间观念主要指：准时赴约，不侵占他人的时间，为帮助别人不惜牺牲自己的时间。为此，在现实生活中选择什么时间与他人交往，具有一定艺术性。一般认为，这五个时间段是最佳交往时间：电视新闻节目播完之后；饭后；当对方情绪良好时；当他人寂寞时；当他人需要你时。

在人际交往中，空间是客观存在的，适度的空间距离有利于人际关系的进行，过近或过远的空间距离都不利于人际关系的开展。美国人类体语学家小爱德华·霍尔（Edward Twitchell Hall Jr.）研究发现：人际关系不同，交往时的人际空间距离也不同。他在1963年出版的《躯体行为的符号体系》一书中把人际距离分为四个区：亲密区、个人区、社交区、公共区。亲密区是0.5米以内，是属于具有直接血缘关系、夫妻或恋人以及同性要好朋友间的交往距离范围。个人区是0.5～1.2米，属于较熟悉的同事、同学或朋友间的交往距离范围。社交区是1.2～3.7米，是一种社交性的较正式的人际交往距离范围，属于公事公办关系人员的交往距离范围。公共区是3.7米以外，是人际交往界域的最大距离，是一切人都可以自由出入的交往空间范围。一般来说，人际距离越近，人际关系越亲近；相反，人际距离越远，人际关系越疏远。大学生应根据自己与他人的关系来决定交往距离，以加强亲密感，避免冲突或反感。

（三）努力增强自己的人际魅力

人际魅力指在人际交往过程中形成的，个体对他人给予的积极和正面评价的倾向。每个人都有自己喜欢的人，并愿意与之交往；每个人也都有自己讨厌的人，不愿意和这些人交往。这种现象反映的就是人际吸引。那么，大学生应如何增强人际吸引力、做一个受欢迎的人呢？

1. 努力建立良好的第一印象

要想给人留下良好的第一印象，需要了解人与人交往中存在的一种心理效应——首因效应。首因效应是交往双方形成的第一印象对今后交往活动的影响。人们初次见面时产生的印象，往往会影响对人以后一系列行为的解释，有先入为主的作用。人们初次相遇，总要首先观察对方的衣着、相貌、举止及其他可察觉到的动作反应，然后根据观察到的印象对对方做出一个初步的评价。虽然第一印象是在很短的时间内根据有限的、表面的观察资料得出来的，但由于它的新异性和双方鲜明的情绪色彩，能在人的脑海中留下深刻的烙印。在人际交往过程中，应该努力给他人留下一个良好的第一印象。美国学者纳塔莉·沙格（Natalie Shug）在《接触：头四分钟》一书中指出，交接新认识的人时，头四分钟至关重要。为了给对方一个好的第一印象，起码要高度集中精神四分钟，而不应一面与对方交谈，一面东张西望，或另有所思，或不断匆匆改变话题，致使对方不悦。

2. 提高个人的外在素质

追求美、欣赏美、塑造美是人的天性。美丽的外表、优雅的风度能使人感到轻松愉快，并且在心理上构成一种精神的酬赏。所以，大学生应恰当地修饰自己的容貌，扬长避短，注意在不同场合下选择样式和色彩符合自己的服装，形成自己独特的气质和风度。同时，大学生应注意追求外在美和内在美的协调一致，即外秀内慧。因为随着时间的推移、交往的加深，外在美的作用会逐渐减弱，对他人的吸引会逐渐由外及内，从相貌、仪表转为道德、才能。

3. 培养良好的个性特征

良好的个性特征对建立良好的人际关系有吸引作用，不良的个性特征对建立良好的人际关系有阻碍作用。在生活中，大家都愿意与性格良好的人交往，没有人愿意与自私、虚伪、狡猾、性情粗暴、心胸狭隘的人打交道。因此，要培养良好的个性特征，注意克服性格上的弱点。

4. 加强交往，密切关系

心理学研究表明，人与人之间空间距离上的接近，是促进人际吸引的重要因素，因为人与人之间在空间位置上越接近，彼此交往的频率就越高，越有助于相互了解、沟通情感、密切关系。即使两个人的人际关系比较紧张，通过交往，也有可能逐步消除猜疑、误会。反之，即使两人关系很好，但如果长期不交往，彼此了解减少，其关系也可能逐渐淡薄。大学生同住在一起，接触密切，这是建立友情的良好的客观条件，应充分利用这一条件，与朋友保持适度的接触频率，才使人际关系不至于淡化，甚至消失，切忌“有事有人，无事无人”。

拓展资源

心理书籍推荐：《人性的弱点：如何赢得友谊并影响他人》

作者：[美]戴尔·卡耐基（Dale Carnegie）著，韩文桥译

出版社：浙江文艺出版社

出版时间：2017年

推荐理由：你想成为“万人迷”吗？你想戏剧性地表达你的想法吗？你想更好地说

服他人吗？你想知道称赞的神奇魔力吗？你想知道如何获取别人的赞同吗？你想知道如何让别人乐意接受你的建议吗？人际交往能力涉及多个方面的因素。学习一些社交技巧和社交方法，可以更好地帮助你应对各种社交场合和各种人际关系。

内容简介：本书包括情感交流、家庭生活、社会交往、商务谈判、公司管理等方面的沟通技巧，被誉为“提升情商的必读经典”“能引导你走向成功的书”。本书内容全面而丰富，有掌握人际关系的3大基本技巧、让人喜欢你的6种方式、赢得他人赞同的12种方法、更好说服他人的9种诀窍、让你家庭生活幸福快乐的7个法则等，相信会让读者收获颇丰。

心理影片推荐：《穿普拉达的女王》

导演：[美]大卫·弗兰科尔（David Frankel）

上映时间：2007年

心理学看点：该片展示了职场中的人际关系，特别是上下级之间的微妙互动，揭示了无效聆听的模式，如虚伪、防卫和自恋的聆听方式。

剧情介绍：影片根据劳伦·魏丝伯格（Lauren Weisberger）描写个人经历的同名小说改编而来，讲述了一个小城市女孩安迪大学毕业后误打误撞成为一家非常有名的时装杂志*Runway*女主编米兰达的助理。然而好景不长，很快她发现自己的工作简直是噩梦，因为这个女主编对待所有的人都是那么尖酸刻薄，紧张的气氛在整个杂志社蔓延。

安迪的态度从一开始的得过且过，不为工作而改变自己，转变为后来主动换上时尚圈子里的衣服，认真地完成自己的工作。但最后通过与女魔头的交谈，发现自己得到了工作，却放弃了家人和朋友，并且为了工作上的进步要狠狠地打压别人。领悟到这些之后，安迪毅然离开了杂志社，并找回了自己失落的幸福。

本章小结

1. 大学生人际交往是一个复杂且重要的过程，涵盖了言语交流、非言语交流以及情感共享等多个层面。一个人的人格和行为方式只有在交往中才能产生，没有人际交往，人就不能成为社会的人。

2. 大学生人际交往具有独特的特点，即交往动机的迫切性、交往内容的多样性、交往意识的自主性以及交往心理的复杂性。大学生要掌握人际交往的技巧，提高个人人际交往能力。

3. 面对人际交往中的困扰，大学生要善于运用调适方法，培养积极的心态，多参与社交活动，与他人建立良好的人际关系，为个人的成长和发展创造更多的机会和可能。

课后思考题

1. 试述人际交往的含义与阶段。
2. 大学生人际交往的特征有哪些？
3. 试析影响大学生人际交往的因素，应该如何克服？
4. 大学生人际交往的基本原则有哪些？
5. 大学生如何应用人际交往技巧？
6. 大学生人际交往常见的心理困扰有哪些？如何调适？

第九章

爱而有尺　行之有度

——大学生恋爱心理及性心理

我们要积极培育和践行社会主义核心价值观，弘扬中华民族传统美德，把爱家和爱国统一起来，把实现个人梦、家庭梦融入国家梦、民族梦之中。

只有把小我融入大我，才会有海一样的胸怀，山一样的崇高。

——习近平

了解爱情的人往往会因为爱情的升华而坚强了他们向上的意志和进取的精神。

——培根

学习目标

知道爱情的内涵，理解爱情的真谛，了解大学生的恋爱心理特点，掌握提升恋爱关系质量的方法，提升爱的能力，了解大学生性心理健康的标准，学会调适在恋爱问题和性问题上出现的各种心理困惑，促进人格成熟与心理健康，培养社会责任感、奉献精神和家国情怀。

课程导入

爱情的烦恼

小晴，女，大一，原本性格开朗、活泼快乐，但是自从与男朋友的感情出现危机，完全变了个样。小晴是一个将感情看得很重的人，希望自己在恋人心中占有重要地位，总是忍不住猜测男友对她的感情。可随着两人关系的发展，小晴感觉男朋友对自己越来越冷淡。小晴很难过，整天胡思乱想，常常感觉头昏脑胀，出现失眠、厌食、注意力无法集中等症状。小晴内心感到恐慌，想摆脱这种状况，但又割舍不下这段感情，她不知道自己该如何是好。

爱情是人类永恒的主题。正值花样年华的大学生，在面临爱情时可能也会像小晴一样产生困惑和烦恼。在大学这个最能牵动我们心弦的站点，爱情的神秘与浪漫吸引着我们，我们渴望拥有心目中完美的爱情。你是否有足够的自信迎接爱情的到来？你是否能将自身独特的魅力展现出来？你是否可以在感性之外更理性地选择心中的恋人？你是否有足够的能力来经营甜蜜的爱情？让我们一起来破解爱情的密码吧。

第一节　爱情概述

一、什么是爱情

（一）爱情的内涵

心理学家对爱情给出了很多定义。弗洛伊德是以性为中心来定义爱情的，认为爱情是由性引发的一种情感；鲁宾（Rubin）和斯科尼克（Skolnik）是从想法和态度来定义爱情的，认为爱情是由特定的想法引起的体验；斯文森（Swensen）认为爱情是他人互动被回报的一种行动。发展心理学认为，爱情是人际吸引最强烈的形式，是身心成熟到一定程度的个体对异性产生的具有浪漫色彩的高级情感。

爱情是在现实生活中双方基于一定的客观物质基础和共同理想，在各自内心形成的相互倾慕并渴望拥有对方的强烈、持久的真挚感情。它是由性爱、理想、责任等基本要素构成的情感体系。性爱是爱情产生的生理基础和原动力，理想和责任是爱情产生和发展的社会基础，是爱情的社会内容；性爱赋予爱情中的理想、责任以特殊的情感素质，理想、责任使性爱摆脱动物式的性欲，成为高尚的道德情感和社会情感。

（二）爱情的特点

爱情作为人与人之间的一种特殊的社会关系，具有鲜明的特点。

1. 自主性

爱情是两个人的事情，真正的爱情必须建立在双方自愿的基础上，外界的干预而非双方自愿的情感不能称作真正的爱情。爱情是人生的重要内容，但不是人生的全部，应摆正爱情在人生中的位置。恋爱既是与他人的融合，又是个人成长的重要契机，需要保留足够的自主性和独立性，而非依赖攀附对方，需要在亲密关系中探索彼此，发挥各自的潜力，成为更好的自己。

2. 互爱性和平等性

爱情要建立在双方相互爱慕的基础上才能健康发展。一厢情愿的感情，如单相思、暗恋，或放下自尊乞求来的感情，都不能称为爱情。恋爱双方在地位上是平等的，没有高低贵贱之分。那些因同情而施舍给对方、因感激而奉献自己、因崇拜金钱和权势而依附对方的感情，都蕴含着不平等。平等性还体现为双方的感情付出相对平衡，恋爱双方在感情上享受的权利与履行的义务是对等的。如果恋爱中的一方总是付出过多，而另一方安然享受，则可能付出多的一方会感到“多情反被无情恼”，进而给双方的感情带来伤害。

3. 专一性和排他性

爱情是恋爱双方相互爱慕的关系，需要双方情感专一，排斥第三者的介入。双方一旦确立了恋爱关系，都希望自己是对方唯一的恋人，容不得对方与其他人有暧昧关系。但是，恋爱中的双方也要避免过分要求恋人、限制恋人的正常人际交往，甚至监视恋人的行踪等。因为这些行为看起来好像是对爱情的保护，其实质是对恋人的不信任，也反映了自己内心的安全感不足。

4. 持久性

有些同学追求轰轰烈烈、浪漫奢华的爱情，而不在乎这样的爱情是否长久。有一句话在大学生中比较流行：“只求曾经拥有，不求天长地久。”其实，这是对爱情的误解。真正的爱情不仅有强烈、深厚的情感基础，而且有相伴永久、共度一生的愿望与追求。这就需要恋爱双方相互支持，坚守承诺，彼此担当，不断丰富、深化和充实双方的情感，让爱情随着岁月的流淌而不断升华。正如莎士比亚所言，“真正的爱，非环境所能改变；真正的爱，非时间所能磨灭”。

二、关于爱情的理论

校园里的爱情会有不同的表现，有的人爱得轰轰烈烈、浪漫奢华，有的人爱得平平稳稳、细水长流。那究竟什么才是爱情呢？

美国著名心理学家斯滕伯格（Sternberg）提出爱情三角理论，阐释了爱情的本质。该理论认为，爱情由三个元素组成：亲密、激情和承诺（如图9-1所示）。

亲密是伴侣之间亲近与温暖的体验，是相互契合与归属的感觉，属于爱情中的情感部分。以互相欣赏的性格、情趣、认知和判断力为基础，恋爱中的双方希望单独接触，经常在一起，“一日不见，如隔三秋”，同时还会产生缠绵幸福的体验，两人在一起时，会感觉无比甜蜜和幸福。

激情是一种强烈渴望与对方结合的状态。也就是说，见了对方会有一种怦然心动的感觉，和对方相处，有一种兴奋的体验。性的需要是引起这种激情体验的主要方式，属于爱情中的动机部分。激情使恋人产生强烈的相互接近或亲密的愿望。

图9-1 爱情的三个元素

承诺是与对方维持爱情关系的意愿与决定，是爱情中的理智成分。承诺分为短期承诺和长期承诺，短期方面是做出是否爱一个人的决定；长期方面是对伴侣间的亲密关系做出持久性承诺，包括对爱情的忠诚、责任心等，是一种患难与共、至死不渝的承诺。承诺大体上相当于我们常说的“山盟海誓”“天长地久”“忠贞不渝”之类，但不是指具体的行为，而仅指认知和态度方面。

亲密、激情和承诺组成了爱情三角形的三个顶点，成为对爱情进行描述的维度，圆满的爱包含这三个元素。在此基础上，爱情可以分为七种不同的类型。

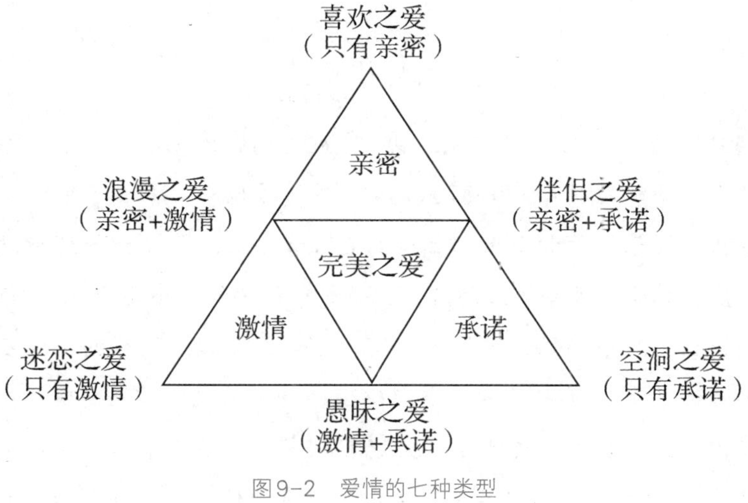

图9-2 爱情的七种类型

（1）喜欢之爱。只有亲密的成分，没有激情和承诺，是两人之间的一种亲近、温馨的体验，但是缺少激情，也不一定愿意斯守终生，如友谊。显然友谊并不是爱情，不过友谊有可能会发展成爱情。

（2）迷恋之爱。只有激情体验，没有亲密和承诺，有这种倾向的人认为对方有强烈的吸引力，但对对方了解很少，也没有想过将来，常常开始于生活中的一见钟情，如某些初恋或热恋，充满激情却缺少成熟与稳重。

（3）空洞之爱。只有承诺，缺乏亲密和激情。例如，纯粹的为了结婚的爱情，此类“爱情”看上去丰满，却缺少必要的内容，男女之间既无生理方面的吸引，又缺乏相互的了解，仅由于某种承诺而被强扭在一起。

（4）浪漫之爱。有亲密和激情，没有承诺。这种“爱情”崇尚过程，不在乎结果，双方在一起时很甜蜜，分手时可能会带来刻骨铭心的痛苦。

（5）伴侣之爱。有亲密和承诺，没有激情。双方之间感情平淡，细水长流，如在激情过后的长久婚姻中看到的爱。

（6）愚昧之爱。有激情和承诺，没有亲密。没有亲密的激情更多是生理上的冲动，没有亲密的承诺不过是空头支票。激情过后，双方往往很难继续维持这段爱情。

（7）完美之爱。同时具备亲密、激情和承诺。即男女的关系既有相知的亲密、生理的吸引，还有对婚姻的追求与承诺。这种爱情是大家真正想要追求的。

爱情中三个元素所占的比例会随着两人相处时间的变化而变化。例如，两人在一起时间久了，激情成分会逐渐降低，亲情和对家庭的责任感会逐渐上升，双方会成为彼此的陪伴和依靠。

经典研究

爱情吊桥实验

1974年，著名情绪心理学家阿瑟·阿伦（Arthur Aron）请一位漂亮的女性作为研究助手，让她站在长450英尺（1英尺约等于0.3米）、宽5英尺、高230英尺，仅靠两条粗麻绳悬挂于卡皮诺拉河谷上空的吊桥上，等待18～35岁没有女性同伴的男性过桥，并告诉那些过桥的男性，她希望他们能够参与正在进行的一项调查。她向他们提出了几个问题，并给他们留下了电话号码。同样的实验在另一座横跨了一条小溪但只有10英尺高的普通石桥上进行了一次。结果发现，走过卡皮诺拉吊桥的男性认为这位女士更漂亮，大概有一半的男性后来给她打过电话。而从石桥上经过的16位不知名的男性受试者中，只有两位给她打过电话。实验说明，对生理唤醒状态的认知评价也是促进恋爱的因素。

资料来源：陈红、邵景进：《大学生心理健康教育（微课版）》，人民邮电出版社2021年版，第132页。

三、良好亲密关系的要素

心理学家弗洛姆将人们眼中的爱情区分为童稚之爱和成熟之爱。童稚之爱：因为我需要你，所以我爱你。成熟之爱：因为我爱你，所以我需要你。成熟的、良好的恋爱关系具有哪些要素呢？弗洛姆认为成熟的爱包含以下五个基本要素。

（一）给予

爱情是对生命及我们所爱之人的积极关心和给予。给予就是付出，是力量的最高表现，因为通过给予，人才能体验到自己的力量。给予不仅仅包含物质的，更多的是一个人内心有生命力的东西，比如与人分享自己的欢乐、兴趣、知识、悲伤等。给予比索取能给人带来更多的愉快，这不是因为给予是一种牺牲，而是因为通过“给予”表现了自己的生命力。

（二）关心

爱意味着关心，愿意为所爱之人奉献，付出自己积极的关心，无怨无悔，不计较付出与回报。爱情中的双方会积极关心对方，关注对方的生命和生长。如果缺乏这种积极关心，那么双方之间的关系就不是爱情。

（三）责任心

责任心的含义是“一个完全自觉的行动”，是“我”对另一个生命表达出来或尚未表达出来的愿望的答复。“有责任心”意味着有能力并准备对这些愿望给予回答，意味着能发自内心地为所爱之人承担风霜雨雪，而不仅是感官上的愉悦与寂寞时的陪伴。

（四）尊重

真诚的爱是建立在双方平等与理解的基础之上的尊重，是对所爱之人的生命和成长的积极关心。尊重是能实事求是地正视对方和认识对方独有的个性，使对方能以他自己的方式为了自己去成长、发展，而不是服务于对方。爱一个人，就应该接受他本来的面目，而不是把自己的想法套用到对方身上，变成支配、占有，要求对方成为自己希望的样子。

（五）了解

人们只有认识对方、了解对方，才能做到真正尊重对方。如果不了解，关心和责任心也是盲目的；而如果不从关心的角度出发去了解对方，“了解”便是一句空话。了解不能停留在表面，而是要深入内心。学会换位思考，站在对方的立场考虑，推己及人，努力做到设身处地地为对方着想。

以上这些要素是相互依赖的。在恋爱心理成熟的人身上可以看到这些要素的集中表现。

另外，信任也是影响良好亲密关系的要素。安全感是人最基本的需求，双方的彼此信任会影响安全感的建立，否则关系可能破裂。需要注意的是，关系中的信任是相互的，它有两层含义：一是自己的行为不能破坏关系，要让对方信任自己；二是信任对方。

知识链接

甜蜜爱情的经营

在恋爱和婚姻中，人们有时会有这样的困惑：为什么两个很优秀、很善良的人却无法在一起？为什么恋爱中的每个人都付出了很多，而对方却没有感受到爱？表达爱的方式有很多种，然而用错了地方，也是毫无用途。问题的关键是：你表达爱的方式是否是恋人想要的。美国著名婚姻辅导专家盖瑞·查普曼（Gary Chapman）认为，人们可以用以下爱的“语言”表达爱。

爱语一：肯定的言辞

心理学家威廉·詹姆斯说过，人类最深处的需要，就是感觉被人欣赏。恋人之间更是如此。恋人间真诚的欣赏与鼓励是表达“我爱你”的有效方式之一，也是爱情保鲜的重要秘诀。对那些安全感低、有自卑情绪的人来说，来自恋人的鼓励往往会激发出他们极大的潜力。你用什么样的眼光看待恋人，恋人就会成为什么样的人。肯定言辞的关键词包括赞赏、鼓励、仁慈、谦和、肯定。

爱语二：精心的时刻

什么是精心的时刻？即双方“同在一起”，给予对方全部的注意力。能与恋人在一起交流，分享内心深处的渴望、快乐、焦虑以及生活中的点滴，专注倾听对方的话语，体验彼此的关心与爱，而不是肩并肩地坐在一起，各自玩着手机或做自己的事情。可以是一顿只有你们两人的烛光晚餐，也可以是手拉手地散步，重点是花时间“锁住”对方的情感。

爱语三：接受礼物

礼物是爱的视觉象征，它可以是有形的礼物，买的、亲手做的或是找到的；也可以是无形的礼物——你的陪伴。礼物是一件提醒对方“我还爱着你”的东西，关键不在于它的价格，而在于它代表的心意，用心的礼物不管是否贵重都是好礼物。贵重的礼物只能满足人的物质欲望或者满足人在物质上的不安全感，而用心的礼物则能真正满足人被爱的需求。

爱语四：服务的行动

服务的行动指通过为对方做一些事情来表达爱。恋人懂得关心和体贴，在你忙于学习时，他会默默地去食堂为你买饭。出行时帮你背重重的行李，为你遮风挡雨。

爱语五：身体的接触

身体接触是人类感情沟通的一种微妙方式，也是表达爱的有力工具。认知神经科学的研究发现，当一个人遭受电刺激后，他（她）爱人的抚摸可以降低其痛苦。恋人间的拉手、拥抱或者依偎都能传递爱的信息。当恋人心情沮丧需要安慰时，不妨给他一个温暖、踏实的拥抱。

爱的五种“语言”共同的价值指向，是让双方觉得对方的存在具有重要意义，彼此能够接纳、欣赏、认同，在关系中得到归属感和存在的价值感。读懂对方爱的“语言”，用对方喜欢的方式表达爱，这需要双方相互了解、沟通和探索，不妨与恋人一起慢慢体悟、学习、成长，找到自己建立良好亲密关系的钥匙。

资料来源：

俞国良：《大学生心理健康》，北京师范大学出版社2019年版，第146—147页，

方晓义、夏翠翠：《大学生心理健康教育（慕课版 双色版 第3版）》，人民邮电出版社2022年版，第137—139页。

第二节 大学生恋爱心理

一、大学生恋爱的心理特点

随着社会环境的变化，大学生恋爱现象呈现出明显的时代特点。

（一）自主性强，恋爱行为公开化

大学生是一个特殊的青年群体，有着思想开放、容易接受新观念、独立意识强等特点。在恋爱问题上，个性比较突出，在确定恋爱对象时更多是以自己的观点与想法为主，不太受他人，尤其是长辈的影响。但由于大学生人生经验不足，思想观念相对单纯，这种自主性往往会带来随意性。当前大学生恋爱行为比较公开，谈恋爱较少顾忌他人的评价，在公共场合，如校园道路、草坪、食堂、教室等到处可见恋人们的身影，他

们的举止也比较亲昵，有时甚至会影响到他人。

（二）重视恋爱的“过程体验”

在校大学生注重恋爱过程中的美好体验，一般不考虑经济、地位、职业、家庭等社会性问题，浪漫色彩重，自主性良好，约束性较差，情感性强，理智性弱。恋爱一般被看作婚姻的前奏，但大学生往往对精神层面看得较重，重视情感体验，注重的是恋爱的过程本身，对恋爱的结果不太在意。如果只注重恋爱过程，把恋爱与婚姻相分离，未免失之偏颇。一些大学生把恋爱当作一种感情体验，及时行乐，借此寻求刺激；一些则是为了排除寂寞、填补空虚，把恋爱当作一种游离于婚姻之外的享受与消费。只注重恋爱过程，轻视恋爱结果，实质上是只强调爱的权利，却否认了爱的责任，容易导致恋爱关系脆弱化，使得大学生不能理性地对待恋爱中的挫折，表现为恋爱率高、巩固率低，最终能发展为婚姻关系的恋情较少。

（三）恋爱与自我概念紧密相关

大学生对自我比较敏感，他们对自己有一定的评价，也在意别人对自己的态度，所以恋爱似乎成为他们检验自我的一个试金石。大学生恋爱的目的多样化，除单纯因感情而恋爱的外，其他非感情因素，如“孤独”“空虚”“寻求刺激”“体现自我”等动机的驱动，使得当前大学生的情感体验复杂化，恋爱心理多样化。恋爱对大学生来说，常常是一种心理补偿，谈恋爱似乎意味着有人爱自己，由此便自信心大增。如果恋爱失败，他们就会对自我产生怀疑，觉得自己没有能力、没有价值。

（四）恋爱观念开放，传统道德淡化

随着时代的发展，当代大学生的恋爱观念日益开放，传统道德观逐渐淡化。中国传统文化及伦理道德观虽对大学生影响较深，但随着现代观念的开放与包容，很多大学生会对婚前性行为、婚前同居等持理解和宽容的态度，认为“只要彼此真心相爱，他人无须指责”“婚恋自由，无可厚非”。此外，网络的便捷也使恋爱方式出现了各种变化，如异地恋、网恋、游戏恋等。大学生中“有情人”虽多，但“成眷属”者少，传统的道德观在大学生的思想意识中逐渐淡化。

二、大学生恋爱中常见的心理困惑

（一）单相思

单相思也称单恋，指一方对另一方一厢情愿地倾慕、思念和热情，而对方没有相应的反应。单相思是一种进入爱情的准备阶段，是每个人都可能经历的一种心理状态。

大多数恋爱其实都始于单相思，他（她）首先要感动的是他（她）自己，使自己处于一种激情之中，然后用这种激情去感动对方，最后两人共享爱与被爱的感觉，

一厢情愿变成两情相悦。而悲剧的单相思则是以一厢情愿开始，以一厢情愿结束。单相思本身并不是心理障碍，但盲目的、非理性的单相思，如果得不到合理调适，就会导致心理失调。单相思的人渴望爱情而得不到它，常常陷入极其难堪、苦闷和烦恼的境地，郁郁寡欢，视野和情感世界也变得狭隘，生活失去乐趣，神情恍惚，导致严重心理失衡。

对于单相思，可以采取以下方法。

1. 理性思考

单相思往往是单恋者对对方的一往情深，把对方想得完美无瑕，只看到对方的优点、忽略了缺点，从而造成一种认知偏差。因此，要客观评价、认识对方的言行，同时借助理性，努力从情感上调整自己，让理智战胜情感，消除爱情固着心理。

2. 倾诉

陷入单相思中的大学生，往往把自己的情感和苦恼闷在心里，这时候最简单和安全的选择就是将心事告诉亲密的朋友。当你倾诉时，你会发现你的朋友会帮你出谋划策，你会感到自己在相思路上并不寂寞，能倾吐心中淤积的爱意，把自己的焦虑和忧愁与你的朋友分担，你会感到轻松。

3. 转移

转移是摆脱单恋苦恼的有效途径，如多参加集体活动或者喜爱的文体娱乐活动。或者进行适当的体育活动，运动能够消耗部分淤积于内心的能量，使人意气风发、情绪高昂，获得自信与自尊。或者是换一个新的环境，以免触景生情。

4. 敢于表白

单相思的烦恼很大程度上是当事人不敢向对方表白自己的爱意，面临爱情时，顾虑重重、犹豫不决。因此，向对方明确表达爱慕之情是摆脱单相思的直接方式。表白之后，如果你的爱被接受当然是最好的，爱的快乐就取代了爱的痛苦；如果你的爱遭到拒绝，你的情缘已了，交个朋友也可以，还可以大哭一场或大怒一场，进行疏泄，这对你来说也是人生必经的一次磨炼和情感体验；如果他（她）漠视了你，那你就应该对自己说：他（她）不懂得爱，也不值得去爱。

（二）恋爱冲突

在生活中，恋爱双方出现矛盾和摩擦是在所难免的，解决冲突可以说是恋爱的“必修课”。爱的冲突一方面来自社会阅历浅、择偶标准有偏差及恋爱心理不成熟，另一方面可能来自性格或日常生活中的不一致或不协调。冲突的出现常常意味着关系进入一个更深入的阶段。在这个阶段，我们会更加真实和直接地表达自己的观点和需求，有机会了解彼此的差异和不同，这在某种程度上可以促进双方走近彼此。因此，恋爱中的冲突并不是坏事，冲突处理得好，关系也会更进一步。下面介绍一些处理冲突的方法。

1. 看到彼此的差异和内在的需求

恋人之间发生冲突时，如果双方能看到并理解彼此内在的需求，比如希望被爱、被理解、被尊重，根据对方的需要做出反馈，满足对方差异背后的需求，就为解决分歧打下一个好的基础。

2. 双方真诚、有效地沟通

良好而畅通的沟通对恋人间感情和谐的意义非同小可，当对方不明白你的心意时，不妨直截了当地向对方表明，表达清楚自己的思想、感受，对彼此的理解及需求，来取代相互指责的沟通方式。

3. 调整情绪，协商解决冲突

情绪是我们的信使，提醒我们关注一些信息。当恋人之间发生冲突时，双方的反应都很激烈，不妨先恢复冷静，再心平气和地协商，双方共同协调和磋商，理性化解冲突，可能是一方妥协，也可能是双方都能接纳的处理方式。恋爱中双方的需求都需要被照顾，这样才能拥有健康稳定的亲密关系。

（三）失恋

失恋指恋爱的对方提出终止恋爱关系。爱是两个人选择的结果，不是靠一方努力就能维持的，所以有恋爱就一定有失恋的风险。有的人在失恋后会自责、内疚，有的人则久久不能放手和释怀。对于失恋，下面有一些思考和行动的建议。

1. 主动提出分手时的思考和行动

（1）想清楚为什么要分手，分手有什么好处、有什么坏处。

（2）在谈分手前，先考虑对方的个性、两人交往的深度、对方可能做出的反应等，思考自己提出分手的态度、方式、理由。

（3）分手前尽量给对方一些信号，让对方有充分的时间做心理准备，并参与决定。单方面决定宣布，对对方而言是不公平的。

（4）提出分手时态度要温和而坚决。

（5）提出分手的时间和地点要慎重选择。分手的时间最好选择白天，因为晚上情绪比较难控制。分手的地点最好选择公开、安静、有旁人但不会干扰你们谈话的地方。

（6）要勇敢面对，不要逃避责任，不要说“我们从未爱过”这种自欺欺人的话。

（7）在顾及对方感受和尊严的情况下，真诚地说出为何分手。

（8）多从自己的角度去讲。避免责备对方人不好、脾气不好等，强调自己的理由，是自己的选择。

（9）分手后，保留一段感情的真空期，让彼此更清楚情感界限。

（10）做出决定后，不要出尔反尔，行动不要拖泥带水。

2. 被动分手时的思考和行动

（1）在对方提出分手后要保持冷静，先听听对方怎么说，不要从“我被甩”的角度来看问题。

（2）不要拒绝沟通，要勇敢地争取机会进行坦诚的讨论。

（3）不要死缠烂打，这会令对方更加讨厌自己，使自己更难受、更痛苦。

（4）别自己承担痛苦，这种哀伤是需要一定时间和措施去处理的。找亲近的人分担你的悲伤和压力，抒发自己内心的感受，找到感情定位。

（5）不要急着再次恋爱，避免在混乱的情绪中让新恋人成为替代品，找不到自己真正的感情归宿。

（6）分手初期最好不要和对方见面。

（7）不要因被动分手而自卑，爱情是选择的结果，不是你的错。

3. 陷入失恋时的思考和行动

（1）正视现实。改变自己的认知，意识到感情是双方的事，不是一方的对与错，恋爱是双方的自由选择，每个人都有爱和不爱的权利。失恋是很自然的事，有成功也有失败，别人不选择自己不等于自己不优秀，失恋也并非永远失去爱情。

（2）换位思考。不要把错误都归结于对方，要设身处地为对方着想；也不要过分自责，可以总结自己的错误，尽快完善自己，在反省中提炼成长的力量，以便今后获得幸福爱情。

（3）合理化。可以多想想恋人的缺点，反思昔日与恋人相处过程中存在的问题，多罗列自己的优点，尝试去理解对方和自己。

（4）合理宣泄。不要过分埋藏和压抑痛苦，可以找人倾诉，甚至大哭一场，还可以外出旅游、运动、写日记、唱歌等，适度释放心理负荷，宣泄不良情绪。

（5）升华。失恋后建议给自己一段时间，不要迅速开启一段新恋情，要用正确的方式来弥补情感上暂时出现的真空期，可以把主要精力用在学习上，也可以搞文学艺术创作，做到失恋不失态、失恋不失志、失恋不失德、失恋不失命。

（6）如果你发现自己持续地情绪低落（持续超过两周）、不愿意和周围的人联系、有轻生的念头、持续睡眠不好、对感情和生活感到绝望，应主动寻求心理咨询师或精神科医生等专业人士的帮助。

心理训练

失恋助我成长

失恋是大学生中比较常见的最大的情感挫折，当不得不面对失恋时，该怎么办呢？

1. 齐心协力，寻找失恋的十大好处

尽管失恋是痛苦的和不幸的，但并非绝对是坏事，在某种意义上还可以说是好事，因此请同学们以各小组为单位、分别列举失恋的好处。每个小组最多列举十条建议，之后在全班范围内全体同学共同评出最合理、最可行的建议，并将此作为本班共同的情感自卫盾牌。

请以下面的句型为模板，完成十句话。

因为我失恋了，所以我获得了________________。

因为我失恋了，所以我获得了________________。

因为我失恋了，所以我获得了________________。

因为我失恋了，所以我获得了________________。

因为我失恋了，所以我获得了________________。

因为我失恋了，所以我获得了________________。

因为我失恋了，所以我获得了________________。

因为我失恋了，所以我获得了________________。

因为我失恋了，所以我获得了________________。

因为我失恋了，所以我获得了________________。

2. 七嘴八舌，探索释放失恋情绪的渠道

尽管失恋后的我心情很不好，但是我不会永远是这样的。朋友们告诉我，我可以用这些方法来放飞自己的心情。

方法一：________________________。

方法二：________________________。

方法三：________________________。

方法四：________________________。

3.“静夜思”，分析失恋的原因

这一次我在______________方面没有做好，以后我将____________去改进。

资料来源：陆洪、宋彤：《大学生心理健康教育与发展》，北京理工大学出版社2017年版，第131页。

三、大学生爱的能力的培养

爱是一种能力，也是一种艺术。弗洛姆在《爱的艺术》一书中指出：“爱是一种主动的能力，因而它像其他艺术一样，是可以而且应该学习的。”没有获得爱的人正是由于爱的能力发挥失败，克服这种失败的唯一途径是研究爱的艺术，从理论和实践两方面来学会这门艺术，找出爱失败的原因。因此，大学生应在学习爱的知识的前提下，培养爱的能力。

（一）鉴别爱的能力

首先，好感不是爱情。好感是一种直觉性的感情，它不一定会发展成爱情，而爱情是以心灵的融合为基础的。其次，感情冲动不是爱情。感情的冲动常常是暂时的、脆弱的，它是两性吸引的结果，爱情则是一种炽热又深沉、强烈而持久的感情。最后，友谊不是爱情。大学生对他人产生好感是正常现象，但这种欣赏、喜欢和信任等不一定是爱情，爱情具有排他性和封闭性，以性的吸引为前提。泰戈尔（Rabindranath Tagore）曾经说过：“友谊意味着两个人和世界，然而爱情意味着两个人就是世界。”

（二）表达爱的能力

当你爱上一个人时，能否用恰当的方式和语言向对方表达出来？一个人心中有了爱，在理智分析之后，要敢于表达、善于表达，这是一种爱的能力。表达爱需要勇气、信心和真诚，其中真诚最为重要，当面表白时一定要态度端正；表达爱需要用恰当的方式和语言；表达爱也意味着要承担责任。

（三）接受爱的能力

一个人面对别人的爱，能及时准确地对爱进行判断，并做出接受、拒绝或再观察的选择，这也是一种爱的能力。大学生应懂得爱是什么，拥有健康的恋爱价值观，知道自己喜欢什么、需要什么。当别人向你表达爱时，要及时准确地对爱的信息做出判断，坦然地做出选择。

（四）拒绝爱的能力

拒绝爱的能力是对自己不愿或不值得接受的爱进行拒绝的能力。在不希望得到的爱情到来时，要果断、勇敢地说“不”，因为爱情来不得半点的勉强和将就。当一个人遇到不是理想恋爱对象的人示爱时，不能简单地拒对方于千里，拒绝爱时，要注意以下五点。

1. 选择恰当的时机，在双方情绪稳定时提出。不在对方有极端情绪和行为时提出，在对方有极端情绪和行为时，可以暂缓提出拒绝。

2. 使用策略，巧妙地拒绝。最主要的策略是充满善意和真诚地拒绝，避免指责对方或者攻击对方的弱点；另一个策略是在拒绝的时候可以强调不做“男女朋友”，但可以做普通朋友。另外，拒绝时要肯定对方的优点，真诚地说明自己不能接受这份感情的理由，切不可冷嘲热讽、恶语伤人，以免使对方的感情和自尊心受到伤害。

3. 尊重他人，不逃避责任。虽然每个人都有拒绝爱的权利，但是珍重每一份真挚的感情既是对他人的尊重，也是对一个人道德情操的检验。一个人鼓足勇气向心仪之人表白是对他的欣赏、喜欢和认可。被追求者首先要真诚地感谢他人，然后再说出拒绝的理由，要承担起拒绝的责任，最好亲自和对方沟通。

4. 态度明确，表达清晰。有的人拒绝他人时非常委婉，表达的信息很模糊，拖泥带水，容易让人产生误解，最好能在阳光明媚的白天，选择半公开的场合，明确地表达自己的态度和决定。

5. 言行一致，拒绝暧昧。有些大学生担心给别人造成伤害，优柔寡断，虽然言语上拒绝了对方，但是行动上还与对方有较亲密的接触，例如，单独和对方去看电影或吃饭，接受对方的礼物或邀请，使对方容易误解，认为还有机会。这样是不对的，要言行一致。

（五）发展爱的能力

发展爱的能力包括保持爱情长久和解决爱的冲突的能力，就是要培养无私的品德和奉献精神，善于处理各种矛盾，能妥善处理恋爱与学业、与人际交往的关系。这需要做到：真正关心对方，走进对方的内心世界；拥有智慧、耐力，能够持之以恒；保持自己的个性，有自己的追求和理想；善于学习新东西，善于交流，彼此欣赏。另外，发展爱的能力，并不是非要具体到对某一异性的爱，也可以是广泛意义上的爱，对亲人、同学、朋友以及对祖国和人民，都需要我们去热爱，所以大学生应该培养无私的品格和奉献精神，增强社会责任感，厚植家国情怀。

思政课堂

情长纸短，吻你万千——周恩来与邓颖超的情书

周恩来与邓颖超于1919年相识，相伴50多年，两人相知极深，相爱也极深，始终把“互爱、互敬、互助、互勉、互商、互谅、互信、互识”作为相伴终生的准则。两人之间的往来书信，承载着他们为共同理想而携手奋斗的岁月情深。现在，就让我们一起穿越时空去品读他们爱情书简的诗话吧。

周恩来致邓颖超

（一九四二年七月三日）

超：

昨天你们走后，朦胧睡去，醒来已近黄昏。晚饭以稀饭配火腿充饥。饭后读唐诗数首，食柑子一个。十时就寝，服安眠药两包。今晨五时半醒六时又睡，八时漱口吃面包两片。……大约再五六天可下地，适等你们女子生产期也。我自摸硬处亦减少，侧睡亦较从前为易。

天气虽热，尚能静心。望你珍摄，吻你万千！

翔

邓颖超致周恩来

（一九四二年七月七日）

来：

正以你为念，接到泰隆信，知你昨夜睡眠好，不曾受日间多人谈话的影响，悬念着的心，如一释重负，而感到恬适轻松！

真的，自从你入院，我的心身与精神，时时是在不安悬念如重石在压一样。特别是在前一周，焦虑更冲击着我心，所以，我就不自禁地热情地去看你，愿我能及时地关切着你的病状而能助你啊！

现在，你一天比一天好起来，而且快出院了，我真快活！……

明天不来看你，也不打算再来，一心一意地在欢迎你回来，我已在开始整洁我们的房子迎接你了。……

情长纸短，还吻你万千！

颖妹　手草

周恩来与邓颖超的一生，相知相扶、共同进退，共同成就了伟大的事业。这对革命伴侣的浪漫，不是狭隘的小情小爱，而是融入了对人民、对国家的无私大爱之中。同样的爱国情怀、要为祖国大业做出一份贡献的理想，让他们走到一起，并且他们的爱情越来越坚定。就正如邓颖超在《从西花厅海棠花忆起》一文中说："我们革命几十年，出生入死，艰险困苦，患难与共，悲喜分担，有时战斗在一起，有时分散两地，无畏无私。在我们的革命生涯中，总是坚定地、泰然地、沉着地奋斗下去。我们的爱情，经历了几十年也没有消减。"

资料来源：

学习小组整理：《周恩来与邓颖超的情书，留住了爱情最好的模样！》，澎湃新闻，2024年2月14日。

第三节　大学生的性心理

案例分析

性的困惑

小宇，男，大二。一开始他与咨询师倾诉自己最近学习成绩下降，想提升学习效率；后又谈到与舍友的关系疏远，但谈话吞吞吐吐、词不达意，且始终不敢与咨询师目光接触。经鼓励后小宇道出了心中的秘密：大一时一次偶然机会在手机上看到黄色视频，那露骨的性爱动作和夸张的表现，让其感到极大兴奋和刺激，看完后便开始手淫。此后脑中经常闪现黄色视频，在生活中看到身材丰满的女性时也会产生性冲动，手淫次数频繁，但每次过后都非常后悔，觉得自己特别不争气、下流，又听人说"一滴精十滴血"，感到身体大不如从前，睡眠差，记忆力下降，成绩下滑，又担心被别人知道而感到羞愧，曾多次尝试着去控制，可效果很差，自己也不知道如何摆脱。

处于青春芳华阶段的大学生，对如何正确处理自身的性需求，可能也会有不少困惑。大学生处于性生理发育成熟、性心理也逐渐趋于成熟的时期，有正常的性欲望和性冲动，对异性充满好奇，并产生好感和爱慕，对性有较浓厚的兴趣和神秘感。

一、性爱的本质

两个人能够相爱，性吸引是基础。这里的“性”，不仅指性活动，而且是一种广泛意义上的性，既包括性活动和性的感觉，也包括想象中的并未发生的性关系。性爱的本质是两个相爱的人共同营造出的、饶有兴趣的爱的交流和探索。

人类的性是由生理、心理和社会因素形成的一个整体。人类生命的诞生、性成熟、性繁衍等性生理属性是性的自然属性；个体的动机、态度、情绪、人格及行为的综合体现是性的心理属性；在一定的历史条件和具体的社会关系中，人类性活动所表现的性角色的形成、性的社会化、性活动与环境的关系、性观念、性习俗、性文化等，是性的社会属性。性的社会属性起着决定作用，是性的本质属性。大学生的性生理发育成熟、性心理也逐渐趋向成熟，这一时期也是大学生的性生理需求与性的社会规范之间存在冲突的阶段。

二、性心理健康

（一）性心理健康的定义

性心理健康指个体具有正常的性欲望，能够正确认识性的有关问题，并且具有较强的性适应能力，能和异性进行恰当交往，在免受性问题困扰的同时，还能增进自身人格的完善，促进自己身心的健康发展。

世界卫生组织对性心理健康所下的定义是：通过丰富和完善人格、人际交往和爱情方式，达到性行为在肉体、感情、理智和社会诸方面的圆满和协调。

（二）性心理健康的标准

性心理健康的标准包括以下七点。

1. 正确认识和接纳自己的性别。一个性心理健康的人，能正视自己的性心理发育、性心理变化，能在所处的社会环境中正确评估自己，能客观地评价自己和他人，并乐于承担相应的性别角色。

2. 具有正常的性欲望。性欲望是能够获得性爱和性生活的前提条件。具有正常的性心理首先是具有性欲望，没有性欲望就不会有和谐的性生活，就会影响性心理健康。

3. 性心理和性行为符合年龄特征，即性生理和性心理的发展要保持统一。

4. 正确对待性变化。人在生长和发育过程中，性生理因素、性心理因素和性社会因素是交互呈现的，个体在其中要建立自我同一性才能保持三者的和谐状态。三者的和谐状态要求个体能够正确对待性生理成熟所带来的一系列身心变化，在出现性冲动后，能够正确释放、控制、调节，使之符合社会规范的要求等。

5. 对性没有恐惧感。个人能够把性作为生活的一部分而科学对待，不存在对性的恐惧和怀疑。

6. 和异性保持和谐的人际关系。在交往过程中，保持独立而完整的人格，做到互相尊重、互相信任。

7. 保持正当、健康的性行为，符合社会伦理道德规范。

三、大学生常见的性心理问题及其调适

（一）大学生常见的性心理问题

大学生性生理虽然已经发育完全，但性心理并未完全成熟，在性的方面会有一些困扰。

1. 性冲动和性幻想的困扰

性幻想指个体在某种特定因素的诱导下，自编、自导、自演与性交往内容有关的心理活动的过程。偶尔或适度的性幻想是性冲动的一种发泄方式，是性发育过程中出现的一种正常现象，它代表性知觉的觉醒和性意识的萌发，一般是有益无害的。不管怎样，一个人的性幻想并未构成行为，所以不必过分自责，不要认为是卑鄙的、见不得人的事。事实上，性幻想对于减少人的紧张与焦虑，乃至性压抑是有益的。但是，如果频繁出现性梦或性幻想且沉溺其中，影响正常的学习和休息，甚至把性幻想当作现实，就会成为病态，应加以调节和克服。大学生可以用一种积极的、富有建设性的、能为社会所接受的方式来取代、转移性欲，如用绘画、音乐、体育活动等使能量得以转移。

2. 性自慰焦虑

性自慰就是常说的“手淫”，指性欲冲动时用手或其他物品摩擦、玩弄性器官以引起性快感、获得性满足的行为。性自慰本身并不会带来坏处，它是“标准的性行为的一种”。美国性研究专家玛斯特斯（Masters）和约翰逊（Johnson）对性自慰和性交做了比较，发现二者基本一致，认为没有理由把性自慰当作有害身心健康的异常性行为看待。在大学生不能用性交行为来释放他们内心积聚起来的性冲动能量的情况下，性自慰是他们唯一可以采取的主要性行为。性自慰的危害并不在于性自慰本身，而在于对性自慰的担忧、恐惧、羞愧和罪恶感。对性自慰的错误认识，既是大学生烦恼的真正原因，也是大学生变得难以节制的心理原因。一般认为，适度自慰是一种合理释放性欲的方式。但是，长期频繁的性自慰会引起大脑高级神经功能和性神经反射的紊乱，从而影响身心健康，应自我调节，减少性刺激，通过更好的方式来宣泄、转移、升华性能量。比如，可以积极参加集体活动，加强人际交往，培养广泛的兴趣爱好，把注意力转向外界，关注社会、学业，树立远大理想，追求更高层次的心理需要。

3. 性心理偏差行为

性心理偏差行为指青少年性发育过程中的不适应行为，如迷恋黄色视频、参与不当游戏、轻度性别认同困难等，一般不属于性心理障碍，但对这些不适应行为应给予有效的干预。

如果大学生出现这些性心理偏差行为，如沉迷于黄色视频，则要采取转移注意力的方法予以纠正，比如转向参加文体活动等方法。大学生应该丰富兴趣爱好，培养开朗的个性，增强性道德观念和意志品质。通过咨询和自身的努力，存在性心理偏差行为的人往往能有效改变。

4. 同性恋

同性恋指一个人在性爱、心理、情感上的兴趣主要对象均为同性别的人，无论这样的兴趣是否从外显行为中表露出来。和异性恋一样，同性恋属于人类正常恋爱的类型之一，在许多国家已合法化。那些与同性产生爱情、性欲或恋慕的人被称为同性恋者。

如果发现自己有同性恋倾向，本人又没有心理冲突，觉得找一个同性恋人自己可以接受，这也没什么错。如果自己觉得这样不好，那么首先需要自己调整，正确认识同性恋。如果调整无效的话，就需要找专业的心理咨询机构帮助疏导了。

5. 性倒错

性倒错又称性变态，指异于常态的性行为，即采取偏离正常的方式来获得性满足，表现在性欲的唤起、性对象的选择、满足性欲的方式等几个方面。其共同特征是对常人不易引起性兴奋的某些物体或情境有强烈的性兴奋作用，或者采用与常人不同的异常性行为方法满足性欲或有变换自身性别的强烈欲望，以及其他与性有关的常人不能理解的性行为和性欲、性心理异常。大学生中出现的性变态有以下几种情况：

（1）恋物症

恋物症是指把无生命的物品或把异性身上的非性感部分作为对象以引起性兴奋，通常开始于青春期，多见于男性，这些人对异性本身或异性的性器官没有兴趣，而把兴趣集中在异性的乳罩、内裤、内衣或头发、手、足、臀等部位，通过抚摸、嗅、闻等方式伴以自慰，或在性交时由自己或要求性对象持此物品，获得性满足。有恋物症的大学生具有一定的强迫意向，为了满足个人的性需求，不惜用非法手段，如偷窃、抢劫等去获取异性的物品，在获取的过程中常常伴有焦虑和自责情绪，然而在机会到来时，他们又往往难以克制自己。恋物症是性心理幼稚的表现，是一种可以纠正的性心理障碍。

（2）露阴症

露阴症是指在不适当的环境下在异性面前公开暴露自己的生殖器，引起异性紧张情绪反应，从而获得性满足。有露阴症的学生的意识大都是清醒的，因此他们在事后往往很懊恼，当被人当作“流氓”抓起来后更是羞愧难当。露阴症者本身的目的是使对方惊恐不定、羞辱难耐或耻笑辱骂，从中获得性满足。有的还伴有其他行为，如在露阴的同时与对方说明，证明其生殖器是正常的；或大喊大叫，同时伴有手淫行为；还有的试图与对方的手接触。越是在大庭广众之下，受害者反应越强烈，冒险性越大，患者兴奋程度越高，如果对他们的表现不屑一顾，露阴症者就得不到性满足了。

（3）窥淫症

窥淫症是指通过窥视异性的裸体、阴部或他人的性活动而获得性快感的一种性偏离。由于有的人利用特殊场所（如厕所）、特殊手段（如利用镜子反射）来偷看异性的阴部，故又称窥阴症。一般多见于男性。窥阴手段隐秘，有的在墙上挖洞，从门缝里偷看，有的于夜间站在高处偷看，有的借助反光镜、望远镜，也有的装扮成女子潜入女浴室或女厕所。窥淫者对自己的行为后果有明确的自知力，但无法自控，处于一种欲罢不能、屡改屡犯的痛苦处境，但对异性没有进一步的性接触或性侵犯。患者的人格大多不健全，多是内向、孤僻的人，且缺乏与异性交往的能力。

（4）异装症

异装症即迷恋异性的服装，一有机会就穿着异性的服装，有的人还同时自慰，以此方式来获得性的满足。但是和易性症不同，异装症承认自身的生理性别。比如生理上是男性的，还承认自己是男性而不认为自己“应该”是女性。社会对女性偶然穿着男性服装是比较接受的，并不认为是什么问题；相反男性穿着女性的服饰则不易被社会所接受，往往更容易被看作心理障碍。

导致性变态的原因目前尚不明确，包括生物遗传、心理学、环境和社会等方面因素的影响。性变态患者对正常的性活动通常没有要求，甚至心怀恐惧，他们的变态性行为常具有强迫性和反复性，他们的自我控制和自我保护能力往往较差，但并非时时发作。他们只是在歪曲的性冲动支配下，在特定的情景和处境下突然付诸行动，当时怎么也控制不了自己。他们在事前并无周密准备，案发后又能供认不讳，常常感到痛心疾首、无限悔恨。有些人强烈要求医治，希望摆脱这种令人痛苦的状况，但也有些人则不认为自己有病。

（二）大学生性心理问题的调适

1. 科学地掌握性知识

大学生应该具有系统的性生理、性心理和性社会知识。

（1）应该阅读一些正规出版发行的性生理和性心理方面的科普书籍或性社会学、性伦理学、性法律学等专门论著，使自己构建合理的性知识结构。

（2）有性困惑时，可以咨询父母、性教育工作者或有关医生。这有助于帮助自己消除误解，解除心理负担。有的大学生有了性的困惑就在网上寻找性的知识内容，这些内容往往是“黄色”的、“淫秽”的、不科学的，或者具有煽动性的。这样不仅不能帮助大学生掌握健康的性知识，还会给大学生性心理和性行为的形成带来不利影响。

2. 积极进行自我调节

（1）正确认识，端正思想

正确对待性冲动，接受性冲动的自然性和合理性；学习性生理、性心理的有关知识；了解青春期性意识发展规律；树立科学、健康的性意识观念。青年时期是性欲望、性冲动、性兴趣频繁出现的时期，大学生应努力培养自己的性抑制力，以便适应复杂多变的文化环境和生活环境。既要遵从人的自然本性，又要符合道德规范，还必须加强法治观念；防止自己在两性吸引和性欲冲动中，以及在偶然诱因影响下的冲动或越轨行为。

（2）积极导引，良好适应

一是通过学习、工作和集体活动等多种途径使生理能量得到释放、补偿、升华以及有效转移。可以参加跑步、篮球等体育活动，也可以通过写作、绘画表达对性的看法和感受，来释放能量；还可以积极参与支教、敬老等社会公益活动，将对自己的“小爱”，扩展成对社会的“大爱”，消融“小我”欲望，并升华成更有建设性意义的崇高行为。二是学会认识和欣赏异性，与异性大方而自然地交往，有利于减缓性压抑，培养健康的情感，从而调节深层的本能，使之趋于高尚。但是要注意摆脱低级趣味，不要限于身体的吸引，尤其是不要与庸俗的异性接触，避开一些人在物质、精神、肉体等方面的诱惑。三是正确处理学业与爱情的关系，顺其自然地处理两性关系，不必刻意追求，如果为了满足自我的需要而刻意去追求，是不可取的。

（3）关注问题，及时处理

通常性心理困扰的直接后果是产生自卑、自责和自我否定的倾向，它不仅影响大学生的情绪，也影响人际交往和学习效率。所以一旦发现自己存在性心理问题，就应及时处理。许多大学生的性心理困扰是源于对自己性身份、性幻想、性欲望、性冲动的害怕。因此，可以找知心朋友交流，一方面合理宣泄自己的不良情绪，另一方面获得一些如何应对青春期烦恼的知识和经验，有助于自我调节。必要时可寻求心理咨询师或精神科医生等专业人士的帮助，消除心理困扰。

3. 拒绝“黄色”诱惑，预防性病和艾滋病

（1）拒绝“黄色”诱惑

人们常把淫秽书刊、淫秽录像对青少年的腐蚀和毒害比喻成“精神毒品”和“杀人

不见血的软刀子”。有关专家认为，淫秽物品之所以导致人的堕落或犯罪，是因为它能够摧毁人的心理防卫机制。这种防卫机制主要由社会的思想道德观念、法治观念构成。由于它是建立在性禁锢基础之上的，因此在各种“黄色”诱惑下，就显得非常脆弱，极易被摧毁。几乎所有的淫秽出版物都是在直接或间接地宣扬性自由、性开放的主张，并通过活生生的形象表现这种开放的毫无节制的自由放纵。它诱惑人忘记一切社会规范，为了满足性欲，变得疯狂与不择手段。因此，正在成长中的大学生应自觉地抵制“黄色”诱惑，保持健康的性心理。

（2）预防性病和艾滋病

性病，全名为性传播疾病，是以性接触为主要传播方式的一组疾病。常见性病有梅毒、淋病、软下疳、性病性淋巴肉芽肿、生殖器疱疹等。性传播疾病已成为世界性的公害。

艾滋病，全称为获得性免疫缺陷综合征（AIDS），是一种由人类免疫缺陷病毒（HIV）引发的慢性传染病。这种病主要损害人体免疫系统，破坏人体的抵抗力。中国艾滋病的发展趋势正在从高危人群转向传统意识中的低危人群，大学生成为受到威胁的人群之一。艾滋病的传播途径一般是性接触传染、血液和器械传播、母婴直接传染、身上的皮肤或黏膜的破损伤口接触等方式传染。

正在成长发展中的大学生应该加强道德自律，洁身自爱，不借用或共用剃须刀、刮脸刀等个人物品，严禁性滥交，杜绝吸毒、性错乱等社会的丑恶行为，这样才能远离性病和艾滋病，保持身心健康，也为将来的幸福生活奠定美好的基础。

拓展资源

心理书籍推荐：《亲密关系（第8版）》

作者：［美］罗兰·米勒（Rowland S. Miller）著，王伟平译

出版社：人民邮电出版社

出版时间：2024年

推荐理由：恋爱是一种能力吗？吸引力的秘密是什么？为什么我们越来越难以开启一段恋爱关系？数字化是如何影响我们的亲密关系的？同性恋是由基因决定的吗？女人比男人更容易妒忌吗？亲密关系美满的秘诀是什么？如何预防“恋爱脑”，科学理性地谈论爱？诸如此类的亲密关系问题，你都可以从书中找到答案。

内容简介：作者从科学心理学的视角，以翔实的研究文献讲述了亲密关系的方方面面：从友谊到爱情，再到性爱；从建立到维护，再到解体和消亡。用饶有趣味的论述，总结出人们在交往与沟通、爱情与承诺、婚姻与性爱、依恋与妒忌等方面的行为特点和

规律。本书兼具科学性和时代性，内容丰富、语言优美；既注重专业性，又强调可读性。它为我们双向奔赴的爱提供了科学的分析框架、方法论和工具包。

心理影片推荐：《怦然心动》

导演：［美］罗伯·莱纳（Rob Reiner）

上映时间：2010年

心理学看点：于成长中邂逅爱情，亦在爱情中收获成长。这是有关对人成长的思考，涉及个人自尊与爱情的辩证关系、家庭对个人成长的影响，以及如何认识自我、发现自我、完善自我，在独立中不断追求梦想。

剧情介绍：本片讲述了两个学生从初识、暗恋、矛盾、挽回到重新认识的过程。朱莉·贝克虔诚地相信三件事：树是圣洁的（特别是她最爱的梧桐树），她在后院里饲养的鸡生出来的鸡蛋是最卫生的，以及总有一天她会和布莱斯·罗斯基接吻。二年级时的一瞬间，朱莉的心就被他击中了。不幸的是，布莱斯对她从来没有感觉。而且，他认为朱莉有点怪，怎么会有人把养鸡和坐在树下当作乐趣呢？

没想到，到了八年级，布莱斯开始觉得朱莉不同寻常的兴趣和对家庭的自豪感使她显得很有魅力。而朱莉则开始觉得布莱斯漂亮的蓝眼睛也许和他本人一样其实很空洞，毕竟，怎么会有人不把别人对树和鸡的感情当回事呢？

本章小结

1. 爱情作为人与人之间一种特殊的社会关系，具有其鲜明的特点：自主性、互爱性和平等性、专一性和排他性、持久性。

2. 成熟的爱包含给予、关心、责任心、尊重和了解五个基本要素。

3. 解决恋爱冲突，需要看到彼此的差异和内在的需求，双方真诚、有效地沟通，以及调整情绪，协商解决冲突。

4. 大学生爱的能力包括，鉴别爱的能力、表达爱的能力、接受爱的能力、拒绝爱的能力和发展爱的能力。

5. 拒绝爱时需要注意：一是选择恰当的时机，在双方情绪稳定时提出；二是使用策略，巧妙地拒绝；三是尊重他人，不逃避责任；四是态度明确，表达清晰；五是言行一致，拒绝暧昧。

6. 大学生可以通过科学地掌握性知识，积极进行自我调节，拒绝“黄色”诱惑，预防性病和艾滋病等方法来调适性心理问题。

课后思考题

1. 什么是爱情？可否描述一下你心目中理想的他（她）？当你对异性产生好感时，你是怎样表达情感的？

2. 如何解决恋爱中的各种矛盾？

3. 你认为应该如何经营一份美好的爱情？

4. 如何看待大学生婚前性行为和同居现象？谈谈有哪些方式可以帮助大学生形成健康的性心理？

第十章

披荆斩棘　扬帆起航

——大学生压力管理与挫折应对

奋斗的道路不会一帆风顺，往往荆棘丛生、充满坎坷。强者，总是从挫折中不断奋起、永不气馁。

——习近平

天将降大任于是人也，必先苦其心志，劳其筋骨，饿其体肤，空乏其身，行拂乱其所为，所以动心忍性，增益其所不能。

——孟子

学习目标

了解压力的含义、来源以及压力的作用，掌握大学生常见的压力以及压力管理的策略，了解挫折的定义和来源，了解不同的防御机制，理解挫折背后的含义，学会从认知、行为和人格层面应对压力和挫折，正确认识压力与挫折，培育百折不挠、不懈奋斗的意志品质，争做德智体美劳全面发展、担当民族复兴大任的时代新人。

课程导入

小A同学就读于国内某大学，学习成绩良好，位于专业前几名。其父母对小A抱有很大的期望，希望其出国深造，而她本人也与父母的想法一致，所以她非常刻苦地学习。小A几乎每天都是宿舍里起床最早的人，经常学习到晚上11点才回宿舍休息。近几个月以来，小A对自己的要求越来越高，不断压缩吃饭和睡眠时间，只要是规定的计划有一点没做好，她就会号啕大哭。尤其是最近一周，她每天都在为琐事而哭泣。前不久因为上课走神，她回宿舍哭了两个小时。小A知道这样并不好，但就是控制不住自己。她每天都十分难受，父母也很心疼，让她不要太苛求自己，可是小A就是无法控制。

你是否也曾遇到过各种各样的压力与挫折，你当时的感受是怎样的？你又是采用什么方式减轻压力的？如果遇到挫折和压力，你会如何处理？

压力与挫折和大学生如影随形。适度的压力与挫折，能激发个体的斗志和韧性，促进个体成长，但当压力和挫折超过个体的身心所能承受的负荷时，有可能会把人压垮。那么什么是压力，什么是挫折？大学生都面临哪些方面的压力和挫折呢？又该如何有效地应对压力与挫折？本章将带领大家一起学习压力与挫折应对的基础知识，帮助大家正确认识压力与挫折。

第一节　压力概述

一、压力的含义

（一）什么是压力

“压力”这一概念最早是在1936年由加拿大著名内分泌学家、“压力之父”汉斯·塞里（Hans Selye）提出的，他在著作《生活的压力》中首次将“压力”一词用于对人类的研究。塞里认为，压力是人们呈现出某种特殊症状的一种状态，这种状态是由生理系统中应对刺激的反应所引发的非特异性变化导致的。

一般认为，压力有三层含义：第一层指导致机体产生紧张反应的刺激；第二层指机体对刺激的紧张性反应；第三层指由于机体与环境之间的“失衡”而产生的一种身心紧张状态。普遍被接受的看法是压力是指由刺激引起的，伴有躯体机能以及心理活动改变的一种身心紧张状态。

（二）压力源

压力源是导致压力发生的刺激、事件或环境，可以是外界物质环境、个体的内部环境或心理社会环境。

压力源广泛存在于我们的生活之中。有些压力源是稍纵即逝的，它会引起个体瞬间的兴奋和欢欣。有些压力源则会持续几日、几周或数月，造成自我习惯性的高压反应，经常使人处于一种戒备状态中，甚至导致心理失衡。如果我们对造成压力的各种因素进行大致分类，可以将其划分为生物性压力源、精神性压力源和社会环境性压力源。

生物性压力源是直接阻碍和破坏个体生存与种族延续的事件，包括躯体创伤和疾病、饥饿、性剥夺、睡眠剥夺、感染噪声、气温变化等。

精神性压力源包括错误的认知结构、不良经验、道德冲突及造成不良行为的个性心理特点，比如悔恨、多疑、嫉妒。

社会环境性压力源是一组直接影响主体社会需求的事件。社会环境性压力源又可以分为两类：第一类是纯社会性的社会环境性压力源，如重大社会变革以及重要人际关系破裂（失恋、离婚）、家庭长期冲突等；第二类是由自身状况（如精神障碍、传染病）造成的人际适应问题（如社会交往不良）等社会环境性压力源。

总之，生活中的任何事件，不管是正向的还是负向的，都可以成为压力源。但不同人对同种压力的感知是不一样的。例如，同样是期末考试成绩60分，有的同学会认为已经很不错了，有的同学会觉得考试成绩不理想，离自己的目标还很远。

（三）压力反应

人在压力状态下会出现一定的生理反应、心理反应和行为反应，这些身体和心理信号提示人们要关心自己的压力水平。

1. 生理反应

当个体感觉到威胁或压力时，机体内部的自我调节机制将会最大限度地调动机体的潜在能力，以有效地应对外界环境的变化，这是压力的生理反应。在体内潜能大量消耗的同时，那些与情绪反应无直接联系的器官或系统会因得不到必要的能量，而难以维持正常的功能，主要表现在自主神经系统、内分泌系统和免疫系统等方面，例如心率加快、血压升高、呼吸急促、免疫力降低、内分泌系统紊乱、出汗、呕吐等。

2. 心理反应

压力适中的情况下，压力可以激活个体的潜能，使个体能够以更积极、更有效的状态投入所面临的压力情景当中，更好地完成任务。

当压力过大或过小时，个体在认知和情绪等方面会有不同表现。在认知反应方面，表现为注意力下降、难以专心，记忆力、分析能力和逻辑思维能力下降，容易思维阻塞、遗忘等。在情绪反应方面，容易出现精神紧张、焦虑不安、烦躁、易怒、攻击性增强、恐惧、无助、悲观、自责、情绪控制能力下降、工作成就感降低等。

3. 行为反应

压力状态下的行为反应可分为直接反应与间接反应。直接行为反应指个体在直接面临紧张刺激时，为了消除刺激源而做出的反应。例如，路遇歹徒时，会与其搏斗或逃避。间接行为反应指自我为了减少或暂时消除与压力体验有关的苦恼，用酒、烟等使自己暂时缓解紧张状态。

如图10-1所示，当任务难度一定时，压力程度不同，学习表现不同，产生的一系列心理或生理的反应也不同。人们做出这些反应，在一定程度上是机体主动适应环境变化的需要，它能够唤起和发挥身体的潜能，增强人体抵御疾病的能力。但是过低或者过高的压力会导致自我的身心健康受损，工作效率下降，人际关系恶化，适应能力下降，免疫系统减弱等。

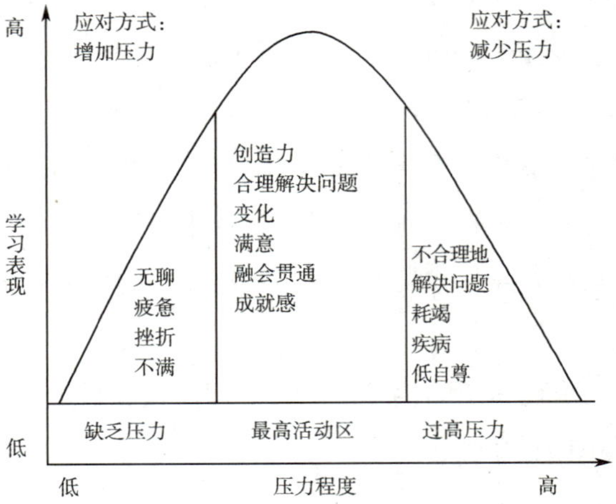

图10-1　压力适当论

二、压力的作用

压力对人们的影响比我们想象的更为复杂，对大学生心理具有两方面的作用：一是积极作用，一是消极作用。

（一）积极作用

在心理方面，适度的压力是推动大学生进步和创造的原动力，能够激发人的潜能，使大学生更加勤奋地学习或实践，获得对社会和对自己更深刻的认识。

在行为方面，当人们感受到一定压力时，往往会加快行动，高效地完成任务，更好地应对生活中的挑战。理想压力水平可以激发人的热情、敏锐度，让人充满干劲，从而获得较好的绩效。例如，你突然意识到差点忘记一个重要的约会，当在你感受压力的同时，动作会麻利许多。在考场上超常发挥、在实践项目当中表现出色都是将压力调整到适度水平达到的效果。

（二）消极作用

在心理方面，如果压力超过承受限度，会使大学生过高估计各种困难，信心不足，情绪处于紧张、烦躁、焦虑等消极状态当中，导致思维迟钝、抑郁、焦虑、激动不安、愤怒、沮丧、失望、健忘等，会使大学生自我评价降低，自信心减弱，出现消极被动、无所适从的心理。

在行为方面，人们在感受到过度压力后，会因为不堪重负而败下阵来。比如在演讲临上台前，可能会在重压下崩溃。而当没有压力或压力过小时，办事效率就会很低，精神状态会变得枯竭、乏味，可能会出现学习成绩、工作效率下降的现象。

另外，压力除了在心理和行为方面有影响，在生理方面也会产生很大的影响。压力的生理性反应是自动而固定的反应，是不易用意识加以控制的。当大学生面对压力时，其神经系统与腺体会进行一系列的活动，比如呼吸加快、心跳加速、血压升高、分泌更多的甲状腺刺激激素和肾上腺皮质激素，使身体各器官处于“备战状态”，以产生充分的能力对抗或躲避压力。当压力过大时，可能会导致睡眠问题、饮食失调、免疫力下降以及身心疾病等。

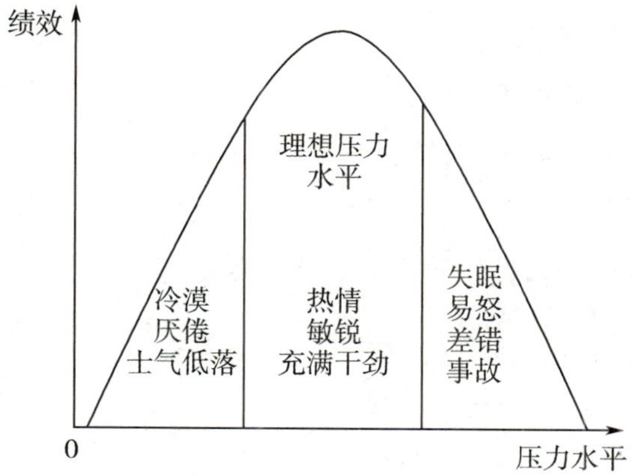

图10-2　压力与效率的关系

心理测验

压力测试

测试询问最近一个月来你个人的感受和想法，请你在作答时，指出你的感受和想法发生的频率。虽然有些题目看着相似，实则有所差异，所以每一题目均需作答。尽量以快速、不假思索的方式作答，不要去思考每一题分数背后的意义，以期真实地反映你的压力知觉状况。每一题都有5种选择：0表示“从不”，1代表“很少”，2代表“有时”，3代表“经常”，4代表“总是”。

1. 我受背痛之苦。______
2. 我的睡眠不足，且睡不安稳。______
3. 我有头痛的毛病。______
4. 我的腭部疼痛。______
5. 若需等候别人，我会不安。______
6. 我的后颈感到疼痛。______
7. 我比多数人更神经紧张。______

8. 我很难入睡。______
9. 我的头部会感到紧张或疼痛。______
10. 我有胃病。______
11. 我对自己没有信心。______
12. 我会和自己说话。______
13. 我担心财务问题。______
14. 与人见面时，我会窘怯。______
15. 我担心发生可怕的事。______
16. 白天我觉得很累。______
17. 下午我感到喉咙痛，但并非由于染上感冒。______
18. 我心情不安，无法静坐。______
19. 我感到口很干。______
20. 我有心脏病。______
21. 我觉得自己不是很有用。______
22. 我吸烟。______
23. 我的肚子不舒服。______
24. 我觉得不快乐。______
25. 我流汗。______
26. 我喝酒。______
27. 我很自觉。______
28. 我觉得自己的精神四分五裂。______
29. 我的眼睛又酸又累。______
30. 我的腿或脚抽筋。______
31. 我心跳过速。______
32. 我怕结识陌生人。______
33. 我手脚冰冷。______
34. 我会便秘。______
35. 我会未经医生指示而服用各种药物。______
36. 我发现自己很容易哭。______
37. 我消化不良。______
38. 我咬指甲。______

39. 我耳朵中有嗡嗡声。______
40. 我小便频繁。______
41. 我有胃溃疡。______
42. 我有皮肤方面的病。______
43. 我的咽喉很紧。______
44. 我有十二指肠溃疡。______
45. 我担心我的工作。______
46. 我口腔溃烂。______
47. 我为琐事忧虑。______
48. 我呼吸浅促。______
49. 我觉得胸部紧迫。______
50. 我发现自己很难做决定。______

【结果解释】

回答完毕后请把所得总分加起来，根据分数找到对应等级，并认真阅读其后面的解释。如果分数为38～70分，那么你的压力是适中的，不必寻求改变生活方式；如果分数为38～70分，那表示你可能需要对目前的生活方式进行调整。低分者需要获取更多刺激，高分者需要减轻自身压力。

93分或以上：你确实正在以极度的压力反应伤害自己的健康。你需要专业心理治疗师的忠告，他可以帮助你消减自己对压力的知觉，并改善生活的品质。

82～92分：你正在经历太多的压力，这损害了你的健康，并令你的人际关系出现问题。你的行为会伤害自己，也可能会影响其他人。因此对你来说，学会减轻自己的压力反应是非常重要的。你可能必须花许多时间做练习，学习控制压力，也可以寻求专业的帮助。

71～81分：你的压力程度中等，可能它正开始对你的健康不利。你可以仔细反省自己对压力是如何做出反应的，并学习在压力出现时控制自己的肌肉紧张，以消除生理应激反应。

60～70分：你生活中的兴奋与压力量也许是相当适中的。虽然你偶尔会有一段时间压力太大，但你也许有能力去享受压力，并且很快使自己回到平静的状态，因此压力对你的健康并不会造成威胁。做一些松弛的练习对你来说仍是有益的。

49～59分：你能够控制自己的压力反应，做一个相当放松的人。也许对自己所遇到的各种压力，你并没有将它们解释为威胁，所以你很容易与人相处，可以毫无惧怕地担任各种工作，也不会失去自信。

38～48分：你很不容易为压力所动，甚至不把它当一回事，好像其没有发生过一样。这对你的健康不会有什么负面的影响，但你的生活会因此而缺乏适度的兴奋，因此所获得的趣味也是有限的。

27～37分：你的生活可能是相当沉闷的，即使刺激或有趣的事情发生了，你也很少做出反应。可能你需要参与更多的社会活动或娱乐活动，以增加自己的压力激活反应。

16～26分：也许你在生活中所经历的压力经验不够，或是你没有正确地分析自己。你需要更主动些，在工作、社交、娱乐等活动中多寻求些刺激。做松弛练习可能对你帮助不大，但接受一些辅导也许会对你有帮助。

三、大学生常见的压力

大学生肩负着民族复兴的重任，承担着家庭的期望，胸怀着远大的理想，因此普遍承受着压力。例如，大一可能会有适应新学校的压力。大二、大三可能会有来自恋爱、人际交往、学习等各方面的压力。大四学生通常会有就业、升学等方面的压力。

（一）环境适应压力

刚刚跨入大学校门的新生，面对全新的环境，往往会有一个适应的过程。在这个过程当中，有些同学没有掌握自我适应的方式，不能很快融入新的生活，很容易感受到环境适应方面的压力。陌生的校园和群体、不同的饮食习惯和作息制度、远离家乡和亲人、很多问题需要自己解决和决定是大学生新生环境适应困难的主要原因。

（二）人际关系压力

人际交往也是大学生面临的主要压力源之一。处于青年期的大学生，人际交往的需要极为强烈，渴望通过人际交往满足自己物质和精神上的需求。但该年龄阶段的大学生社会阅历和人生经验尚浅，心智发育成熟与幼稚并存，世界观、人生观和价值观尚未完全形成。面对新的环境、新的对象、新的相处方式以及紧张的学习生活，一部分学生心理矛盾加剧。进入大学之后，大部分大学生都是在陌生环境中独立安排自己的生活，独立处理自己所遇到的各种问题，不可避免地会体验到孤独感、无力感和焦虑感。但是，由于人际交往的复杂性、人际交往经验缺乏以及人际交往技巧的不足，部分大学生存在不愿交往、不敢交往、不懂交往和不善交往的情况。

（三）学业压力

学业压力也是当前大学生所面临的主要压力源之一。学业压力指学生在为达成学习目的的过程中产生的负性、不适的感受。我国心理学家将学业压力界定为由学习引起的心理负担和紧张，主要来自外部环境因素或个体期望。学业压力不仅影响大学生的学习效率和学习成绩，还容易引发大学生的身心健康问题。

随着科学技术的飞速发展以及国家综合国力竞争的愈加激烈，我国对高素质人才的需求越来越迫切，对大学生提出了更高的要求。学习是在校大学生的主要任务，大学生的学业情况如何关系到能否顺利毕业以及可否找到一份好工作等一系列的问题。大学生要加强自主学习和探究，自主调节学习方面的压力，保持积极心态。

（四）经济压力

大学生面临的经济问题可能是不同的。一方面，有的学生觉得自己已经是成人了，要实现经济独立，自己养活自己，于是开始到处打工，承担学业和生活的双重压力；另一方面，大学生中有一部分同学家庭贫困，走进大学后他们的消费习惯与来自城市的大学生不同，在这种情况下部分大学生可能因与其他同学的比较而变得自卑，感受到来自经济方面的压力。

（五）求职就业压力

近年来，大学毕业生的数量猛增，工作岗位需求却不能与之相匹配，客观上导致大学生就业难、就业压力增大。从主观上来说，求职目标不明确、择业心理脆弱、期望薪资过高也是导致部分大学生就业压力增大的原因。比如，有些学生期望值过高，不能正确评价自己，与社会需求产生明显的反差，难以找准自己的定位。此外，有些大学生出身寒门，背负着父母的期望，希望能够尽快出人头地，如果找不到自己理想的工作，他们就会有较大的压力。

课堂活动

我的压力圈

1. 在图10-3中的大小圈内写下你的各种压力（大圈代表大压力，小圈代表小压力）。

2. 分享交流

（1）你的压力源有哪些？

（2）它为什么给你带来这么大的压力？

（3）每个压力圈给你带来怎样的感受？

（4）你是如何处理这些压力的？

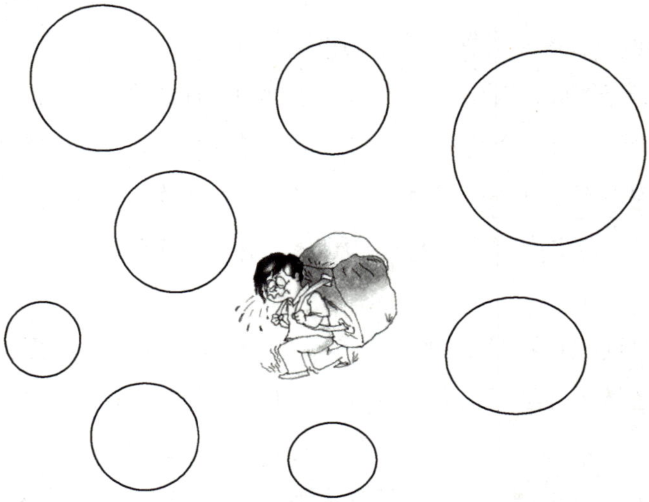

图10-3　我的压力圈

四、大学生压力管理的策略

面对激烈的社会竞争和严峻的就业形势，大学生普遍容易受到学业、就业、情感等方面的影响，加之社会生活阅历尚浅，在面对压力时常常不知所措，进而严重影响其身心健康。虽然压力是不可避免的，但大学生可以采取一些措施来减轻压力事件带来的影响，或者化压力为动力，利用压力创造更精彩的生活。

（一）正确认识压力

在同样的环境中，不同人感受到的压力是不一样的，大学生应该认识到生活并不总是一帆风顺的，困难是客观存在的。因此，遇到困难时不应该退缩，要无畏地去正视它、解决它。采取积极态度看待压力，可以磨炼人的意志，激发人的潜能，使人变得坚强。有研究发现，仅仅改变对压力的看法，就可以使个体身心健康不受压力的负面影响。曾有一项研究对28753名美国成年人进行了历时8年的追踪调查，结果发现那些相信压力有害健康的被试，会经常失眠、内分泌失调，这使死亡风险增加了43%，严重影响身心健康。但那些虽承受极大压力却不认为压力有害的人，他们死亡的风险没有升高，甚至比压力较少的被试死亡风险更低。因此，大学生在看到压力消极面的同时更要看到其积极的一面，任何成功都是在逆境和坎坷当中磨砺出来的。

（二）培养良好心态

近年来，积极心理学在大学生心理健康教育中得到了广泛应用，其主要理念是用全新的视角去解决系列问题，通过挖掘大学生自身的力量，进而达到维护大学生心理健康的目的。一个人的个性特征与压力易感性之间存在一定的关系，那些追求完美、易紧张或经常自责的人更容易产生压力。因此，为了减轻压力，应该培养大学生对外界事物的积极心态。例如，适度容忍自己的缺点，增强自信心，相信自己可以控制自己，都有助于减轻压力对我们的影响。

（三）学会合理归因

个体不仅会体验到成功和失败的滋味，而且会有意无意地寻找成功和失败的原因，这种对自己成功和失败的解释，就是归因。不同的归因倾向，会给人们的心理和行为带来积极或消极的影响。

美国心理学家伯纳德·韦纳（Bernard Weiner）认为，人们对行为成败原因的分析可归纳为以下六个方面。

第一，能力，根据自己的情况评估个人是否胜任该项工作。

第二，努力程度，个人反省、检讨在工作过程中是否已尽力而为。

第三，任务难度，凭个人经验判断该项任务的困难程度。

第四，运气，个人自认为此次成败是否与运气有关。

第五，身心状态，工作过程中个人当时的身体及心理状况是否影响工作成效。

第六，其他因素，个人自认为此次成败因素中，除上述五项外，其他相关人与事的影响因素（如别人帮助或评分不公等）。

合理归因对人的行为具有重要作用。如果一味地强调外因，个体就会忽视自我的力量，失去自信和责任心，导致失败。合理归因时应遵循“三要与三不要”原则：

1. 要客观分析影响成败的原因，不要主观臆断。

2. 要先从自己内部找原因，激发自我责任感，不要一味地埋怨环境，也不要一味地自责。

3. 要尽量找自己可以改变的因素，不要过多地归因于不可改变或太难改变的因素。

表10-1 韦纳成败归因理论

维度 / 因素	成败归因维度					
	因素来源		稳定性		可控性	
	内部	外部	稳定	不稳定	可控	不可控
能力	√		√			√
努力程度	√			√	√	
任务难度		√	√			√
运气		√		√		√
身心状态	√			√		√
其他因素		√		√		√

（四）掌握应对技巧

我们要认识到，现实生活中会充满竞争，心理压力和精神紧张的状态是无法彻底消除的，要对已出现或将要出现的压力有一定的准备。同时可以学习一些更有效的应对方法，在问题及后果还未引发之前，对压力加以控制。

常用的控制方法有：坦诚倾诉，在紧张情绪积累到一定程度后，可以找一位朋友或亲人诉说；增加休息、忙里偷闲，在还没有达到极度疲劳时，将工作步伐放慢；制定切合实际的目标，避免因期望过高而自己达不到目标时产生精神紧张；当感到工作量太大而内心紧张、焦虑增加时，最好把工作好好计划一下，使时间与精力能有效使用；经常运动，可调整身心，有助于发泄愤怒和消除压力；学会放松，每天可花几分钟的时间平静和安定情绪。以下几种方法可以帮助我们应对各种压力。

1. 一般身心放松法

放松是身体或精神由紧张状态转向松弛状态的过程，它主要是为了消除个体肌肉的紧张。当压力事件出现时，沉重负担不断积累，个人的压力增大，持续几分钟的完全放松，比一小时睡眠的效果还好。身体放松的常用方法有游泳、做操、散步、洗热水澡，精神放松的常用方法有听音乐、看漫画、静坐、钓鱼等。其他常用方法还有练瑜伽、进行冥想、正念训练、打太极拳等。所有的身心放松法都是通过松弛肌肉而达成的。

2. 放松训练

放松训练又称松弛反应训练或自我调整疗法，是一种通过机体的主动放松来增强对身体自我控制能力的有效方法。它是在一个安静的环境中按一定的要求完成某种特定的动作程序后，通过反复的练习使人们学会有意识地控制自身的心理生理活动，从而降低机体唤醒水平、增强适应能力，调整那些因紧张反应而出现紊乱的心理生理功能，达到预防和治疗疾病的作用。放松训练的具体方法有许多种，如直接放松与间接放松，全部放松和渐进放松等。

3. 改善睡眠

首先，睡眠的质和量存在个体差异。睡眠所需时间因人的年龄、健康状况、神经类型等的不同而存在差异，我们不必苛求每天必须睡满8小时，不足8小时就担心休息不好。另外，睡眠是否充足，除了时间因素，还要看睡眠质量，即睡眠的深浅程度。如果睡眠比较熟且深，那么睡眠的时间相对可以少一些。只要第二天精神状态良好，就不必为睡眠时间的多少而担忧。

其次，我们应积极正确地对待失眠。失眠本身对人的影响远没有失眠者对失眠的认识及态度不良而带来的思想负担及心理压力大。有些学生经常出现失眠症状就感到紧张，产生恐惧心理，害怕神经衰弱，心理负担很重，或者一遇到失眠问题就服用安眠药、补脑药，结果睡眠效果反而很差。其实，失眠不等于神经衰弱。通过个体心理、行为的调整，失眠状况是可以改善的，不必夸大失眠对人的影响，以免给自身造成巨大的心理负担。以平常心坦然面对失眠并积极进行调整，完全可以提高睡眠质量。

心理贴士

改善睡眠的小技巧

为了有效改善睡眠，可以试试下面几个小技巧。

第一，保持平常心。如果对睡眠抱有无所谓的态度，顺其自然，不刻意去关注它，那么即使偶尔失眠也不会把它看得很严重，反而睡眠质量会更好。

第二，避免不良暗示。心理的不良暗示常常容易导致失眠。不良的自我暗示指睡眠前个体总是会想“今天可别又睡不着”“今晚一定能睡好”“睡不好明天就干不了事”，结果反而会强化了失眠。

第三，先睡心后睡眼。这是宋代蔡季通在《睡诀》中提出的，意指在入睡时精神放松，情绪平静，就容易睡着。万一失眠，也要心平气和地躺着，放松心理和身体。

第四，生活规律。要按时起床、准时入睡，每晚在同一时间睡眠，就容易形成条件反射。

第五，避免刺激。睡前要避免剧烈的活动和繁重的脑力劳动，也要避免兴奋、激动、气愤、紧张等情绪，以免大脑处于兴奋状态而难以入睡。

第六，饥饱适中。睡前吃东西会增加肠胃负担，因此睡前要避免饥饿状态和过饱状态，不喝刺激性的茶、咖啡、酒，可饮一些热饮，如热牛奶。

第七，睡前一盆汤。“晨散三百步，睡前一盆汤”是古人总结的健康要诀。“睡前一盆汤”指临睡前用热水泡泡脚，可起到安定心神的作用。

第八，睡眠环境良好。睡眠的大环境指房间内要安静，光线适宜；小环境指被褥干净、松软舒适，枕头高低适当。

第九，睡姿科学。睡觉的姿势应科学，仰卧易生梦，俯卧会影响呼吸，右侧位最科学，有助于睡眠质量的提高。

第十，健康防病。我们应加强体育锻炼，保持健康，预防疾病，以防止生病带来痛苦而影响睡眠。

最后，注意劳逸结合。我们要学会调剂过重的脑力劳动，以免使大脑皮质兴奋和抑制过程失调而引起失眠。当个体出现较长时间的失眠症状时，应该寻求心理咨询机构的帮助，以便及时找到原因，通过心理治疗提高睡眠质量。

第二节　挫折概述

一、挫折的含义

（一）什么是挫折

常言道，人生不如意十之八九，挫折广泛存在于每个人的生活中，贯穿于人的一生。人们在日常生活中，随时会遇到难以克服的困难，或在达到某种目标的过程中遇到各种各样的障碍，如考试失利、人际关系矛盾、失恋、求职不顺等。这些事情都可能使人产生紧张、焦虑、痛苦、失望、沮丧、愤怒等不愉快的情绪和行为反应。《现代汉语词典》对挫折的解释是“失败”“失利”。在生活中，挫折常指挫败、失利、阻挠、障碍，就是俗话所说的“碰钉子”。在心理学中，挫折指个体在从事有目的的活动过程中，由于遇到无法克服的或自以为无法克服的障碍或干扰，个人的需要得不到满足而产生的紧张状态与情绪反应。挫折包含挫折情境、挫折认知、挫折反应三种成分。

1. 挫折情境：阻碍个人行为的情境，比如考研失利、笔记本电脑被偷、受讽刺打击等。

2. 挫折认知：个人对挫折情境的认知、态度和评价，比如有的人认为失败乃成功之母；有的人却认为失败了就说明自己是一个失败的人，以后也不会成功。

3. 挫折反应：个人在挫折情境下所产生的烦恼、困惑、焦虑、愤怒等负面情绪交织而成的心理感受，即挫折感。

（二）挫折的反应机制

挫折的产生与以下五个因素有关：一是个体的需要和由此产生的动机；二是在动机驱使下个体有目的的行为；三是使个体需要不能获得满足或目标不能实现的内外障碍或干扰的情境状态、情境条件，它可以是实际存在的，也可能是个体想象中的；四是个体对挫折情境的知觉、认识和评价，既可以是对实际遇到的挫折情境的认知，也可以是对想象中可能出现的挫折情境的认知；五是个体因受到挫折而产生的情绪和行为反应。

挫折反应的性质和程度主要取决于个体对挫折情境的认知和评价。挫折认知是挫折产生的核心要素。通常，挫折情境越严峻，人们的挫折反应就会越强烈。但是，挫折反应出现与否取决于挫折情境是否被个体知觉到，只有那些被个体知觉到的挫折情境才会引起个体的挫折反应。有时虽然出现了挫折情境，而个体没有意识到，或者虽然意识到了但不认为很严重，那么个体也不会产生挫折反应，或者只产生微小的挫折反应。

挫折认知是导致挫折产生的最重要的因素。挫折感的实质是个体的一种主观感受个体是否有挫折感以及挫折反应的程度，主要取决于个体对挫折情境以及对自己的动机、目标与结果之间关系的知觉、认识和评价。

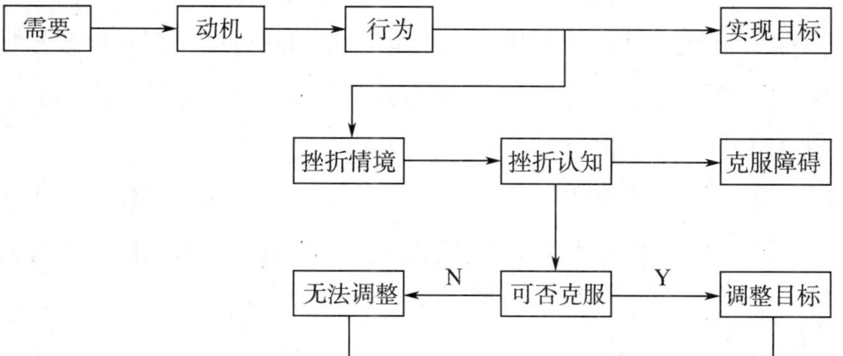

图10-4 挫折反应机制

二、挫折的影响

（一）积极影响

1. 磨炼性格和意志

多数大学生生活在条件较好的家庭和校园环境里，虽然这种环境有利于他们的成长，但也降低了他们对挫折的承受能力，不利于坚强性格的形成。如果经历的挫折多一些，他们承受挫折的能力就会增强，就能更清醒、更深刻地认识所面对的问题，其性格也就变得更坚强。

2. 增强情绪反应能力和解决实际问题的能力

大学生在面临挫折时，其神经中枢受到强烈的刺激会引起情绪激奋、精力集中，整个神经系统兴奋水平提高，在这种情况下，个体表现出精神焕发、思维加快、情绪反应能力大大提高的状态。同时，大学生可以在解决困难和应对压力的过程中获得经验，提高解决问题的能力。

3. 提高生活适应能力

许多大学生对社会、对自己都存在一些不切实际的想法，当他们以这些想法指导自己的行动时，就容易出现挫折。挫折无疑会使他们的头脑更清醒，进而对自身做出一个合乎实际的评价。同时，挫折也使他们对生活和社会有一个较为客观的认识，从而增强自身适应现实生活的能力。

（二）消极影响

1. 降低学习效率

学习是一种积极的思维活动，学习效率除受个体的智力水平和知识水平的制约外，还与学习者的情绪状态、自信心等因素密切相关。在现实生活中，有许多大学生在遇到失恋、考试失败、亲人去世等挫折之后，学习效率降低，学习成绩明显下降。

2. 降低思维能力与生活能力

大学生受挫后，容易出现情绪波动和行为偏差。如果持续遭受挫折，神经系统则可能变得混乱。这样不但会降低大学生的思维创造能力，而且会大大降低他们的生活适应能力。

3. 发生性格改变与行为偏差

当大学生遭到持续性挫折而又无法做出相应的调整时，就会使某些行为反应形成相应的习惯模式或个性特征。比如，一位对爱情充满憧憬大学生，因恋爱屡次失败，便不再对爱情抱有热情和希望。同时，受挫的大学生处在应激状态下，感情易冲动，自控能力较差，不能正确判断自己的行为及后果，可能会做出违反社会规范的行为。

三、大学生常见的挫折

大学生在学习上常常会出现各种困难，如大一新生在学习方法上很难适应大学的学习，有的同学一学期选了十多门课程，结果好多门课都考试不及格；有的同学由于身体的疾病、情绪等原因，出现考试成绩不理想，甚至需要留级、休学等。还有一些同学由于自己所学的专业不是自己感兴趣的，在换专业的过程中碰到一些困难和挫折。

在人际关系方面，人际交往是大学生的重要心理需要。然而，在人际交往的过程中，有的同学可能会出现交往不顺利，由于自己个性内向、孤僻或者胆小等，不知道怎么去与别人沟通；有的同学可能是过分地挑剔、清高，找不到好朋友而陷入一种孤独的状态当中；还有些同学因为自己的性格存在缺陷，比如过分地以自我为中心，缺少责任心等，从来不会为别人着想，在跟同学交往的过程中与同学发生矛盾和冲突。

大学生正处于发展亲密关系、避免疏离感的人生阶段，需要处理好与原生家庭的关系，和同龄人去建立友谊和爱情。然而有的同学因为从小在家里被忽视，或者被父母过度控制等，很难与同龄人去建立亲密关系，也不知道如何处理亲密关系中的矛盾和冲突。特别是在面对亲密关系的丧失，比如失恋的时候，很难承受压力和打击，不能从悲伤当中走出来。

在求职就业的过程当中，很多同学也会遇到各种困难和阻力。大学生都希望自己能够找到一份理想的工作，然而理想和现实的差距过大，有的人处处碰壁最后只好听天由命；还有些同学因为不知道自己能做什么，害怕毕业，害怕走上社会。

除此之外，同学们可能遭遇的挫折不是单一的，有的时候是学习上碰到困难，有的时候是情感上碰到困难，还有一些同学可能就是好几种挫折同时遭遇，这个时候就很难去承受挫折的打击，让自己陷入一种痛苦自卑和绝望的境地当中。

四、大学生挫折应对的策略

（一）认识到挫折的意义

我们常常能在社会新闻中看到一些极端的案例，有的人因为一点小挫折而采取了非常不理智的行为。有的大学生因为父母的溺爱，无形中养成了不能延迟满足、不能忍受挫折的负面性格，甚至一有不如意就用偏激的反应来表达。一个人要能够正确地认识挫折，并不是一件容易的事情。当一个人处在旁观者的位置、看到别人的遭遇时，或许有时能做出一些较为正确的分析；而当挫折降临到自己头上时，要能做出正确而清醒的认识就不容易了。在挫折情境中，许多不理智的反应、不正确的行动都与缺乏对挫折的正确认识有关。我们要看到，挫折既会给人带来打击，造成损失和痛苦，也能使人奋起、成熟，从中得到锻炼。挫折既有消极的一面，又有积极的一面。

思政课堂

身残志坚的红色科学家高士奇

高士奇（1905—1988），1925年赴美留学。在一次细菌试验中，由于意外事故，高士奇受脑炎病毒感染而瘫痪。1930年回国后，高士奇以科学科普文为武器，积极投入爱国救亡运动。他创作了《菌儿自传》《抗战与防疫》等众多优秀科普文学作品，受到读者欢迎。

1937年，他只身奔赴延安，是当时奔赴延安的唯一留美学者，被毛泽东等称为“中国的红色科学家”。虽然全身瘫痪，高士奇并未将自己视为病人，在之后的50余年中，他身残志坚，坚持科普创作，终生践行将科学交给人民的伟大事业，成为中国科普文学的一代宗师。《我们的土壤妈妈》是深受少年儿童喜爱的优秀科普作品。高士奇的著作给人们以智慧和力量，尤其是吸引青少年进入科学的广阔天地。

1988年12月19日，高士奇在北京逝世，中共中央组织部授予他为“中华民族的英雄”称号。1999年12月14日，为纪念和表彰这位中国著名科学家、科普作家、教育家为科学与人类，特别是为中国科普事业的发展所做出的杰出贡献，经国际小行星命名委员会审议通过，将紫金山天文台发现的一颗国际编号为3704的小行星正式命名为“高士奇星”。

从高士奇的经历中可以看到他不畏挫折、自强不息的生命态度。在面对打击、压力、挫折和风险时，该何去何从呢？高士奇为我们树立了典范，值得每位当代青年思考和学习。

（二）提高挫折承受力

挫折承受力指人们在遇到挫折时能够忍受和排解挫折的程度，也就是人们适应、抵抗和应对挫折的一种能力。挫折承受力包括挫折耐受力和挫折排解力两个方面，可以通过以下几方面来提高挫折承受力。

1. 确定恰当的个人目标

挫折是人们在追求自己目标的过程中遇到困难而产生的感受。目标对大学生越重要，其受挫后的反应就越强烈。如果目标恰当、方向准确、持之以恒，产生挫折感的机会就较少，即使遇到挫折也能积极应对；如果目标不当，过高或者过低，与自身的条件不适合，就应该及时调整。

2. 培养积极思维

马丁·塞利格曼（Martin E. P. Seligman）发现，习得性悲观的人常常以致命的方式构建自己所遭受的打击和挫折，他们会很自然地认为造成这个挫折或失败的原因是永久性的、普遍的，而且全是自己的原因。相反，乐观的人具有坚韧性，他们把自己所面临的挫折看成是特定的、暂时的，是别人行为的结果。所以，悲观者比乐观者患抑郁症的概率要多出许多倍。悲观的人在学校的表现往往比较差，在运动上和工作中亦是如此，他们的身体健康状况一般不太好，寿命较短，人际关系也不能令人满意。

3. 掌握调适方法

学习和掌握一些自我心理调适方法可以有效地化解因挫折而产生的焦虑、紧张等不良情绪，从而提高挫折承受力。大学生常用的自我心理调适方法有自我暗示法、放松调节法、想象脱敏法、想象调节法和呼吸调节法等。

4. 建立支持系统

为提高挫折承受力，还应建立和谐的人际关系，建构自己的情感社会支持系统。当人遇到挫折时，一般都会伴有强烈的情绪反应，并处于焦虑和痛苦之中。这时，如果有几个好朋友或者亲友能够给予安慰、关心、支持、鼓励和信任，将有效地缓解其心理压力，从而增强其对挫折的承受力。所以，大学生在遇到挫折时，不应将自己封闭起来，而应尽快找自己的好朋友和家人进行沟通，寻求他们的支持和帮助。

5. 积极投身实践

挫折具有两面性，既具有给人打击、使人痛苦的消极的一面，也具有使人奋进、成熟并从中得到锻炼的积极的一面。生活中的挫折和磨难并不都是坏事。平静、安逸、舒适的生活，往往会使人安于现状和进行享受；挫折和磨难，会使人得到磨炼和考验，变得更加成熟和坚强。因此，大学生应积极投身实践活动，不断磨炼自己，增强意志力，培养坚强的意志品质。不要惧怕失败，要善于从中总结经验教训，化消极因素为积极因素，使挫折向积极方向转化，不断提高自己解决困难、战胜挫折的能力。

（三）合理运用挫折防御机制

挫折的防御机制指人在遇到挫折时，有意无意地寻求摆脱由挫折产生的心理压力、减轻精神痛苦、恢复正常情绪和心理平衡的自我调节与自我保护方式，其具有两面性：一方面，挫折防御机制可以起到使人适应挫折、减轻精神痛苦、促进发展的作用；另一方面，挫折防御机制又会使人逃避现实，减弱对生活的适应能力，从而导致更大的挫折，甚至引发心理疾病。常见的挫折防御机制有以下几种。

1. 升华

升华指一个人在受到挫折后，将自己不被社会所认同的动机或欲望加以转变，使其符合社会的要求，或将自己的情感和精力转移到有益的活动中去，使自我低层次的需要和行为上升至更高层次，从而将不良情绪和不为社会所允许的动机导向比较崇高的方面，以保持情绪稳定和心理平衡。升华不仅可以使自我原来的动机冲突和受挫后的不良情绪得到化解和宣泄，而且能够促使人获得成功。升华是积极的行为反应，从古至今演绎出无数佳话，如屈原放逐而赋《离骚》，左丘失明而写《左传》，孙膑跛脚而修《兵法》，司马迁受辱而著《史记》。

2. 合理化

合理化也称文饰，指当人们的行为未达到自身目标或不符合社会规范时，为了减少或免除因挫折而产生的焦虑和痛苦，个体会寻找种种理由或值得原谅的借口替自己辩护。合理化是人们在日常生活中使用最多的一种挫折防御机制，其通常的表现方式是"找借口""酸葡萄心理"和"甜柠檬心理"。

3. 压抑

压抑指我们有意或无意地排除、忽略或者抑制某些令人不快的想法、感受或回忆。当我们面对令人痛苦或者焦虑的经历时，可能会试图忘记它们或者将它们深藏在意识的深处，以避免不适或者痛苦的情绪。

压抑可以发生在意识层面和潜意识层面。在意识层面上，我们可能会有意识地选择不去思考或者谈论特定的话题，以避免触发不快的情绪。在潜意识层面上，我们可能并没有意识到我们在压抑某些想法或情绪。这些被压抑的内容可能包括不愿面对的冲突、潜意识的欲望或者对自己的不满。尽管我们没有直接的意识，但这些被压抑的内容仍然可以通过一些间接的方式影响我们的行为和情绪。

4. 补偿

补偿指当个人行为受挫时，或因个人某方面的缺陷而使目标无法实现时，个人往往以新的目标代替原有目标，以其他方面的成功来补偿因失败而丧失的自尊与自信。如某大学生没有当上班干部，没有机会表现自己的能力，便努力使自己的学习成绩名列前茅。

挫折防御机制虽然在一定程度上能够帮助人们提高和保持个人自尊，躲避或减轻焦虑情绪，缓解心理压力，但如果使用过度或使用不当，不仅不能减轻个体紧张和焦虑的程度，反而可能破坏心理活动的平衡，妨碍个人的社会适应，甚至可能造成心理异常和行为偏差。

（四）提升逆商

逆商也称抗挫折能力（adversity quotient，AQ），是美国学者保罗·史托兹（Paul G.

Stoltz）在1997年提出的。他将逆商定义为一个人面对困境时的态度和超越困境的能力。构成逆境商数的因素包括：控制，即个体对挫折有多大控制能力；起因，即挫折的起因是什么样的人或事；责任，即自我对挫折应负多大责任；影响，即挫折对自我生活会有多大影响；持续，即挫折会持续多久。

了解了逆商的构成，那么如何提升逆商呢？LEAD工具是帮助我们提升逆商的一个工具，四个字母代表了四个步骤。

L（listen）：倾听自己对逆境的反应。

首先需要掌握的技巧是迅速地觉察逆境的降临，当你感受到自己出现负面情绪的时候，就要提醒自己注意挫折这件事，让大脑保持警惕，觉察之后才能应对。要觉察挫折对自己的影响有多大，挫折持续了多久，可能还会持续多久，挫折是否在自己的掌控中，以及与以往的挫折相比，自己战胜挫折的信心如何。

例如，当你遭遇分手或背叛时，你可能是会惊讶、痛苦、难过、不甘、愤怒。这些情绪的产生，都是在提示你正在经历挫折。接着问问自己：我能掌控失恋的状态吗？我能做什么呢？我要不要主动去挽回？还是我知道了不可能，要帮助自己尽快走出来？我认为大概需要多长时间？

E（explore）：探索自己对结果的担当。

过分自责和推卸责任都无法增强我们的掌控感，反而会让我们陷入推卸责任的惯性，但我们不能沉浸在自责或愧疚中。当我们接受适当的责备，决定从自己的行为中吸取教训并对结果的一部分承担起责任时，我们就能够重拾掌控感，让事情的发展朝着问题解决的方向发展。

例如，问问自己：有哪些因素导致对方提出分手？在这个过程中，我做了什么事，让对方对我们的关系失望了？当他（她）提出分手的时候，我觉得自己能做些什么？分手导致的最糟糕的结果是什么？

A（analyze）：分析证据。

分析证据是一个简单的质疑过程，让你得以审视、质疑并最终摆脱自己对逆境反应的消极部分。我们可以从三个问题入手分析逆境：有什么证据表明我无法掌控？有什么证据表明逆境一定会影响到我生活的其他方面？有什么证据表明逆境必然会持续过长时间？

答案通常是否定的；即使有肯定的回答，也没有关系，生活中总是有多种可能性。当你不能改变过去的时候，可以看看当下可以做些什么。如果你愿意，你总是可以找到可利用的资源。

D（do）：做点事情。

当你完成前三个步骤，你大概会拥有相对平和的心态和情绪，但停留在这里是不够的，你需要有下一步的行动。通过漏斗法，你就会从列清单转向采取某个行动。首先要选出一个需要率先实施的行动，然后确定在哪一天的什么时候实施这个行动，最后这个步骤会让你的各种想法经过漏斗汇集成一个明确的、有计划的前进行为。

拓展资源

心理书籍推荐：《抗压力——逆境重生法则》

作者：[日]久世浩司著，贾耀平译

出版社：北京联合出版公司

出版时间：2016年

推荐理由：我们都知道遇到压力时的反应因人而异，有的人觉得自己能渡过难关，眼前的一切都没什么大不了的，而有的人觉得眼前的一切会压垮自己，无法去承受。本书帮助我们提高心理承受能力，让我们能更轻松地生活。有没有什么方法可以防止陷入消极情绪的漩涡？如何才能培养自信，相信自己能完成那些看起来很重的任务？在本书中都能找到你想要的答案。

内容简介：为什么身为同样才华横溢的商业精英，有人能攀上事业高峰，有人却中途败退？你是否曾经陷入害怕失败、逃避任务、裹足不前的消极状态？我们如何拥有更幸福的职场体验、更广阔的事业前景？你需要做的不是一味积极乐观地向前看，而是掌握在逆境中直面消极情绪、应对压力的技巧。本书作者提出了在著名商学院里也无法学到的道理——“抗压力”的重要性。书中针对现代人容易遇到的种种压力来源与情况，提出了培养抗压力的七大实用技能，这些诀窍也是他在日本积极心理学学校面向大众进行培训时教授内容的精华所在。不止是商业人士，从企业到院校，从老人到儿童，掌握抗压力就像养成定期运动的好习惯一样，可以让任何人受益终身。

心理影片推荐：《摔跤吧！爸爸》

导演：涅提·蒂瓦里（Nitesh Tiwari）

上映时间：2016年

心理学看点：挫折承受力、抗挫折能力在挫折应对中的重要性。

内容简介：影片根据印度摔跤手马哈维亚的真实故事改编。马哈维亚年轻时是位摔跤运动员，是印度国家摔跤冠军。但由于家人的反对和生活所迫，他早早退役而与世界金牌无缘。他希望自己的儿子能够完成自己的梦想，却不想妻子生了四个女儿。意外发现了女儿身上的天赋后，马哈维亚克服重重困难，打破印度传统，将两个女儿培养成女子摔跤冠军。影片中，吉塔、巴比塔与父亲马哈维亚经历种种磨难，最终吉塔问鼎世界冠军。两人不仅仅完成了父亲未完成的梦想，也打破了印度女性的禁忌，激励了千千万万的印度女性。

本章小结

1. 压力是指由刺激引起的、伴有躯体机能以及心理活动改变的一种身心紧张状态。人在压力状态下会出现一定的生理反应、心理反应和行为反应，这些身体和心理信号提示人们要关心自己的压力水平。

2. 压力可以提高个人的潜能，但压力过大会影响健康。可以通过正确认识压力、培养良好心态、学会合理归因、掌握应对技巧等方式调节压力。

3. 挫折指个体在从事有目的的活动过程中，由于遇到无法克服的或自以为无法克服的障碍或干扰，个人的需要得不到满足而产生的紧张状态与情绪反应，包含挫折情境、挫折认知、挫折反应三种成分。

4. 挫折既会磨炼性格和意志、增强情绪反应能力和解决实际问题的能力、提高生活适应能力，又会降低学习效率、降低思维能力与生活能力、引起性格改变与行为偏差等。大学生可通过发现挫折的意义、提高挫折承受力、合理运用挫折防御机制、提升逆商等方式正确应对挫折。

课后思考题

1. 结合自身实际谈一谈，压力对自身产生的影响。

2. 结合自身实际谈一谈，如何克服困难、战胜挫折，提升抗挫折能力。

第十一章

奋楫笃行　臻于至善

——大学生心理危机干预与幸福人生

奋斗本身就是一种幸福。新时代是奋斗者的时代，只有奋斗的人生才称得上幸福的人生。幸福都是奋斗出来的。世界上没有坐享其成的好事，要幸福就要奋斗。

——习近平

人最宝贵的是生命。生命属于人只有一次。人的一生应当这样度过：当他回首往事的时候，不会因为碌碌无为、虚度年华而悔恨，也不会因为为人卑劣、生活庸俗而愧疚。

——尼古拉·奥斯特洛夫斯基

学习目标

理解生命的价值和意义，敬畏生命、爱护生命，树立正确的生命价值观。学会识别心理危机，掌握自杀等心理危机预防和干预的方法，培养积极乐观的人生态度，形成对理想信念、人生价值、生命意义、豁达胸怀、高尚情操的正确自我认知，厚植爱国主义情怀，积极传播正能量，创造幸福人生。

课程导入

一个女孩，觉得自己过得很不幸，终于有一天她跳楼自杀了。在她的身体慢慢往下坠的过程中，她看到了：

10楼以恩爱著称的夫妇正在互殴。

9楼平常坚强的彼得正在偷偷哭泣。

8楼的阿妹发现未婚夫跟她最好的闺蜜发生恋情。

7楼的丹丹在吃她的抗抑郁症药。

6楼失业的阿喜还是每天买7份报纸找工作。

5楼受人尊敬的王叔正在偷穿老婆的衣服。

4楼的罗斯又要和男友闹分手。

3楼的阿伯每天盼望有人拜访他。

2楼的莉莉还在看她那结婚半年就失踪的老公的照片。

在她跳下之前，她以为自己是世上最倒霉的人，现在才知道每个人都有不为人知的困境。看完他们之后，她深深地觉得其实自己过得还不错，但她已经再无力睁开自己的双眼了……

人最宝贵的是生命，无论你的人生历程中发生了什么事情，请坚信明天依然是美好的，让我们为此而努力。

随着社会的快速发展，大学生的成长和发展面临着前所未有的挑战，大学生也陷入前所未有的生命困境。在人才竞争激烈的现代社会，对处在激烈的学习、就业竞争中的大学生来说，开展生命教育尤为重要。那么，什么是生命？我们为什么活着？大学生会遇到哪些心理危机，如何正确应对和干预？怎样提高生命的质量，创造幸福的人生？本章将带你一起探索这些问题的答案。

第一节 生命的意义

当我们看到草木苍翠、听到人群喧闹、闻到百花芳香时，能感受到万物的欣欣向荣，世界充满生机和无限希望。生命是地球上最珍贵的财富。整个世界因生命的存在而变得生动和精彩。人们只有拥有了生命，才有机会去了解和探索这个世界，才会有力量去创造无限的可能。

一、什么是生命

关于什么是生命，学者有不同的看法。恩格斯（Friedrich Engels）关于生命的定义是，生命是蛋白体的存在方式。遗传密码的发现进一步揭示了生命的本质，生命是蛋白质和核酸相互作用的结果。现代生物学认为，生命是生物体所表现出来的自身繁殖、生长发育、新陈代谢、遗传变异以及对刺激产生反应等复合现象。从人格心理学的角度看，生命指具有自我意识、自我控制和自我创造能力的个人活动的存在，即以生物学生命为基础，具有感觉、思维、情感和意志等机能并能自身统一地处于活动过程中的主体。从生涯规划的角度看，生命是一个人由出生、成长、衰老、死亡组成的连续过程。

人的一切活动都是在人的肉体，即人的生命的存在这个前提下进行的。一旦失去生命，人的一切创造和享受价值的活动都将停止。任何价值的创造都包含着这样一个至高无上的命令：生存！人的肉体生命的长期发展形成了人类特有的意识现象，人的有意识（包括无意识）活动是通过人的手、臂、头、身体等人的肉体生命而实现的。人的生命存在的形式有生物性、精神性和社会性三种形态。

（一）生物性的存在

人是生物性的存在，生物性是人生命最基本的特性，是人作为人的前提和基础。人是自然界的一部分，首先是作为一个自然生理性的肉体而存在，这一点是和自然界的广大生物一样必须具有的基本属性，因此必然要遵循生物界的法则和规律。衣食住行、吃喝拉撒、生老病死是每一个人都必须面对的，是无法逃避的。

（二）精神性的存在

人不仅有自然生命，还需要追求超越生物性存在的精神性存在。人的精神需要是人区别于动物的重要特征。人要规划自己的人生，创造自身的价值，提升生物性的存在。正是有了生命的精神性的存在，人的生命才有了意义和价值，有了理性的意蕴和道德的升华。

（三）社会性的存在

人要想生存下去，就必须参与和融入社会活动中，在与他人的沟通、交往和互动中追求生命的意义，实现生命的价值。正是这种社会性存在，使人在面对千变万化的社会生活时有一种生命的智慧和坚定的信念，使人面对生死、爱恨、离别、得失时有一种豁达的胸怀和安然的态度。

二、生命的特征

了解生命的特征非常重要，有助于我们更好地理解生命的内涵。生命有以下四个特征。

（一）不可逆性

从胚胎起，生命便一直生长、发育，直至衰亡。它绝不会“倒行逆施”，返老还童。

（二）不可再生性

生命，对任何人来说都只有一次，生命中走过的路程是不可能再回去的。人们常说“人死不得复生”，反映的就是这个真理。

（三）不可换性

生命为个体私有，不能交换、不可替代。每个人的生命都是独特的，其价值不可置换。法国作家罗曼·罗兰（Romain Rolland）说过："每个人都有他隐藏的精华，和任何别人的精华不同，它使人具有自己的气味。"生命属于我们只有一次，任何代价都换不回来，我们必须热爱生命、敬畏生命。

（四）有限性

人的自然寿命一般是七八十年，最多一百来年，生命存在的时间是有限的。生命具有无常性，生老病死、旦夕祸福等不可预测，任何人都摆脱不了死亡，任何人必然走向死亡。正是生命的有限性促使人去努力思考、发奋创造、积极生活，实现自己生命的意义。

三、生命的意义

生命的意义是一个解构人类存在的目的与意义的哲学问题，经常与哲学、宗教的存在、意识（自觉）、幸福等概念交集在一起。

生命的意义到底是什么？其实生命过程本身就是意义。人与动物最大的区别就是，人会去寻找生命的意义，会在生命的过程中不断追问："我是谁？""我有什么价值？""我为什么活着？"生命的意义就是享受生命的过程，只有活出自己，活出自己的人生姿态，才能创造美好的人生，让生命焕发光彩。

生命的意义在于对生命的积极思考，是个人需要努力实现的并给予高度评价的目标。美国心理学家弗兰克尔认为，有三种途径可以获得生命的意义：创造和工作、经验、对不可避免的苦难所采取的态度。对意义的追求会让人产生一种发自内心深处的激情和动力，即使你正身处困境，也不会消沉下去，更不会放弃任何可以变得更好的机会。

对生命意义的认识直接影响人的心理健康。一个人如果没有认识到自己生命的意义和价值，极易产生空虚感，出现"空心病"，引发心理疾病，严重的可能自杀。自杀的人因为缺乏对生命价值和意义的认识，当遇到较大的压力时，往往会放弃解决问题的努力和尝试，选择轻生。

卢梭（Rousseau）说："生命本身没有任何价值，它的价值在于怎样使用它。"生命在于运动，在于不断创造，通过创造去把握生命的变化，去发现生命的意义和价值，去实现对自己生命的认识、把握和超越。一个人只有热爱生命，才能接受并战胜各种磨难；只有珍爱生命，才能体会到生命中的各种乐趣。

成长链接

生命的意义需要告知

我们是否告诉过孩子：生命是情意的牵连，从你出生起，妈妈每天的期待就是看着你一天一种变化。生命在于源源不断地变化，生命更在于一种报恩与情意的美。

我们是否告诉过孩子：个人生命虽然有限，但有限的生命可以创造无限的奇迹。这世上最伟大的奇迹都是生命活动的痕迹，从思想名著，到令人陶醉的音乐，从让全世界受益的电的发明，到深究生命起源的科学探索，生命的价值就在于让这个世界丰富多彩。我们需要告诉孩子们，生命是如此美好、神奇。

可是，为什么有人舍得放弃如此美好而神奇的生命呢？因此，还需要告诉他们：生活其实也像莫测的天气，急风暴雨后才会有绚烂的彩虹；磨难也是有价值的，它能使生命更有力量，而有力量的生命才有更多的生命感受与奇迹。

四、积极生命态度的培养

生与死一直是人类永恒的话题，是人生成长历程中所必经的两个过程。苏格拉底说："生命中最有价值的事，莫过于生命本身了。"生命教育的核心在于生命态度的培养，态度决定了生命的质量。积极的态度创造积极的心理环境和生命的奇迹，有利于成就精彩人生。

（一）树立生命目标，培养生命自主意识

对大学生来说，在高中阶段，最直接的目标就是考上理想的大学。进入大学之后，各种因素的影响，导致某些大学生人生目标的丧失，这对大学生的生命态度有很大的影响。因此，大学生，尤其是大一新生，在入学后应重新给自己定位，尽快根据自己的兴趣、爱好找到人生的理想与追求，找到适合自己的人生道路。

生命自主指个体可以掌握自我的生命，并持有对生命负责的态度，是人们对生命价值不断认识深化的结果。对自己命运的把握程度是个体对生命的自主感、责任感的体现。大学生应树立角色意识，明确自己的责任所在，增强责任感，在面临重要抉择时勇敢地做出选择，增强对自己生命的自主感和控制感，把握自己命运的倾向。大学生可以通过向教师、辅导员或心理咨询师请教，积极探索属于自己的人生选择，在做出生命选择后，全力以赴，为自己的选择负责。

（二）正确认识生命，理性思考死亡

第一，主动搜集或探讨有关生命、死亡的议题，树立自己对死亡的积极态度，正确

认识生命的来源和消亡，理性看待死亡，尊重生命、珍惜生命、热爱生命，在生命体验中获得情感，得到启发。第二，参与各种社会实践，在实践中探索自我，找寻自己的生命目标。第三，多参与艺术活动，艺术欣赏和艺术创作包含着关于人生和生命的丰富营养，可以激发大学生对生活、对生命的热爱与追求。第四，养成良好的生活习惯，提高自我控制能力，坚持体育锻炼，形成有规律的生活习惯，使自己在生活与学习中充满激情和活力，形成积极的生活态度，促进积极生命态度的形成。

（三）学会爱与关怀他人

在人际交往中，大学生要学会感恩与换位思考，在别人需要帮助时主动伸出援手，体验帮助他人的快乐，学会关心他人，把爱人的情感升华到爱生命、爱生活。换位思考体现的是一种人文关怀的理念。大学生可以通过观看视频、开展主题团日活动与主题班会、庆祝特殊节日等加强自身感恩意识的培养，学会向给予自己帮助的人表示感谢；积极参与志愿服务活动，在服务社会中感受生命的意义和自身的价值；从小事做起，从身边做起，将感恩的行动落实在日常生活中。

（四）增强抗挫能力，接纳负性生命经验

人在生命历程中总会经历各种困难和挫折，承受各种负性经验。如果不能理性思考和有效应对，容易产生挫败感，影响对生命的态度。因此，大学生要深化对负性经验的理性认识，提高自身抵抗挫折、化解难题的能力。首先，大学生要对自己进行正确的评价和定位，对解决困难的目标有一个切合实际的期望，避免不恰当评价自己而产生挫败感。其次，客观看待生命中的各种经验，应注意其有利方面，辩证地看待挫折和困难，积极接纳负性经验。再次，面对困难和挫折，要学会合理归因，避免将所有责任都归因到自己身上或者外界的倾向，实事求是地承担自身的责任。最后，要学会主动去经历，勇于接受困境的挑战，获得更多的生活考验，在困境和考验中增强抗挫能力。

课堂活动

临终十事

1. 目的

澄清自己的价值观；理解人生，珍爱生命。

2. 内容

（1）分组

通过游戏活动，将全班学生分成合适的组数，每组8～10人。

（2）引入

同学们：我们每天过着平静的生活，可能从来没有想过死亡。但是今天我们要一起想象一下：因为疾病的原因，从今天开始，自己只剩下一星期的生命。此时，你最希望做的事情是什么？有什么事情如果没有完成会让你觉得遗憾和后悔？按照事情的重要性排序，在纸上写出“我最希望完成的十件事”。

（3）写完后，每个组的同学进行组内讨论，在各组讨论之后，邀请一些学生自愿地在全班做分享。

（4）最后，留出充足的时间，引导学生想象和体会“临终”时的心理感受，独立记录自己的想法。

第二节　大学生心理危机的预防与应对

人的一生中总会遇到危机，不管是意外、疾病还是亲人去世，都有可能给人的心理带来冲击。著名心理学家马斯洛说：“一个人面临危机的时候，如果你把握住这个机会，你就成长。如果你放过了这个机会，你就退化。”什么是心理危机？如何识别和应对大学生心理危机？大学生在生活中如何提高心理免疫力、预防自杀的发生？怎么识别自杀信号？学完本节内容，你就会找到答案。

一、什么是心理危机

（一）危机的含义

“危机”（crisis）一词在许多领域被使用，如政治危机、金融危机、信任危机等。在《韦伯斯特词典》中，危机被定义为“决定性或至关紧要的时间、阶段或事件”。《辞海》对危机的解释是“危机是严重困难的关头。”《现代汉语小词典》把危机定义为潜伏的危险。

一般而言，危机有两个含义。一是指突发事件，出乎人们意料发生的，如地震、水灾、空难、疾病暴发、战争等。二是指人所处的紧急状态。当遭遇重大问题或变化，个体感到难以解决和把握时，平衡就会被打破，正常生活受到干扰，内心的紧张不断累积，继而出现无所适从，甚至思维和行为的混乱，进入一种失衡状态。这就是危机状态。

（二）心理危机的含义

心理危机是危机的一种，是与人类主体心理相关的危机，是可能引发灾祸或灾难的潜在危险或紧要关头。引发个体产生心理危机的原因被称为危机事件或危机源。

心理危机的概念是由美国心理学家卡普兰（G. Caplan）提出的，他被称为心理危机干预的鼻祖。他认为，当一个人面对困境或变化时，当先前解决问题的方式及其惯常的支持系统不足以应对眼前的处境时，换句话说，当一个人必须面对的困难情境超过了他的能力时，人就会产生暂时的心理困扰，这种暂时性的心理失衡状态就是心理危机。

美国加州大学心理学教授克里斯蒂·卡内尔（Kristi Kanel）认为，心理危机包含三个部分：一是危机事件的发生；二是对危机事件的感知导致个体的主观痛苦；三是惯常的应对方式失败，导致个体的认知、情感、行为和生理等方面的功能水平与先前相比有所降低。

综上所述，心理危机是个体面对的困难情境超出其应对能力时产生的一种暂时性的严重心理失衡状态。首先，心理危机是一种心理状态，是人在面对困难或境遇，自以为自身现有的能力和方法不能克服或解决时产生的。其次，心理危机是一种严重的心理失衡状态，高度紧张、焦虑，难以自我控制，情感、认知和行为功能失调，心理处于崩溃的边缘。最后，心理危机是一种暂时性的心理失衡，及时调节和干预，可以使这种状态得到有效缓解和消除。

（三）心理危机的特点

1. 普遍性与特殊性

美国心理学家吉利兰（Gilliland）和詹姆斯（James）曾说过，危机是普遍的，因为每个人在人生的不同阶段都会经历危机，没有人能够幸免；危机又是特殊的，因为即使面对同样的困境或困难，有的人能够战胜危机，而有的人则不能，并且每个人受到影响的程度也不一样。心理危机是个体非正常、非均衡的状态，是一种正常的生活经历，并非疾病或病理过程。

2. 复杂性与不确定性

复杂性指心理危机的产生原因、表现方式是复杂多样的。心理危机的产生是生理、心理、家庭、社会等各多种因素综合作用的结果。心理危机不遵循因果关系规律，由于日常生活的多变性，什么样的应激会导致心理危机，我们是不确定的，危机能否得到有效的解决，也是我们无法确定的。

3. 突发性和紧急性

危机的突发性指危机常常是出人意料、突如其来的，具有不可控性。紧急性指危机的出现如同急性疾病的暴发一样，具有紧急的特征，它需要人们立刻去应对，及时去干预。

4. 危险性与机遇性

从“危机”一词来看，“危”代表了危险或者威胁，而“机”代表了机遇，它们完美地诠释了危机的真谛。个人在遭遇心理危机时，不仅要看到“危险”，更要看到改变的“机遇”、成长的“机会”。它告诉我们过去的思维行为方式已不再合适，需要做出调整和改变。

二、大学生心理危机的识别与干预

心理危机影响着大学生的学习和生活质量，严重者甚至危及生命安全，因此，学会科学认识并正确处理危机已经成为大学生的必修课和生存的基本技能。

（一）大学生心理危机的识别

1. 大学生心理危机的类型

大学生的心理危机指大学生面临大于其承受能力范围的压力时所产生的一种心理失衡的状态。具体类型有发展性心理危机、境遇性心理危机、存在性心理危机、障碍性心理危机。

（1）发展性心理危机。发展性心理危机指在正常成长和发展过程中，急剧的变化或转变所导致的异常反应，是人一生中不同阶段都会出现的危机，具有表现不剧烈、进程缓慢、持续时间长的特点。对大学生而言，入学不适应、人际矛盾、考试焦虑、就业困难、竞选班干失败等都可能引发发展性心理危机。成功化解这类危机，有助于大学生朝着更加成熟的方向发展。

（2）境遇性心理危机。当出现罕见或超常事件，而个人无法预测和控制时出现的危机是境遇性心理危机。境遇性心理危机的显著特点是随机的、突然的、震撼的、强烈的和灾难性的。对大学生来说，突发的重大疾病、重大自然灾害、遭遇意外交通事故、亲人突然去世、父母离异、失恋等都有可能导致境遇性心理危机。这种危机由于事发突然，给当事人带来极大的震动，容易引发剧烈的心理反应。

（3）存在性心理危机。存在性心理危机是伴随着大学生重要的人生问题，如人生目的、责任、独立性、自由和承诺等，出现的内部冲突和焦虑造成的心理危机。这类危机往往与重大的人生问题和选择相关联。对大学生而言，学业和工作、学业和恋爱关系的处理，人生价值和意义的困惑、迷惘，都有可能发展成存在性心理危机。存在性心理危机不易被觉察，持续时间长，当事人内心异常痛苦，容易出现极端事件。

（4）障碍性心理危机。障碍性心理危机也称病理性心理危机，指大学生因心理问题、人格障碍，甚至精神疾病引起的心理危机。障碍性心理危机最显著的特点是具有潜在性和痛苦性。比如，大学生因抑郁症而引发自杀和伤害事件。

2. 判断大学生心理危机的标准

一般来讲，识别大学生心理危机主要参照三个标准。一是现实生活中存在具有重大心理影响的危机事件。二是出现严重不适感，引发急性情绪混乱（烦躁、恐惧、焦虑、抑郁等）、认知改变（注意力不集中、记忆障碍等）、躯体不适（头晕、头痛、腰酸背痛等）和行为改变（失眠、不愿与人接触，生活规律被打乱）。个体感受到痛苦，但这些表现尚不符合任何精神疾病的诊断。三是平常惯用的一些应对方法，这时变得无效，无法帮助大学生恢复心理的平衡，个体感觉无助与无力。

如果发现自己身边有同学在经历过一些事情后，出现较为明显的认知、情感、行为方面的改变，并对其学习、日常生活等造成了严重的影响，应及时向辅导员报告。特别是发现有同学有冲动、攻击、自伤、轻生的念头和行为，或出现精神异常时，应及时告知辅导员，必要时寻求精神专科医生的帮助，使当事人能及时得到有效治疗和帮助。

（二）大学生心理危机的干预

1. 大学生心理危机干预方法

心理危机干预指在心理学理论的指导下对有心理危机的个体或群体的一种短期的帮助行为，其目的是及时对经历危机、处于困境或遭受挫折和将发生危险的对象提供支持和帮助，使之恢复心理平衡，避免危机行为的产生或恶化。心理危机干预最突出的特点是及时、迅速、有效。具体干预方法如下。

第一步：学会倾听。处于危机中的大学生，通常有沮丧、无助、焦虑等表现，危机干预者要耐心倾听，充分表达理解和关怀，确定当事人的问题是什么。

第二步：保证安全。在危机干预过程中，危机干预工作者应将保证当事人安全作为首要目标。简单来说，就是对自我和他人的生理和心理危险性降低到最小可能性。

第三步：给予支持。与当事人沟通与交流，使当事人知道工作人员是能够给予其关心帮助的人，“这里有一个人确实很关心我！”同时，要让当事人认识到，有许多资源可以帮助他解决问题，这些资源包括：（1）环境支持，这是提供帮助的最佳资源，当事人知道有哪些人关心自己；（2）应对机制，即当事人可以用来战胜目前危机的行动、行为或环境资源；（3）积极的、建设性的思维方式，可用来改变自己对问题的看法，并减轻应激与焦虑水平。

第四步：制订计划。危机干预工作者要与当事人共同制定行动步骤，来矫正其情绪的失衡状态。计划包括：（1）确定有另外的个人、组织团体和有关机构能够提供及时的支持；（2）提供应对机制，当事人现在能够采用的、积极的应对机制，与当事人达成同意合作的协议。

第五步：得到承诺。在多数情况下，保证这一步比较简单。例如，让当事人复述一下计划："现在我们已经商讨了你计划要做什么，下一步将看你如何向他（或她）表达自己的愤怒情绪。请跟我讲一下你将采取哪些行动，以保证你不会大发脾气，避免危机升级。"在结束危机干预前，工作者应该从当事人那里得到诚实、直接和适当的承诺。

2. 大学生心理危机干预的自我应对

（1）善于觉察

觉察是应对心理危机的第一步，也是改变现状的基础。大学生在遇到心理危机时，首先要觉察自己对危机事件和自我的认知、情绪和感受。问问自己遇到的是什么类型的危机，是否存在绝对化、灾难化、以偏概全等不合理的思维？目前的情绪状态是否有利于应对危机？还要经常问问自己真正想要的是什么，自己能做什么？哪些是通过自己的努力可以控制的，哪些是不可控制需要主动适应的？经常进行积极的自我暗示，善于利用身边的资源，激发潜能和力量，给自己积极赋能，以应对危机。

（2）敢于面对

遇到心理危机并不可怕，可怕的是对危机视而不见，不敢去面对。大学生要认识到心理危机是普遍存在的，当遇到危机时，要客观全面地分析危机产生的原因，辩证看待心理危机给我们带来的影响，多看到心理危机中的积极意义，在危机中发现机遇、找到资源。人要学会在困境中把握机遇，获得心理成长。

（3）主动求助

主动求助本身就是一种能力，也是负责任、关爱自己、有智慧的表现。有研究发现，我国大学生在遇到烦恼时，主动寻求帮助的比例比较低。因此，大学生要增强"自己是心理健康第一责任人"的意识，遇到心理危机要主动寻求帮助，不要等待，可以将自己真实的困难和痛苦告诉值得信任的人。既可以向所在学院、校心理健康教育中心寻求帮助，也可以向心理热线或校外的专业心理人员寻求帮助。

（4）积极配合

寻求心理咨询，要积极配合心理咨询师。到医院心理科或精神科诊疗后，要严格按照医生的嘱咐坚持服药，按时复诊，不能擅自停药、减量，特别是存在严重心理问题、精神病性问题以及抑郁症等危机的学生，更需要积极配合治疗，才能顺利度过危机。

思政课堂

寒梅傲冰雪——记萧凯恩

萧凯恩，1998年出生，中国香港视障歌手，毕业于香港中文大学音乐系。

2012年被评为香港精神大使。2014年，通过考试获得认证，钢琴和声乐都达到了演奏级水平。2015年，成为香港第18届十大“再生勇士”之一。萧凯恩出生三个月时因患眼癌不得不摘除眼球。5岁的时候，她问爸爸：“看不见是不是就没有用了？”如今，20多年过去了，她已经找到了答案：“天生我材必有用！”她是首位考入香港中文大学音乐系和英国皇家音乐学院的视障人士，20岁时她已赢得70多个音乐比赛奖项。2023年，被评为感动中国十大人物。

多年来，即使身体残疾，她依旧经常参加义演筹集善款，甚至不怕艰苦去贫困山区当义工。而她的梦想，是开设可以包容不同学生的音乐学校，让不同的孩子都拥有接受音乐教育的机会。即使生活在黑暗，也要为世界带去光明，她看不见这个世界，却始终笑对人生。

【感动中国2023年度人物颁奖辞】

假如给她三天光明。第一天，她要好好看父母，第二天她会登上山顶，眺望维港，从日落到日出。第三天，她要走更远，去看望她歌唱过的英雄和大好河山。

三、大学生自杀的预防和干预

自杀是“一种不必要的死亡”。尽管自杀在大学生总体中只占极少的比例，但它给社会、家庭和个人带来的后果和创伤却十分惨重。那么，怎样预防大学生自杀的发生？如何识别他人自杀的信号呢？

（一）大学生自杀的预防

1. 对自杀要有科学的认识

绝大部分的自杀是可防可“治”的。当前，社会上对自杀还缺乏科学的认识，若不加以纠正，对预防自杀是十分不利的。对自杀，我们要有科学的认识：谈论自杀的人可能会自杀；不是所有的自杀者都有心理或精神问题；与想自杀的人讨论自杀不会诱导其自杀；病人已经从危机中恢复过来，也有可能再自杀；想自杀者在情况好转后，也有可能会自杀。当朋友流露出自杀想法，并且要求我们不对任何人说时，不要答应他。我们要清楚，生命是第一位的。

2. 培养积极认知

大学生在面对突发性危机事件时，最先起作用的便是其对危机事件的认知。相同的危机事件发生在不同人身上会有不同的结果，其中起着调节作用的便是个体的认知风格。心理学家阿伯拉姆森（Lyn Abramson）的研究表明，把消极事件归因为内在的、整体的、稳定的因素更容易导致抑郁等心理问题，而把消极事件归因为外在的、局部的、不稳定的因素则不容易发生心理问题，前者为抑郁型归因风格，后者为乐观型归因风格。积极心理学认为，个体的认知风格、归因风格或解释风格是后天习得的，通过积极训练，可以培养乐观型解释风格，这一内在积极力量将有效降低心理危机的发生率。

3. 培养积极能力品质

积极能力品质包括心理韧性和情绪调控力。心理韧性是个体面对逆境和应对危险的心理免疫过程和能力，能使个体从困境、压力中迅速恢复正常。大学生要积极应对危机，多用“解决问题”“求助”“合理化”等成熟型的方式。增强心理韧性，不仅不怕危机，还能从危机中找到契机。心理危机状态通常伴随着抑郁、焦虑、愤怒或恐惧等消极情绪，这需要大学生具备情绪调控能力，可以运用冥想、腹式呼吸、睡眠节律调节等放松减压方法。提高大学生的情绪调控力，有助于大学生较快地走出负面情绪的困境。

4. 社会支持的领悟与运用

已有研究表明，身处心理危机的大学生不一定缺乏社会支持，而是他们未能感受到，或者不能恰当地运用社会支持，使之转化为心理支持。大学生要积极地看待自己所拥有的社会资源和心理支持，充分运用自己的积极社会支持资源。从某种意义上讲，某大学生所拥有的社会支持的数量、性质和质量是一个既定的常量，很难在短时间内实现质的变化，但是对社会支持的领悟与运用可以通过积极引导和积极训练实现显著优化。

5. 探索和丰富生命的意义与价值

大学生要看到生命意义来源的多样性和丰富性，不要将生命意义局限在“成绩好”“有人爱”“有钱”等方面，而要探索和丰富自身的生命意义。同时，大学生也要将注意力放在追求生命意义的过程上，体验和创造自己的生命意义。

（二）识别他人自杀的信号

一般来说，自杀者在准备实施自杀行为前都会有一些迹象出现。因此，识别自杀信号是预防自杀、保护生命的重要途径。

1. 自杀的高危人群

如果一个人在同一时间内有以下几种表现，他自杀的危险性就比较高。

（1）患有严重心理疾病，情绪低落，沮丧、抑郁。

（2）近期，特别是最近两天，有严重的负性生活事件发生。

（3）近一个月生活质量很差。

（4）长期生活、工作或心理压力大。

（5）既往有自杀行为，或谈论过自杀者，或考虑过自杀方式。

（6）亲友或熟人有过自杀行为者。

2. 自杀危机有哪些信号

中国心理卫生协会危机干预委员会主任、中南大学中国自杀与预防研究所所长肖水源教授曾说过："自杀是可以预防的，有80%的自杀者在行为实施之前会给予暗示，所以大家对周围人的暗示，要有足够的敏感。"因此，了解自杀警示信号能够帮助我们识别身边那些试图自我毁灭的大学生。这些信号具体表现为以下几个方面。

（1）言语上的线索

有自杀倾向的人往往会表达"我不想活了""我想自杀""我真希望我死了""如果不……我就自杀""活着没有意思""我的问题根本解决不了""死了比活着好""没有我大家会更好""我再也无法忍受了""很快我所有的问题就结束了""现在没人能帮得了我""我感到没有希望"。有时，他们还会谈论与自杀有关的事情或拿自杀开玩笑，谈论自杀的计划，包括自杀的方法、时间和地点，同时流露出无助和无望的表情，与亲朋好友告别，谈论自己现有的自杀工具等。

（2）情绪上的线索

最核心的情绪是绝望。另外，还有孤独、愤怒、内疚、难过、无望、无价值感、无助等。

（3）行为上的线索

行为上的线索有：学习成绩下降，注意力不集中，疏远家人和朋友，在学校表现出退缩和逃避，食欲减退，酒精或者药物滥用，不计后果的行为，极端的行为改变，自我伤害，严重抑郁后突然的平静，突然把自己的贵重物品送给他人，逃学旷课，夜不归宿。

（4）情境上的线索

情境上的线索有：突然被所爱的人拒绝，不情愿地分手；失去重要的目标或梦想，如考研失败，找工作失败，作弊被开除；感到被所爱的人背叛，所爱的人去世；患了绝症；突然失去自由，比如犯罪被捕；失去经济保障或者面临其他重大经济问题。

（5）生理上的线索

生理上的线索有：对什么事情都缺乏兴趣，睡眠障碍（失眠、多梦、早醒等），食欲下降，体重改变，身体健康出现问题（心悸、头痛等），性欲减退。

总之，身边人任何想要结束生命的警示信号都值得被重视。如果发现自己身边有人透露出想自杀的各种信号，一定要加以注意，没有什么比生命更重要。如果发现同学有潜在的危险，一定要及时和老师沟通，或者带领同学寻求专业帮助。

心理贴士

身边人有自杀倾向怎么办？7条干预准则要记住！

1. 要充分重视信号，将干预付诸行动；而不要忽视信号，甚至以为他（她）在开玩笑。

2. 要勇于讨论自杀话题，谈论就是一种支持，躲避反而会让他（她）绝望。

3. 要对自杀想法给予理解，说教式的劝说无济于事。

4. 要认真帮助他（她）分析面临的问题，刺激的话语起不到“以毒攻毒”的效果，反而会促使其立刻自杀。

5. 有人陪伴本身就是一种良好的支持。让其独处不仅不能让其冷静，反而会让他（她）感到孤独。

6. 要保护其隐私，但不等于隐瞒。明确说你会让其他值得信任的人一起帮助他（她）。

7. 时间不是缓解自杀意念的良药，要及时治疗干预，等待只会延误时机。

关于上述干预准则，我们可以简称为“自杀预防七要七不要”：

要重视不要忽视；

要讨论不要躲避；

要理解不要说教；

要帮助不要刺激；

要陪伴不要独处；

要保护不要隐瞒；

要治疗不要等待。

我们要成为自杀预防及干预的“守门人”！

第三节　追求幸福人生

追求幸福是人类的共同渴望和永恒主题。亚里士多德（Aristotle）认为，幸福是生命的意义和使命，是我们的最高目标和方向。哈佛大学著名的幸福课老师泰勒·本-沙哈尔（Tal Ben-Shahar）博士认为，幸福感是衡量人生的唯一标准，是人生所有目标的最终方向。积极心理学的倡导者和创始人之一，密歇根大学的克里斯托弗·彼得森（Kristoffer Paul Peterson）教授认为，幸福的生活就是快乐最大化、痛苦最小化。

个体真正的心理健康不应该仅仅是没有心理疾病，而是心理和精神的强健有力、生机勃勃，处于一种积极的发展状态。心理学不仅要帮助有心理困扰的人过上平安、令人满意的生活，而且要使普通的正常人过上丰富、快乐、和谐的幸福生活。

一、什么是幸福

（一）幸福的含义

对于什么是幸福，学者从不同的角度进行了界定，国内主要有三种观点。第一种观点认为，幸福是一种蕴含内在精神追求在内的价值论意义上的幸福之乐，是一种自我价值的实现。第二种观点认为，幸福是一种过程化的现实体验，是在劳动的基础上，随着自由个性的发展而表现出来的一种现实过程。第三种观点认为，幸福是精神与肉体之间达到某种平衡时的真实愉悦和满足，是人追求迫切而合理的需要达到满足时的积极的心理体验。

尽管学者探讨的角度不同，但从总体而言，对幸福观的讨论和研究趋于一致，即都认为幸福是人们值得追求的一种合理的生活状态和人生目标，是对社会、民族的发展有所裨益的。

幸福是一种主观感受，幸福感又称为主观幸福感，是一个人依据自己的内在标准综合整体判断其生活品质及状态的结果，是机体内在的体验，反映着个体的生活质量。主观幸福感包括生活满意感和情感体验两个基本成分：前者是个体对生活总体质量的认知评价；后者指个体生活中的情感体验，包括积极情感和消极情感两个方面。

（二）幸福与积极心理学

幸福感是个体内在的主观因素之一，也是积极心理学重点研究的一个领域。积极心理学是20世纪末在美国兴起的一个新的研究领域、新的思潮和新的视角。它主张研究人类的积极品质，充分挖掘人们固有的、潜在的、具有建设性的力量，促进个人和社会的发展，使人类走向幸福。积极心理学倡导人类要用积极的心态来对待心理现象（包括心理问题），做出新的解读，并以此来激发每个人自身所固有的某些实际的或潜在的积极品质和力量，从而使每个人都能顺利走向属于自己的幸福彼岸。

积极心理学的创始人马丁·塞利格曼认为，最好的治疗不仅要治疗心理上的创伤，还要帮助人们增强其人格力量和优势，培育人性中最好的东西。积极心理学研究发现，个体中存在着具有缓解心理疾病作用的积极的人格素质或人格力量，诸如勇气、人际关系技巧、理性、洞察力、乐观、诚实、坚韧、现实主义、快乐能力、安适、心系未来、发现目标等。通过识别和增强这些方面，能够有效地对个体的心理疾病进行预防。塞利格曼认为，采用积极心理学的方法，有助于直接或间接地缓解痛苦，消除其根源。塞利格曼和彼得森在2004年出版了他们共同撰写的《优秀品质和美德：手册与分类》，其中描述了各种能使人们获得幸福生活的优秀品质与美德，并且将它们分类，包括了几乎世界上每种文化都认同的六大美德：智慧与知识、勇气、仁慈、正义、节制和精神卓越。

塞利格曼等人提出，如果我们能够了解自己的优点，并在生活中善用它们，就会更快乐、更充实、更丰富。而且，当遭遇到生活的低潮时，这些优点能够使人尽快走出低谷，有效地预防心理疾病。

自2002年，哈佛大学有一门课逐渐受到大学生的青睐，以至于几年后成为哈佛大学最火爆的课，这就是泰勒·本-沙哈尔博士讲授的“幸福课”，他也因此被誉为哈佛大学“最受欢迎的讲师”。这门课程引起了前所未有的轰动，受到世界各国主流媒体的关注与报道。听课学生中23%的人向学校教学委员会反映这门课程“改变了他们的一生”。

二、获得幸福的有效方法

（一）三种幸福生活

积极心理学提出了三种幸福生活。第一种是愉快的生活，这是一种拥有尽可能多积极情绪、快乐，自我可以感觉良好的生活。你需要学习快乐的技巧，在时间和空间里放大快乐。第二种是参与的生活，即深入地参与到家庭、工作、休闲中，有自己的兴趣与爱好，善于“心流”。这是美好生活的特征，实现这样的生活有诀窍，就是了解你最大的优势。第三种是有意义的生活，你要知道你最大的优势在哪里，并善于利用它们，你要在比自我更大的事业里找到归属感。这三种生活意味着三条道路：第一条是积极情绪，第二条是幸福之流，第三条是意义。

塞利格曼等人的研究发现，幸福的大学生和其他大学生最不同的地方在于，前者会花更多的时间与朋友聚会、结识新朋友，并善于维护友谊。这项研究也表明，每天花一些时间和他人进行深入的交谈，能有效提升幸福感。

（二）幸福的练习方法

积极心理学的研究证明，人的主观能动性对幸福感的影响远远超过其他因素。幸福是可以习得的，练习可以提升幸福感。下面几种练习能有效增强幸福感。

1. 表达感恩

感恩是对他人、社会和自然给自己带来的恩惠和方便在心里产生认可并想要回报的一种认识、情感和行为。学会表达感恩，对人们的幸福感有重要作用。一是常怀感恩之心，知恩图报。要认识到，别人为自己付出并不是天经地义、理所当然的。二是常念感恩之情。感恩是一种美好感情。无论是父母给予我们生命，老师教给我们知识，朋友给予我们友情，还是他人给予的帮助，这都是“恩情”。三是常为感恩之行。学会表达感恩的行动，每天记录下让自己感到快乐和感激的五件事；写一封感谢信，给曾经帮助过自己但没有机会好好感谢的人。重要的是坚持，当感恩成为一种习惯，我们会更加珍惜生活中的美好。

2. 活在当下

每一刻的每一种体验都是独一无二的，活在当下的体验可以帮助大学生获得幸福感。一是生活在现在。只有现在是我们真正可以把握的，把精力集中在今天要干什么上。二是停止猜想，立足实际。很多心理上的困扰，往往是“想当然”导致的。三是放慢脚步，正念感受。每天花时间慢慢做至少一件你平日通常匆忙就完成的事（如吃饭、洗澡、去上课），然后好好地品味。做完后，写下你做了什么，做的时候与以往相比有哪些不同，在感觉上又有哪些不同。

3. 坚持写日记

写日记可以加深记忆，人们经常焦虑就是因为难以理解事物的完整性和创伤性障碍的因果关系，经常记日记可以将整段的记忆串成一个故事，能够寻找事件的完整性和意义，控制和预测自己的生活。写日记还可以强化人的理解能力、反思能力和应对能力，从而改变人们对痛苦经历的认知，升华人们的心理状态。大学生们不妨每天坚持写15分钟的日记，可能会给自己带来意想不到的结果。

4. 培养乐观心态

乐观会给人不断努力的动力，让我们大脑放松、压力减轻，能够更好地应对逆境。心理学研究发现，乐观的人会将困难和逆境看成暂时性的（事情的成因是可变或短暂的），是个别的（事情的成因只会影响个别的情况而不会在其他时候发生），是非个人的（事情是由外在环境或他人的原因而导致的，而非个人的问题）。乐观是可以习得的，通过指导和训练对不利事件的不同反应，可以从悲观转变为乐观。塞利格曼的研究显示，经过乐观的训练后，儿童和成年人在未来两年内抑郁和焦虑的发生率会降低50%，训练10岁儿童进行乐观的思考和行动后，他们在青春期的抑郁发生率降低了50%。大学生可以通过优点测量找到自己的突出优点，在生活中善用这些优点，学会欣赏和赞美，接受不愉快的情感，也都有利于培养乐观心态。

幸福并不遥远，幸福就在当下。从现在开始，心动不如行动。积极心理学告诉我们，幸福不仅需要感觉，更需要能力。幸福是可以通过学习获得的。学习幸福，能够帮助我们获得一种长久的、内在的、坚定的幸福感，而非短暂的情绪体验。幸福的最大助碍不是别人，而是我们自己。如果你一直往悲观的方向想，则不需要敌人的出现，自己就先失败了。其实，生活中很多积极的心理元素是我们能够幸福生活的基础。抓住它们，选定目标为自己的幸福负责，你可以拥有美好充实的、积极幸福的人生。学会幸福，就能赢得属于自己的幸福力。

课堂活动

学会感恩

目的：通过对自我生活的整理，发现点点滴滴感动自己的事情，感受生活的美好。

操作：请在纸上写下三件昨天发生在你身上的好事，可以是生活中的小事（比如，我昨天晚上去洗澡，同学帮我买了晚饭）。在你记下的每件事情旁边回答：为何这件事会发生？

拓展资源

心理书籍推荐：《活出生命的意义》

作者：[美]维克多·弗兰克尔（Viktor Frankl）著，吕娜译

出版社：华夏出版社

出版时间：2018年

推荐理由：著名心理学家弗兰克尔是20世纪的一个奇迹。纳粹时期，作为犹太人，他的全家都被关进了奥斯威辛集中营，他的父母、妻子、哥哥全都死于毒气室中，只有他和妹妹幸存。弗兰克尔不但超越了这炼狱般的痛苦，更将自己的经验与学术结合，开创了意义疗法，找到绝处再生的意义，也留下了人性史上最富光彩的见证。弗兰克尔一生对生命充满了极大的热情，67岁开始学习驾驶飞机，并在几个月后领到驾照。在80岁高龄，他还登上了阿尔卑斯山。

《活出生命的意义》感动了千千万万的人，它被美国国会图书馆评选为具有影响力的十部著作之一。这部作品销售已达1200万册，被翻译成24种语言。作者并不是当年集中营里编号119104的待决囚徒，而是让人的可能性得以扩大的圣者。

弗兰克尔以其切身经历告诉我们：生命在任何条件下都有意义，即便是在最为恶劣的情形下。如果磨难不可避免，就把磨难作为自己独特的任务，充分意识到自己的责

任，认识到自己对所爱的人或者事业的责任，就永远不会抛弃自己的生命。生命的充实和丰满，需要我们为了一个有意义的目标而快乐地努力与奋斗。

内容简介：作者弗兰克尔在第一天进入集中营时，所有的财物都被收走，以往的尊严、地位也同时变为虚无。每个人都日复一日、年复一年地生活在恐惧之中，更容易让人崩溃绝望以至于放弃生命的是，时时刻刻都有可能在生与死之间做出选择，因为你永远不知道下一秒将面临怎样的可怕情境。

但这些并没有磨灭弗兰克尔的意志，他时常想起自己的家人与妻子，这给予他希望和活下去的动力。于是在历经种种磨难后，他最终创立了“意义疗法”，不仅自己战胜了苦难，而且指引后人超越自我，达到人生的新高度。

心理电影推荐：《肖申克的救赎》

导演：法兰克·戴伦邦特（Frank Darabont）

上映时间：1994年

心理学看点：它是一首命运与救赎的交响曲。当你以为前途黑暗的时候，坚持走下去，你就能看到光明！它所揭示的希望、自由，还有真挚的友谊，都是人性中最美丽的光辉。

剧情介绍：本片的主人公是一名叫安迪·杜佛兰的银行家。安迪因被指控谋杀自己的妻子和她的情人而被判终身监禁，并被送到了肖申克监狱。在那里，他遭受到各种不公正和残酷的待遇，但他依然坚持自己的信仰和尊严，努力争取自由。安迪在监狱里结识了一个名叫瑞德的犯人，后来他们成为好朋友。瑞德教会了安迪如何在监狱里生存，并为他提供了一些有价值的信息。安迪也利用自己的专业知识来帮助监狱官员进行财务管理，并因此获得了一些特权。

经过多年的困苦和挣扎，安迪最终成功逃离了监狱。他用多年积攒下来的钱和其他犯人一起逃跑，之后他们逃往墨西哥，开始了新的生活。在这个故事中，自由是安迪最终得到的最大的胜利。这个故事强调了希望的力量，即使在最黑暗的环境中也可以找到希望。

本章小结

1. 人的生命存在有三种形态：生物性生命、精神性生命和社会性生命。

2. 生命在于运动，在于不断创造，通过创造去把握生命的变化，发现生命的意义和价值。

3. 心理危机既包含“危险”，也包含改变的“机遇”，培养积极生命态度能有效预防心理危机。

4. 绝大部分自杀可防可治。自杀者会有言语、情绪、行为、情境以及生理上的自杀警示信号。

5. 幸福是可以习得的。通过表达感恩、活在当下、坚持写日记和培养乐观心态这四种练习，可以帮助我们提升幸福感，成就幸福人生。

课后思考题

1. 生命的价值和意义是什么？
2. 怎样识别大学生常见的心理危机？
3. 大学生心理危机干预的策略有哪些？
4. 结合现实，谈谈怎样预防大学生自杀，提出你的建议。

参考文献

［1］［美］理查德·格里格、菲利普·津巴多著：《心理学与生活》，王垒、王甦等译，人民邮电出版社2023年版。

［2］［爱尔兰］卡尔著：《积极心理学：有关幸福和人类优势的科学（第二版）》，丁丹等译，中国轻工业出版社2013年版。

［3］［美］埃里克·H. 埃里克森著：《同一性：青少年与危机》，孙名之译，中央编译出版社2015年版。

［4］［美］C. R. 斯奈德、沙恩·洛佩斯著：《积极心理学：探索人类优势的科学与实践》，王彦、席居哲、王艳梅译，人民邮电出版社2013年版。

［5］［美］戴维·迈尔斯著：《社会心理学（第11版）》，侯玉波、乐国安、张智勇等译，人民邮电出版社2016年版。

［6］［奥地利］维克多·弗兰克尔著：《活出生命的意义》，吕娜译，华夏出版社2018年版。

［7］［美］马丁·塞利格曼著：《持续的幸福》，赵昱鲲译，浙江人民出版社2012年版。

［8］［美］芭芭拉·弗雷德里克森著：《积极情绪的力量》，王珺译，中国人民大学出版社2010年版。

［9］［美］泰勒·本–沙哈尔著：《幸福超越完美》，倪子君、刘骏杰译，机械工业出版社2011年版。

［10］俞国良：《大学生心理健康》，北京师范大学出版社2018年版。

［11］李传银、刘华：《大学生心理健康教育（第二版）》，科学出版社2015年版。

［12］孟昭兰：《普通心理学》，北京大学出版社1994年版。

［13］王清、王平、徐爱兵：《大学生心理健康教育》，苏州大学出版社2022年版。

［14］黄希庭：《心理学导论（第2版）》，人民教育出版社2007年版。

［15］钱铭怡：《变态心理学》，北京大学出版社2017年版。

［16］林崇德：《发展心理学》，人民教育出版社2008年版。

［17］彭聃龄：《普通心理学》，北京师范大学出版社2012年版。

［18］本书编委会：《大学生心理健康教育》，首都师范大学出版社2018年版。

［19］陈红、邵景进：《大学生心理健康教育》，人民邮电出版社2021年版。

［20］樊富珉、费俊峰：《大学生心理健康十六讲》，高等教育出版社2020年版。

［21］杨凤池：《咨询心理学》，人民卫生出版社2018年版。

［22］钱铭怡：《心理咨询与心理治疗》，北京大学出版社2012年版。

［23］郑强国、刘东杰、李大军：《大学生心理健康》，清华大学出版社2021年版。

［24］张萍、彭德珍、于婷：《大学生心理健康教育》，重庆大学出版社2022年版。

［25］冯正玉、李焰：《大学生心理健康》，高等教育出版社2021年版。

［26］高兰：《大学生心理健康教育——心灵成长自助手册（第二版）》，教育科学出版社2020年版。

［27］李新红、吴菁莉：《大学生心理健康教育》，同济大学出版社2018年版。

［28］杨青、刘丽花：《大学生心理健康教育》，南开大学出版社2017年版。

［29］陈琦、刘儒德：《当代教育心理学》，北京师范大学出版社2007年版。

［30］杨治良、郝兴昌：《心理学辞典》，上海辞书出版社2016年版。

［31］刘万伦、姚静静：《发展与教育心理学（第3版）》，高等教育出版社2022年版。

［32］王祖莉、简洁：《大学生心理健康教育》，北京理工大学出版社2021年版。

［33］李秀玲、马东霞：《心理健康教育》，山东科学技术出版社2021年版。

［34］盖笑松：《积极心理学》，上海教育出版社2020年版。

［35］谭华玉、马利军：《大学生心理健康教育——积极心理学的运用》，华南理工大学出版社2020年版。

［36］郑秀：《人际交往心理学》，北京联合出版公司2014年版。

［37］邱鸿钟：《大学生心理健康教育》，广东高等教育出版社2018年版。

［38］张冬梅、谷丹：《大学生心理健康教育》，北京邮电大学出版社2018年版。

［39］方晓义、夏翠翠：《大学生心理健康教育（第3版）》，人民邮电出版社2022年版。

［40］李雄鹰、赵灵芝：《大学生心理健康教育教程》，中国矿业大学出版社2022版。